AI赋能企业
数字化转型

常耀斌 ◎ 著

U0309558

清华大学出版社
北京

内容简介

在数字经济时代，企业发展要顺势而为，聚焦客户战略，重塑商业模式，感知价值链的变化，调整业务战略，实施 AI 战略，变革团队领导力。数字化转型就是利用 AI 的决策支持和数据分析能力，评估企业数字资产，制订持续改进计划，用 AI 技术引领业务增长。对于实体企业，要融合数字化技术，提升服务效率，升级产业链条，构建智能经济；对于互联网企业，要专注客户体验，构建技术壁垒，构建以技术和产业价值为核心的价值链。本书通过经营、营销、运营、产品、技术和组织六大战略规划，集 20 个知名企业成功转型案例和 20 多种最前沿的 AI 理念，以及作者在华为的 IPD 管理实战，全面阐述经营实践，提炼产品精髓，萃取数字要素，为企业管理者和数字化人员提供借鉴和参考，让战略支撑企业做正确的事，让流程支撑企业正确地做事。

本书读者对象：企业管理者，包括 CEO、COO、CIO、CTO、CDO、CFO 等；企业数字化转型的开发工程师、产品设计师、实施规划师；流程和 IT 部门的数据工程师和数据科学家等。

图书在版编目（CIP）数据

AI赋能企业数字化转型 / 常耀斌著. -- 北京：清华大学出版社，2024. 8. -- ISBN 978-7-302-66908-1

Ⅰ. F272.7

中国国家版本馆CIP数据核字第2024W6E808号

责任编辑：张尚国
封面设计：秦　丽
版式设计：文森时代
责任校对：马军令
责任印制：刘　菲

出版发行：清华大学出版社
　　　　网　　址：https://www.tup.com.cn，https://www.wqxuetang.com
　　　　地　　址：北京清华大学学研大厦A座　　　　　　邮　　编：100084
　　　　社 总 机：010-83470000　　　　　　　　　　邮　　购：010-62786544
　　　　投稿与读者服务：010-62776969，c-service@tup.tsinghua.edu.cn
　　　　质 量 反 馈：010-62772015，zhiliang@tup.tsinghua.edu.cn
印 装 者：三河市东方印刷有限公司
经　　销：全国新华书店
开　　本：170mm×240mm　　　印　　张：18.75　　　字　　数：259千字
版　　次：2024年9月第1版　　　　　　　　　　印　　次：2024年9月第1次印刷
定　　价：69.80元

产品编号：105542-01

2024 年，数字基础设施建设与产业数字生态进一步融合，面向数据要素市场、企业数字化场景的云计算、区块链、人工智能基础设施建设亟须提速。

数字化转型既是一把手工程，也是战略实施和执行落地的一体化工程，需要企业的高层领导者具备更强的战略洞察能力、勇气决心和资源投入。在转型中，企业会进行重组业务、流程变革、组织调整、人事调整。数字化转型的成功关键不在技术本身，而是战略规划和组织执行能支撑转型。数字化转型就是用科技驱动业务模式变革，敢于啃硬骨头，做难而正确的事。

数字化战略就是全面评估企业数字资产，制订持续改进计划，并积极服务于业务增长目标的战略规划。企业的价值链条很长，包括产品与研发、供应链管理、营销与用户增长、服务与交互、采购与物流等。如何结合企业战略和行业痛点找到转型的切入点？实践表明，零售业的切入点一般在营销和渠道端，制造业一般在供应链端，服务业的切入点一般在客户场景端。企业技术创新能力的数字化是企业数字化转型成功的核心。

技术创新的核心是使用 AI 技术优化流程、改善客户体验和提供新的商业模式，解决业务痛点。比如：智慧医疗通过 AI 预测疾病风险，并给出个性化治疗方案；智慧农业方面，利用农事物候和农作物时序特征光谱，通过深度学习、人机协同，从地块尺度进一步识别作物种类、种植面积和分布情况，助力解决农业生产监测难、调查难、统计难等问题。技术创新是企业发展的原动力，它的成功与否关键在于能否赢得市场，提升客户满意度。

企业必须建立在为客户、为社会创造价值的基础上。一切为客户服务，产品的路标来源于客户诉求，技术的导向妥协于客户需求，组织的变革成功于客户满意，流程的管理服务于客户利益，以客户满意为目标，建立结果导向的价值评价体系显得尤为重要。如何"让前方呼唤炮火"的效率提升，如何准确地调动资源，重中之重在于互联网技术和 IT 系统。

互联网技术的本质是利用信息化驱动实体经济变革，提升实体经济的核心竞争力，用大数据和 AI 技术优化流程、提升管理效率，实现供应链数字化、研发一体化、销售产品化、流程标准化。互联网技术创新的原动力就是流程管理及优化。

流程管理的本质是让团队一起正确地做事，主流程清晰，小流程灵活。实行对事情负责的流程责任制，可以无为而治。流程建设的目标，要解决谁来呼唤炮火、快速提供前线支援、标准化交付的问题。

总之，数字化转型是业务增长目标的战略规划，加快 AI 技术和实体经济深度融合，坚持以客户为中心，以市场需求为导向，以产品和流程为抓手，以激发组织创新为驱动，构建数据驱动、人机协同、跨界融合、共创分享的智能经济形态。

致谢：

在此感谢华为、中国移动、爱康集团等企业的领导对我的信任，借助卓越平台，让我有幸牵头主导了十多个数字化项目，助力多家企业数字化转型成功，正是这些实践成为本书创作的源泉。

在此感谢我的导师——邓中亮院士，他是著名科学家，也是我的人生导师和指路明灯。

在整理案例和解析素材的过程中，我得到了梁木、徐嘉永等专家的大力帮助；他们还从读者的角度对本书提出了建议，在此一并深表感谢。

最后，我还要感谢父母、兄弟、爱人和女儿——在本该陪伴他们的业余时间里，我能够专注于项目总结和实践提炼，离不开他们的理解和支持，在此深感抱歉。

常耀斌

目录

第 1 章
数字化转型的总体战略规划　/ 001

1.1　政策驱动企业数字化转型　/ 002

1.2　以客户为中心的战略设计　/ 004

1.3　以价值为主线的战略设计　/ 009

1.4　以目标为导向的战略设计　/ 014

1.5　战略规划的成功案例分析　/ 017

1.6　战略规划的六大战略要素　/ 028

第 2 章
数字化转型之经营战略　/ 037

2.1　阿米巴经营理念　/ 038

2.2　经营战略的三大原则　/ 043

2.3　管理策略的五力模型　/ 049

2.4　结构化的 AI 思维　/ 059

2.5　MECE 方法论　/ 064

2.6　结构化分析法　/ 065

第3章
数字化转型之营销战略 /075

3.1 营销战略的创新理念 /076

3.2 数字化营销的创新案例 /079

3.3 AI 驱动营销策略创新 /084

3.4 大模型赋能场景化营销 /087

第4章
数字化转型之运营战略 /095

4.1 运营战略的精益理念 /097

4.2 数字化运营的案例分析 /100

4.3 精益管理提升运营效率 /103

4.4 AI 驱动数字化运营 /108

4.5 大模型赋能场景化运营 /112

第5章
数字化转型之产品战略 /131

5.1 产品战略的价值理念 /133

5.2 产品战略遵循"大道至简" /135

5.3 产品设计秉承"AI 驱动创新" /137

5.4 主流云产品遴选分析 /143

5.5 大模型之文心一言 /169

5.6 大模型之 Sora /173

5.7　大模型之 ChatGPT　/ 176

 第6章
数字化转型之技术战略　/ 183

6.1　数字化转型的技术蓝图　/ 184

6.2　个性化的 AI 推荐　/ 189

6.3　可复用的微服务　/ 193

6.4　可共享的数据中台　/ 207

6.5　安全信任的区块链　/ 213

第7章
数字化转型之组织战略　/ 223

7.1　组织战略的变革理念　/ 224

7.2　第一领导力：目标导向　/ 231

7.3　第二领导力：战略意图　/ 233

7.4　第三领导力：创新变革　/ 235

7.5　第四领导力：经营管理　/ 237

7.6　第五领导力：知人善用　/ 240

7.7　第六领导力：思维破局　/ 247

7.8　第七领导力：以终为始　/ 251

 第8章
数字化转型之典型案例　/ 257

8.1　为客户创造价值的三大业务流程　/ 260

8.2　IPD 的起源：敏捷开发思想　/ 263

8.3　敏捷对 IPD 的贡献　/ 269

8.4　企业实施 IPD 的条件　/ 272

8.5　华为 IPD 内核　/ 274

8.6　IPD 流程剖析　/ 277

第1章

数字化转型的总体战略规划

人工智能成为经济发展的新引擎。人工智能作为新一轮产业变革的核心驱动力，将进一步释放历次科技革命和产业变革积蓄的巨大能量，并创造新的强大引擎，重构生产、分配、交换、消费等经济活动各环节，形成从宏观到微观各领域的智能化新需求，催生新技术、新产品、新产业、新业态、新模式，引发经济结构重大变革，深刻改变人类生产生活方式和思维模式，实现社会生产力的整体跃升。我国经济发展进入新常态，深化供给侧结构性改革任务非常艰巨，必须加快人工智能深度应用，培育壮大人工智能产业，为我国经济发展注入新动能。

——国务院《新一代人工智能发展规划》

📢 1.1   政策驱动企业数字化转型

党的二十大报告指出："从现在起，中国共产党的中心任务就是团结带领全国各族人民全面建成社会主义现代化强国、实现第二个百年奋斗目标，以中国式现代化全面推进中华民族伟大复兴。"面对数字化革命浪潮，我们需要将前沿科学技术与中国现实情况充分结合，牢牢把握中国的时代使命，以数字化转型推动中国式现代化建设。

《"十四五"数字经济发展规划》（国发〔2021〕29 号）指出："数字经济是继农业经济、工业经济之后的主要经济形态，是以数据资源为关键要素，以现代信息网络为主要载体，以信息通信技术融合应用、全要素数字化转型为重要推动力，促进公平与效率更加统一的新经济形态。数字经济发展速度之快、辐射范围之广、影响程度之深前所未有，正推动生产方式、生活方式和治理方式深刻变革，成为重组全球要素资源、重塑全球经济结构、改变全球竞争格局的关键力量。'十四五'时期,我国数字经济转向深化应用、规范发展、普惠共享的新阶段。为应对新形势新挑战，把握数字化发展新机遇，拓展经济发展新空间，推动我国数字经济健康发展，依据《中华人民共和国国民经济和社会发展第十四个五年规划和 2035 年远景目标纲要》，现制定本规划。"

2020 年 8 月，国务院国有资产监督管理委员会印发《关于加快推进国有企业数字化转型工作的通知》，明确要求加快推进产业数字化，推进国有企业不断深化数字技术与生产经营的融合，在产品创新数字化、生产运营智能化、用户服务敏捷化、产业体系生态化等方面迈出了坚实的步伐。该通知还明确了不同行业企业数字化转型的主攻方向，这些方向正是处于同一行业的企业需要关注并在数字化转型的愿景描绘中需要体现的。

往深层探究，在数字革命时代，企业只有顺势而为，重视业务战略，重新思考和定义如何为客户创造价值，重新思考企业商业模式，通过数字化转型构建或调整与新业务战略和商业模式相匹配的业务运作模式，才能顺应数字时代潮流,牵引数字化转型战略的制定,进而推动转型工作的开展,以持续构筑企业的核心竞争力。

我们去看企业,企业的问题无非两种:要么是战略出了问题,要么是执行出了问题。执行出了问题,一定是这个企业的责、权、利机制出了问题。战略决策者所面临的问题,不是他所在的组织明天应该做什么,而是企业今天必须为不确定的未来做些什么准备工作。问题不是未来将会发生什么,而是德鲁克所说的"在目前的思想和行动中,必须包含什么样的未来性,我们必须考虑什么样的时间幅度,我们现在如何运用这些信息做出合理决策"。

德鲁克在《管理:使命、责任、实务》中尝试定义战略,他认为战略规划是从事下列各项工作的一个持续过程。

(1)系统地进行当前的企业家(承担风险的)决策,并尽可能了解这些决策的未来性。

(2)系统地组织实施这些决策所需要的努力。

(3)通过有组织、有系统的反馈,对照着期望来衡量这些决策的结果。

由此可见,规划(无论是长期规划,还是短期规划)并不是什么新事物,它不过是对老任务进行组织并加以实施的方案。

任正非曾讲道:"我们必须在混沌中寻找战略方向。华为公司总有一天会走到悬崖边上。什么是走到悬崖边上?就是走到了世界同行的前列,不再有人能够清楚地告诉我们未来会是什么,未来必须靠我们自己来开创。我们不走到悬崖边上是不可能的,而如果我们不想走到悬崖边上,也是没有出息的。"

当初,规模尚小的华为,就确立了要成为行业领导者的目标,这在管理学上被称为"战略意图"。加里·哈默尔和普拉哈拉德在其发表的《战略意图》一文中写道:"过去20年中,我们通过对大量企业的研究发现,那些成长为行业领袖的杰出企业最初都拥有与其资源和能力极不相称的雄心壮志,我们将这一令人着迷的事物定义为'战略意图'。"战略意图紧紧抓住了成功的精髓,就是要成为行业第一。

企业家和高管要认真思考自己公司的战略意图。确定了战略意图，也就紧紧抓住了成功的精髓。要成为世界范围的行业第一，这是战略意图的精髓所在，它确立的目标是赶超世界领先者，而不是盲目追求规模扩大化。所谓"大而不当"，就是规模庞大，却没有核心竞争力。

战略意图给出了唯一值得员工承担义务的目标。优秀员工更重视的是平台和机会，他要考虑自己的人生能否在平台上走出境界和高度，而这个高度的可能性一般取决于企业的追求有多大。所以，真正吸引优秀人才的是企业的战略意图，它决定着一个优秀人才把自己最好的时光、最有价值的努力投在这个企业里是否值得。

通用电气 CEO 曾提出一个业务组合的战略，叫作"数一数二原则"。换言之，如果它的某项业务不能在该领域成为第一或第二，就坚决将它收缩、关闭掉。这个时期 CEO 把很赚钱的金融服务、小家电生产都剥离出去，聚焦在航空发动机等强项上。我们可以看到聚焦战略的实例——通过剥离掉不符合战略方向的多元化业务，向自己的优势领域集中资源，成为行业的领导者。

华为公司曾提出自己的愿景和使命，立志将数字技术代入每个人、每个家庭、每个组织，构建万物互联的智能世界。华为的三大业务领域包括运营商业务、企业业务、消费者业务，这三项业务的服务对象在上述的愿景、使命里都被定义得很清楚。这是一个非常宏伟的使命和愿景，是战略意图的核心。

📢 1.2 以客户为中心的战略设计

客户是企业收入的唯一来源，就像水给了鱼生存的环境，离开水的鱼就无法生存。对企业而言，客户是企业存在的唯一理由。

企业只有真正把以客户为中心的理念落到实处，凝聚起全公司贡献者的不懈激情与智慧，不断通过优质创新的产品、系统性的解决方案及良好的服务来为客户创造价值及价值增值，才能在与客户的共同成长中实现企业的长远可持续发展。

在华为的战略中，什么都可能变化，唯一不变的就是以客户为中心。为客户服务作为生存理由，以客户需求导向为发展原动力，坚持以客户为中心，快速响应客户需求，持续为客户创造长期价值进而成就客户。以客户为中心，以奋斗者为本，长期艰苦奋斗是其胜利之本。以客户为中心，这是华为历经二十多年的奋斗才探索到并经过反复验证的真理，经久不变。

华为经历了多次战略转型，它是如何在危机中成长，实现涅槃重生的呢？

1998 年，华为正处于快速增长期，从以技术为中心的产品战略转向了以客户为中心的产品战略，并且在不断转型过程中从产品走向了解决方案。第一次战略转型是紧紧围绕"以客户为中心"的产品战略变化。当时，华为对标海外七八个国家的竞争对手，同时对标这么多对手，又处于"知其然，不知其所以然"的状态，因此造成大量的开发浪费，导致产品上市时间缓慢，质量不能保证。为了生存，华为引进了 IPD 体系，目的是解决产品问题。产品方向到底是什么？是做正确的事重要，还是正确地做事重要？华为第一次的 IPD 变革试点失败了，因为找不到一个合格的产品经理，没有一个人能真正为这个产品的成功负责。

2002 年，华为的全球化战略启动了。这一年的华为内外交困，第一次出现了收入的负增长，因此不得不从国内走向国际，进而形成了华为的核心竞争力——大平台支撑的目的在于让"呼唤炮火的响应速度"更快，不要什么都要公司总部来响应。

2008 年，任正非讲道："任何先进的技术、产品和解决方案，只有转化为客户的商业成功才能产生价值。在产品投资决策上，我们坚持客户需求导向优先于技术导向，要在深刻理解客户需求的前提下，对产品和解决方案进行持续创新，这样我们的产品和解决方案才会有持续竞争力。"

2009 年，任正非在华为销服体系奋斗颁奖大会上讲道："我们后方配备的先进设备、优质资源，应该在前线一发现目标和机会时就能及时发挥作用，提供有效的支持，而不是拥有资源的人来指挥战争、拥兵自重。谁来呼唤炮火，应该让听得见炮声的人来决策。"

2012 年，华为董事会曾明确：不以股东利益最大化为目标，也不以其利益相关者（员工、政府、供应商等）利益最大化为原则，而坚持以客户利益为核心的价值观驱动员工努力奋斗。在此基础上，构筑华为的生存堡垒。对企业来说，在面对生存还是发展的困境时，要认清大局，努力把握企业发展的主动权，不能被竞争对手、资本市场所控制。追求利润最大化，可能会带来短期利润的增长，但也会损失我们追求市场领导地位的长期目标。追求市场领导地位，又可能会带来短期利润的下滑。为此，我们要做的是在这二者之间做好权衡和取舍。

2013 年，华为进行商业模式创新战略发布，从 B2B 走向 B2C 和 B2B，价格竞争转为价值竞争，适应客户变化带来了运作模式变化。华为这一次转型持续的时间比较长，标志性事件是从商业大客户转到了终端客户。自从智能手机 iPhone 时代到来后，手机功能日渐齐全，更新迭代非常快，使整个行业的价值链发生了翻转。华为敏锐关注到终端的发展，随着业务的拓展，快速从以前的设备商转而做手机消费端。

如今的华为，一直秉承以质取胜的理念，全力以赴地聚焦客户体验。以华为手机为例，华为追求的是"一定利润水平上的成长的最大化"，不追求利润的最大化，而是设定一个合理的利润率水平，在此基础上追求成长的最大化。为追求利润最大化而损失市场领导地位，这样的企业例子数不胜数。15 年前，三星的 Note 7 手机，前后爆炸了 100 多台，最后导致航空公司不允许乘客把这个型号的三星手机带上飞机，这使得经常乘坐飞机的高端人士只能把手里的 Note 7 扔掉，结果导致三星市场份额损失惨重，现在它在中国市场的份额连 2% 还不到，是损失最重的。这就是"黑天鹅"事件、"蝴蝶效应"，企业的规模越大，局部的产品质量事件带来的潜在威胁和负面影响就越大。

商业模式的核心是持续为客户创造有价值的产品。什么是好产品？好产品可以流芳百世，造福人类。都江堰就是一个好产品，几千年过去了，都江堰设计合理、结构巧妙、思想超前，现在都没有人能提出什么观点改变它。这才是真正的科研成果，真正的好产品。都江堰是一座伟大的水利工程，通过凿山开渠和无坝引水的方式，解决了百姓的饮水问题，为成都平原带来了水源和灌溉条件，并起到了防洪的作用。凿山开渠、无坝引水的做法，在当时是一项前所未有的工程壮举，堪称古代工程史上的奇迹。在汛期，岷江的大量洪水汇入宝瓶口，然后通过渠道和鱼嘴进入成都平原；而在枯水期，宝瓶口只流出少量的水，以保证平原地区的灌溉和供水需求。都江堰的建造，对四川人民的生活产生了巨大影响，不仅展示了古人的智慧，也为后世的水利工程建设提供了宝贵经验。

围绕为客户创造价值，华为在实践中历练和成长，创立了三大业务流程，支撑"以客户为中心"的战略落地的全过程，具体如下。

华为认为，从公司层面来看，为客户创造价值的主业务流程只有三个，分别是IPD（产品集成开发）、LTC（机会至收款）、ITR（售后）。三者端到端地涵盖了为客户创造价值的全过程。

（1）IPD是一套以市场、客户为中心的产品研发体系。作为一个企业，必须要有产品或服务，这是企业服务客户的根本。要让开发的产品或服务始终符合客户需求，就需要从客户需求出发，审慎地规划和开发，产品上市后也要对其实行全生命周期管理，直到退市。

在瞬息万变的市场竞争中，IPD是如何保证产品符合客户需求的呢？IPD是集成了众多管理模型和理论、众多企业最佳管理实践的一整套体系，可以帮助企业快速响应市场变化、缩短产品上市时间、减少资源浪费、提高生产力，最终取得商业成功。首先，通过产品战略管理流程，制定企业层面的战略愿景，明确发展方向和竞争定位；然后，制定各产品线或产品平台的战略，明确产品线的业务模式和产品基本架构等；最后，通过市场管理所获得的信息，验证战略目标的可实施性和可落地性。IPD中的市场管理和需求管理流程，确保产品以市场、客户为中心，帮助企业做正确的事。所谓市场管理，通俗来讲，也就是市场调研。开发一个产品，就要"以客户为中心"，所以需要通过市场调研了解客户需求，寻找潜在的机会和目标、市场的竞争环境等，从而制订产品系列的业务计划，评估投入产出比和商业价值，确认产品开发的计划。

（2）LTC 是一套以客户为中心的销售运作全流程体系。作为一个企业，要有订单和合同，客户要付款给企业，企业才能活下去。那么如何获取合同和订单呢？订单与合同如何履行？最后要把款项收回来才算完成。

华为通过 LTC 流程把从销售线索到合同、订单，到履约和回款的环节打通，并且实现了可复制。华为把销售运作的全过程分为管理线索、管理机会点、管理合同执行（履约）。

在 LTC 流程中，华为建立"铁三角"，沟通了 LTC 流程的端到端职责，达到了以下目标：更好地实现"以客户为中心"，建立华为与客户在合同层面的统一界面，提升了华为的竞争力，提高了客户满意度，将营销要素协同落地。华为的铁三角是客户责任人 AR（account responsible）、解决方案责任人 SR（solution responsible）、履约责任人 FR（fullfil responsible）。

AR 即客户经理 / 销售经理，主要负责客户关系、业务需求管理、商务谈判、合同与回款等事宜。

SR 即方案经理，主要负责产品需求管理、产品与方案设计、报价与投标、解决技术问题等事宜。

FR 即交付经理，主要负责项目实施与交付。

（3）ITR 是一套以客户为中心，用于解决运营问题的售后服务体系。任何一个产品都可能有问题，在运行中都可能会出问题。出问题并不可怕，关键是要有合适的渠道收集客户的反馈，并及时处理，让客户满意，并在这个过程中为公司运营和产品开发提供改进的方向。

ITR 流程也是与客户打交道的界面，所以也需要端到端的管理。通过 ITR 流程可以满足售后服务关键需求，确保及时解决客户的问题和要求，并且建立关键流程活动的业务规则，使全线合理、高效运作。ITR 流程还与 PD、LTC 流程建立接口，为解决客户需求和痛点、加强产品规划和改进措施，提供输入和线索。

📢 1.3 以价值为主线的战略设计

1. 长期价值创造

数字化转型是新一轮产业革命，企业要快速转型，首先要建立优秀的商业模式，深入钻研智能产业，通过降本增效，提升客户和业务价值，升级产业链条，最终夯实企业核心竞争力。因此，企业要借助数字化技术，沉淀大数据、优化产业链、夯实业务线，贯穿经营全流程，以客户为中心、以价值为主线，建立企业技术壁垒。

张磊在《价值》一书中强调了价值投资的理念，认为企业应该注重长期价值创造，不断优化自身的商业模式和核心竞争力。在制定企业战略规划时，企业应该注重深入分析行业趋势和自身特点，找到符合自身发展的道路，并运用互联网技术和工具，制定出更为科学、高效、创新的战术和方法，从而在战略规划中实现长期价值的创造。同时，企业还应该注重与互联网的特点相符合，坚持自己的理念、使命、初心，从而在战略规划中具有更为强大的精神支撑。

什么是价值？华为人认为，价值就是持续有效增长。增长主要指收入增长、利润增长、现金流增长、客户增长、份额增长等。

为谁创造价值？首先，要为客户创造价值。任正非提出，为客户服务是华为生存的唯一理由，客户价值的最大化是华为能够生存下来的唯一道路，公司的可持续发展，归根到底是为了满足客户需求。要想让客户满意，诀窍只有一个，那就是坚持优质服务，只有靠优质服务才能活下去。什么叫优质服务？就是收到款后，客户还说我们好，那就是优质服务。其次，企业要为社会创造价值。华为要实现可持续发展，就需要为社会创造价值。

谁来创造价值？在知识经济时代，人类创造财富的方式发生了根本性改变——知识和管理成为财富创造的主要方式。其实质就是技术人才和管理人才已经成为财富创造的主要元素，人取代资本成为第一位的要素，所以华为特别强调技术人才和企业家在整个价值创造中的作用，并提出人力资本增值的目标优先于投资资本增值的目标。

企业如何创造价值？企业家通过管理变革，使技术、资金和人才充分发挥作用来创造价值。华为通过管理变革推动公司的机制和流程建设，构建起不依赖技术、资金和人才但又能使技术、资金和人才发挥出最大潜能的管理平台，实现职业化管理和流程化管理。

数字化转型为什么可以创造长期价值？

数字化转型是指企业借助 AI 技术，改变其实现目标的方式、方法和规律，增强企业自身的竞争力和创新能力，进而实现企业转型升级。

在数字时代，企业需要将数字化技术应用于企业的各个领域和业务流程中，从数据采集、数据治理、数据建模、数据分析、数据应用、数据增值等数据全生命周期中实现数据的共享、融合、创新，从而提升企业的核心竞争力。

数字化转型可以提升企业的运营效率，减少人工和时间成本，优化客户服务与体验，提高企业的市场价值，增强企业的生存能力，提高企业的生产效率和资源利用率。数字化转型可以通过优化企业的客户服务和体验，提升企业与客户之间的互动和信任度，从而增加客户的满意度和忠诚度。

数字化转型可以提升企业的核心竞争力，是指企业因其所拥有的独特的、长期的、强有力的资源和能力，能够在竞争激烈的市场中具有优势，并以此获得相对于竞争对手更好的市场地位、更高的利润和更多的客户。

从资本市场看，数字化转型成功的高潜力企业所应具备的特征如图 1-1 所示。

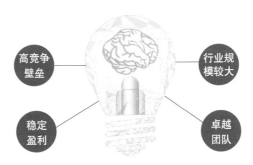

图 1-1 高潜力企业特征

（1）高竞争壁垒：具有强大的竞争优势，这是企业能在竞争中立于不败之地的保障。

（2）行业规模较大：这是资产青睐的重要因素。

（3）稳定盈利：这是企业持续增长的基础。

（4）卓越团队：这是企业持续发展的核心，尤其是高管团队。

2. 优化商业模式

企业为什么要不断优化自身的商业模式？

《价值》一书中谈到，商业模式是指企业如何创造价值并获得收益的逻辑过程，它包括一系列的要素和组成部分，例如价值主张、客户细分、分销渠道、客户关系、收入来源、关键资源和能力、关键业务、重要伙伴以及成本结构等。这些要素相互作用，共同构成企业的商业模式。本书认为，一个好的企业商业模式离不开三问和四要素，如图 1-2 所示。

一个好的商业模式，必须回答以下三个基本问题。

（1）企业的客户价值是什么？

（2）企业能否为客户提供独特的价值和服务？

（3）企业如何持续获得合理利润？

企业数字化转型的解决方案，首先要从商业模式设计出发，夯实数字化技术驱动业务增长的核心价值。一般来说，优秀商业模式的评估要具备四个判断标准：团队、用户体验、成本控制、效率提升。

商业模式三问

一个好的商业模式，必须回答以下三个
基本问题：
• 企业的客户价值是什么？
• 企业能否为客户提供独特的价值和
  服务？
• 企业如何持续获得合理利润？

四要素

• 团队
• 用户体验
• 成本控制
• 效率提升

图 1-2　企业商业模式的三问和四要素

（1）团队：它是企业发展的核心要素，也是核心竞争力。经营团队比管理团队更难，调动团队积极性是管理团队的本质，让团队有成长、有收获、有创新，最终能打胜仗，并使业绩持续增长，这才是经营团队的目标。

（2）用户体验：它在本质上是提升业务价值问题。首先是规划——产品给客户带来了什么价值？解决了客户哪些刚需？客户购买产品的理由是什么？其次是策划——业务战略解决了哪些业务痛点？最后是决策——如何升级产品线，提升客户价值？

（3）成本控制：它是企业生存的源泉，只有控制成本、提升毛利、增长业绩，才能提升企业的市场价值。运营效率低，是企业家和管理者面临的时代难题。站在数字时代审视，最佳解决方案是，通过数字化技术来提升效率，释放人力成本，提升管理效率，让企业在产品、体验和成本的三要素上达到最优匹配。

（4）效率提升：即把数据转变为服务，贯穿业务流，打通组织壁垒，提升服务效率。数字经济作为一种新的经济形态，不仅承载核心技术，包括云计算、大数据、人工智能、物联网、区块链、移动互联网等，而且驱动效率提升，涵盖社会生产方式的改变和生产效率的提升。比如，人脸识别技术的广泛应用，不仅提升了安检效率，而且建设了统一人脸库，让客户身份识别成为数字医疗的基础数据服务，让统一客户身份认证成为企业转型的数据资产。

总之，在商业模式设计中，要聚焦四个判断标准，解决几个核心经营问题：一是为谁提供服务？二是提供什么服务？三是如何提供服务？四是如何持续盈利？

描绘数字化转型愿景，聚焦商业模式，需对准业务战略，明确客户的体验诉求，关注行业趋势，审视企业自身的能力和与业界标杆的差距，识别数字技术在企业内的应用前景。具体可以总结为三个布局。

布局一：夯实业务战略。

（1）解读企业的"业务战略"和"商业模式"的变化。

（2）识别企业的"新定位、新业务、新模式"。

（3）思考企业的业务战略目标实现路径，通过一系列变革项目来改变业务运作模式，支撑业务发展和商业成功。

布局二：聚焦客户价值。

（1）面向企业客户，企业更多采用直销或分销的方式。

（2）面向个人客户，企业更多采用零售的方式。不同的销售模式，需要企业构建不同的数字化平台。

（3）客户对体验需求的变化。企业要围绕客户旅程，瞄准客户与企业的交易界面，识别关键协同场景和触点，思考如何引入数字技术提升交易便利性和效率，进而提升客户体验和满意度。

华为主要与三类客户打交道，包括客户（运营商客户和政企客户）、消费者、伙伴，每一类客户都有不同的交互场景和体验要求，需要区别对待。针对每一类客户，识别客户触点，畅想在这些触点上分别为客户实现什么样的 ROADS 体验。

ROADS 代表以下五个关键要素，如表 1-1 所示。

表 1-1　ROADS 的五个关键要素

要　素　名　称	要　素　作　用
实时性（real-time）	确保服务的快速响应和高效率
按需性（on-demand）	用户可以根据自己的需要随时获取服务
全面在线（all-online）	所有的设备和系统都能够在任何时候保持在线状态
个性化自助服务（DIY）	让用户可以自定义自己的应用和服务
社交化（social）	鼓励用户间的交流和信息共享

这些元素共同构成了一个全面的用户体验模型，旨在推动各个行业的互联网化和数字化转型。华为将实现 ROADS 体验作为公司内部数字化转型的驱动力，在公司自身转型过程中加深对数字化的理解，通过积累能力来更好地服务客户，帮助运营商和其他企业客户提升用户体验，提升运营效率。

布局三：重塑业务模式。

（1）提炼业务价值流。企业通过价值流，绘出企业的业务全视图以及价值创造的过程。

（2）梳理业务流程和业务卡点。企业确定流程和关键业务点，将调研结果与行业数字化转型的趋势及最佳实践进行对标，从一些关键业务指标中进一步分析与行业标杆的差距。

（3）分阶段来调整解决方案。针对这些差距，企业要思考是否可以通过引入数字技术和转变业务运作模式来加以改进。2021 年，Gartner 给出一系列技术组合，其调查结果表明，信息安全、数据分析、云服务和解决方案（SaaS、PaaS、IaaS）、流程自动化（如 RPA）、客户体验、人工智能是企业最关注的前六位技术战略方向。

1.4　以目标为导向的战略设计

德鲁克在《管理的实践》一书中指出："所有企业管理，说到底都是目标管理。"也就是说，管理的核心是绩效管理，而绩效管理的核心是目标管理。企业管理不该以问题为主线，忙着四处"救火"，而要以目标为导向。

管理只对绩效负责，管理始终为经营服务。高层看决策能力，中层看创新能力，基层员工看执行能力。图 1-3 从数据、产品、技术角度对负责人的工作职责进行了说明。

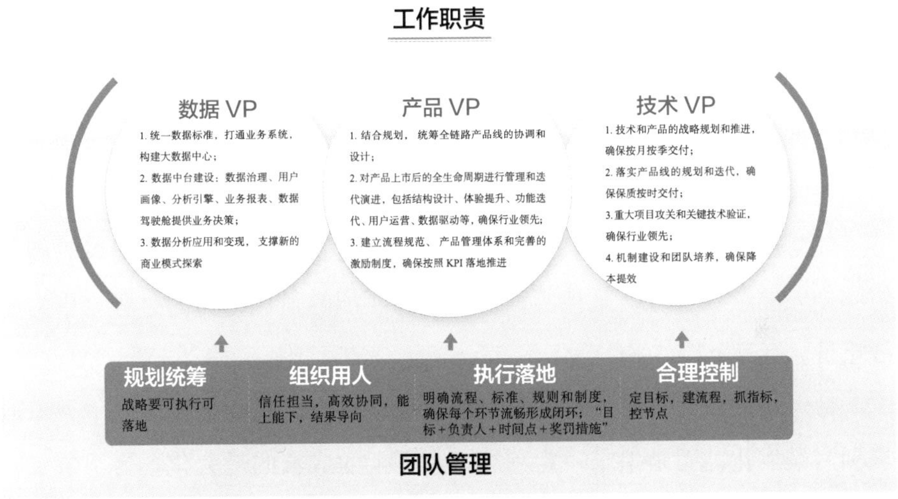

图 1-3　团队职责分工架构图

如何卓有成效地进行目标管理呢？德鲁克给出了三步法：目标制定、目标分解、目标考核。

德鲁克认为，并不是有了工作，才有目标，而是有了目标，才能确定每个人的工作。企业的使命和任务，必须转化为目标。如果一个领域没有目标，这个领域的工作必然会被忽视。

战略指组织为了实现长期的生存和发展，在综合分析组织内部条件和外部环境的基础上做出的一系列带有全局性和长远性的谋划。它是能够引向理想未来的方法或计划。战略就是做正确的事。战略就是取舍，即选择，包括选择做或选择不做。

德鲁克定义了战略规划的概念。战略规划是一个包括以下工作的持续的过程：系统地做出承担风险的当前决策，并尽可能了解这些决策的未来性；系统地组织落实这些决策所需的努力；通过有条理的、系统的反馈，根据当初的期望对这些决策的结果进行衡量。

德鲁克归纳了在战略规划中的关键要素：为了实现目标，要系统地、有目的地进行工作；规划开始于舍弃过去，要把这种舍弃作为实现未来目标所做的系统努力的一部分。我们要寻找实现目标的新途径，而不是认为更加努力地做同样的事情就足够了；我们要深入思考时间因素并提出这样一个问题——我们必须在什么时候开始工作才能按时取得结果？

因此，制定战略规划，要先用全局思维确定方向和长期目标，然后将长期目标结构化分解为短期目标，按照流程管理进行优化，最后定期复盘目标的偏差，并纠偏和评估。

战略规划是为实现战略目标而以终为始的管理过程，是战略解码到组织和个人的绩效管理，是持续锻造与目标匹配的强执行力的过程。华为的战略目标有三个特点。

特点之一：增长是王道，敢于抓住战略机会驱动业务发展。华为不追求利润最大化，而是追求一定利润率水平上的成长的最大化。为了未来能获取利润，要克制短期的利润渴望，把资源投向未来。

特点之二：聚焦主航道，不在非战略机会点消耗战略竞争力量。

特点之三：在坚定不移的战略方向上，采取灵活机动的战略战术。华为战略管理的两大基本原则是以客户为中心和以目标为导向。

如何进行目标管理？

首先是制定目标，包括切实可行、可量化的时间限制，可衡量的成果。管理者在制定目标时，应按照客户需求及优先级进行排期，需要切合实际。因为，过大、过高的目标，不仅不会激发员工的动力，反而会削弱他们的信心。让人乐于实现目标的因素有两个：一是有挑战性；二是可实现性。挑战能够激发干劲，但前提必须是可实现。"Deadline（截止日期）是第一生产力。"有了时间限定，员工工作会更有动力，项目的进度也更加可控。年度目标、季度目标、月度目标，可以让公司上下在一段时间内齐心同行，找准焦点，一起向核心业务发力。目标要有具体、可衡量的成果输出，并审核和验证，无论大目标还是小目标，时间到了，就必须复盘、考核。

其次是分解目标。即将企业的战略目标拆解为各个部门的项目目标，再细化为每个人的目标。大目标变成小目标，小目标变成执行细则。不与利益挂钩的考核，是没有意义的。经过自评、上级量分、领导复核后，对取得成绩的员工施以奖励，激励他们更好地实现更多的目标。

最后是考核目标。如果目标完成情况较差，要给予适当的惩罚。当然，相比惩戒，管理者更需要分析原因、总结利弊，找出问题的关键——是员工能力问题，还是态度问题，抑或其他不可控的因素。

📢 1.5　战略规划的成功案例分析

1. 华为战略流程管理体系

DSTE（division, section, team, employee）战略管理体系是华为公司在整个组织架构和战略规划方面的一种管理体系。它将整个公司划分为不同的部门（division）、部门内的各个组（section）、组内的各个小组（team）以及小组内的每个员工（employee）。在这个管理体系中，每个部门负责特定的业务领域，在部门内又有不同的组，每个组负责具体的项目或任务，组内再划分为各个小组，小组内的每个员工负责不同的工作内容。这种管理体系可以实现部门之间的协同工作，保证资源的合理分配和最佳利用。同时，这也能够提高员工的责任心和工作效率，因为每个员工都承担着特定的工作职责，并且能够直接参与到项目中。

华为 DSTE 战略管理体系的优势在于：它可以快速响应市场变化和客户需求，因为每个部门和小组都能够独立地进行决策和行动；同时，它也能够促进员工之间的交流和合作，有利于形成良好的工作氛围和高效的团队。

华为的战略体系框架有四大部分，即战略制定、战略解码、战略执行与监控、战略评估，也可以分别称为战略规划（中长期发展计划）、年度业务计划与预算、BP 执行与监控闭环、业绩与管理体系评估。华为的战略流程框架如图 1-4 所示。

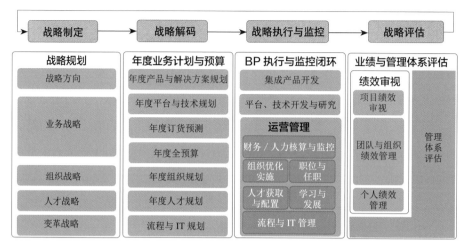

图 1-4　华为的战略流程框架

（1）战略规划。战略与规划不只是业务的战略与规划，还包括组织、人才、流程和管理体系的变革战略与规划。

战略规划（strategy plan，SP）又称中长期发展计划，时间跨度为 5 年。战略规划简称为"五看三定"。

"五看"是指看趋势、看市场和客户、看竞争、看自己、看机会，主要输出未来 3 ~ 5 年的战略机会点及机会窗的战略机会点。

"三定"是指定未来的目标、定未来的策略、定未来的战略控制点，从而确定未来的核心竞争力所在。

SP 的主要输出如下。

第一，输出机会点业务设计，包括客户选择、价值定位、利润模式、业务范围、战略控制点、组织。

第二，输出中长期战略规划，包括三年战略方向、三年财务预测、客户和市场战略、解决方案战略、技术与平台战略、质量策略、成本策略、交付策略等。

（2）年度业务计划。年度业务计划（annual business plan，BP），时间跨度为下一个财政年度。制定 BP 是各个产品线及部门的年度重点工作之一。通过 BP 的制定，公司相关部门的资源利用效率得到提高，产品的目标更加明确，年度预算更加清晰。

公司要求各部门在秋季开展 BP 的制定工作，并在次年 3 月底前通过公司审核。各部门的 BP 包含过去一年部门的总体运营情况、未来一年部门的目标、财务预算、产品策略、区域销售策略、客户拓展策略、服务策略、品牌策略、交付策略等内容，是跨度为一年的作战方案。制定 BP 的目的如下。

第一，在公司总体预算的纲领下，通过与周边部门的协调沟通，结合 SP 的战略安排，落实来年的资金预算和人力部署，同时对具体的重大市场机会进行详细分析并推动落实，保证行动和策略的一致性。

第二，BP 的制定也是一次全面、系统的分析活动，通过多个部门的交互，深入地挖掘各部门来年的机会和威胁，有利于各部门捕捉市场机遇和降低运营风险，保障战略计划的顺利实施。

第三，BP 是各部门未来一年的关键绩效指标（key performance indicator，KPI）、个人绩效承诺（personal business commitment，PBC）等制定的主要依据，将逐步成为指引各部门日常运作的行动纲领。

（3）执行与监控。战略执行是通过布阵、点兵、造势，将战略规划和年度业务计划的成果付诸行动，并在执行中，通过市场结果、关键任务进展来检验与原先制定的目标计划的偏差，进行根因分析，采取措施纠偏，保证战略实施。战略执行其实是 PDCA 循环管理的过程。

管理执行与监控的主要内容有管理集成经营计划（integrated business plan，IBP）、管理重点工作、管理 KPI、管理运营绩效、管理战略专题等。

管理 IBP 主要包括管理各项业务滚动计划（包含销售、研发等）、管理财务预算和管理人力预算。

管理重点工作是指统一管理和监控支撑战略规划和年度业务计划目标达成的关键性工作，如新的产品和解决方案开发、关键领域的变革项目、市场突破等。

管理 KPI 是管理组织绩效 KPI 指标，确保战略目标纳入组织绩效目标及高管 PBC。

管理运营绩效通过运营仪表盘，掌握 SP/BP 落地情况，并进行闭环管理。

管理战略专题就是管理未来的关键战略课题，需要将关键战略课题提出来并做深度研究，弄清楚未来的趋势、对公司的影响以及公司怎样应对。

管理执行与监控是例行化的工作，通过经营分析会、BP 与预算季度审视（或半年审核）进行 SP 和 BP 的跟踪与闭环，其中包括高管 PBC 绩效辅导和绩效评价等工作。通过绩效的闭环管理（既包括组织绩效的闭环，又包括管理者个人绩效的闭环），最终将对 SP 和 BP 的执行结果体现于组织团队、管理者的绩效结果评定、奖金分配、薪酬评定和个人晋升等方面，形成战略到执行的闭环。

经营分析会是企业运营管理中的重要会议，按照一定的周期（如双周、月度、季度等），对经营状况进行分析，围绕目标、发现差距、分析问题和解决问题。通过 PDCA 的闭环管理，使年初制定的战略和目标能够有效达成。华为对经营分析会的定位是作战会议，作战指挥系统必须聚焦于集中力量打胜仗，目的是准确预测并达成年度经营目标。具体包括：要分析如果年度经营目标完成了，是如何完成的，做好了哪些步骤，将关键动作提炼总结为标准操作并分享；如果目标没有完成，是什么原因导致的，要找到根本原因和应对措施；明确下一次战役的目标、行动及需要的炮火。

BP 季度审视是指在每个季度的财务指标统计出来后，由各部门管理团队对部门上季度的主要运营指标进行回顾检查的行为。

（4）绩效。绩效是什么？

绩效是指企业要的结果，而激励是指员工要的回报。解决绩效（公司追求）与激励（员工追求）之间矛盾的唯一办法，是价值创造，并形成更高的价值分配和更高的价值创造的螺旋式上升循环机制。绩效是依靠价值创造出来的，而不是通过价值评价出来的。战略规划和年度业务计划为价值创造提供了最重要的输入。DSTE 是指从市场洞察到战略指引，到战略规划，再到集团层面的战略协同、战略规划批准，接着导出战略衡量指标，签署战略归档文件，最后到制定 KPI 指标方案及战略宣讲。

组织绩效是什么？

组织绩效是对组织基于自身职责定位所承接的公司或上级组织目标完成结果的衡量。

企业经营管理的重点是组织绩效，而不是个人绩效。组织绩效的主要作用是战略牵引（指挥棒）、强化组织协同（互锁）、衡量组织贡献和强化激励（评价标尺）。战略牵引确保组织不偏离航道，强化组织协同的前提是设定各组织/部门责任中心，衡量组织贡献和强化激励是为了正确评价价值和合理分配价值。

短期的组织目标是"打粮食"——增加销售收入、回款并形成现金流等；长期的组织目标是"增加土地肥力"——为形成未来市场格局、抓住战略机会点、获取山头项目、构建更强的组织能力等夯实基础，并促进业务的结构性调整。

不少企业经常出现企业整体业绩不佳，但各部门组织绩效好的现象。主要原因在于，组织绩效 KPI 设计不是以战略和端到端流程为导向的。

绩效评价强调责任结果，衡量"创造了多少价值"。在责任结果基础上，再来衡量关键行为，即"如何创造价值"。责任结果是业绩项，作为价值分配的依据；关键行为是能力项，作为机会分配的依据。没有责任结果，就没有关键行为。态度、知识、技术、技能只有转化为结果和行为才有效。

个人绩效如何设计？

个人绩效目标来源于三个方面：部门目标、职位职责、流程目标。首先是设计部门目标，个人绩效要承接所在部门的绩效目标。其次是职位职责设计。每一个岗位都有自己的标准岗位职责，这也是一项输入。最后是流程目标，这是业务流程里的目标。如果某个岗位恰好是某个流程里的某个角色，并且承担一系列活动，那么流程目标也是一项输入。个人绩效管理基于岗位责任贡献，即关键结果和实现关键结果的关键行为。个人绩效管理也就是个人绩效承诺，包括业务目标承诺、人员管理目标承诺、个人能力提升目标承诺。

2. BLM 模型框架

SP（战略规划）的主要方法论是 BLM（业务领先模型）。BLM 模型框架如图 1-5 所示。

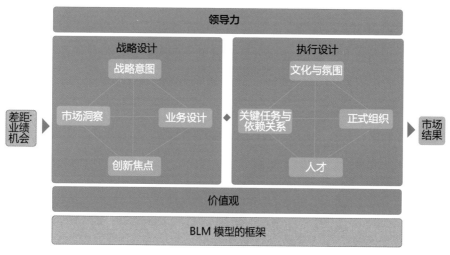

图 1-5　华为的 BLM 模型框架

BLM 模型以双差（业绩差距与机会差距）分析为起点和输入，以领导力为根本，以价值观为基础，主体内容为战略设计的四个模块（市场洞察、战略意图、创新焦点、业务设计）和执行设计的四个模块（关键任务与依赖关系、正式组织、人才、文化与氛围），共 11 个模块。BLM 模型可帮助企业管理层在企业战略规划与执行设计的过程中，进行系统思考、务实分析、有效的资源调配及执行跟踪。

（1）战略意图。战略意图是关于未来作战的总体思路和规划，也是对未来的大胆假设，可能不够详细具体，也未经过小心求证。战略，关键是略，没有舍弃、没有放弃，就没有战略。战略目标制定要求从终局看布局，以未来推导现在，是"以终为始"的思考过程。站在后天看明天，才可能提出正确的战略问题，并据此制定战略意图。

战略意图是指方向大致正确，是高层面和框架性的，主要包括三个层面。

第一，愿景和使命。有了愿景和使命，团队才愿意为之奋斗。

第二，战略目标。即未来 3 ~ 5 年的具体收入、订货、利润市场份额，以及如何衡量企业的竞争力等。

第三，关键路径和节奏。仅有愿景、使命和战略目标是不够的，还要有相应的路径和节奏，要规划出关键的路径和里程碑。

（2）市场洞察。市场洞察是战略和产品管理体系中最重要的工作。市场洞察要做到不遗漏战略机会，不忽视重大风险，以战略思维满足客户。企业需要持续构建市场洞察的组织能力和管理体系，才有可能输出高质量的市场洞察成果。华为内部的常用工具是"五看"，即看环境、看行业、看竞争、看客户、看自己。看环境，包括政治、经济、社会、技术；看行业，就是看所处的这个行业有什么样的发展和变化；看客户，就是看客户有什么需求；看竞争，范围更广一点，不光看竞争对手，还要看行业内的标杆企业、合作伙伴等，决定我们与谁合作、与谁竞争，要从他们身上学到哪些东西等。这四个视角都是外部的，最后还要有内部视角，归因于自身，也就是看自己。结合外部视角，审视自身，针对客户需求、相较于竞争对手，我们有哪些优势、哪些劣势？最终形成的"五看"，就是市场洞察的基本内容。

不同的企业在不同阶段，会有不同的侧重点。以华为为例，我们一直强调，要以客户为中心。客户是衣食父母，客户满意了才会为产品买单，所以对企业来说，看客户是非常重要的。当企业处于追随阶段，竞争对手遥遥领先，这时看竞争就变得更为重要。当企业超越了竞争对手，成为行业的领先者，进入了无人区的时候，可能看行业，注意行业的发展与动向就变得更重要了。

在市场洞察中，"看客户"是要特别关注的。主要关注两点。一是要看客户最核心的本质需求。在这方面，苹果做得非常好。乔布斯认为，客户调研了解不了客户本质的、核心的需求，因为有些事情，客户自己也讲不清楚，关键是我们要有自己的分析和洞悉。比如，人最本质的需求是什么？iPad 为什么能成功？iPad 让所有人都可以很快速地上手使用，这是因为苹果公司抓住了客户核心的、本质的需求。二是看客户的需求发生了哪些变化。比如，家庭网络宽带的发展，经历了从浏览网页，到查看视频等。任何客户需求，必须要洞悉需求的变化，提前筹备，才能在市场上占领先机。

（3）业务设计。业务设计就是业务的商业模式设计，也称为价值驱动业务设计，它是与不断变化的客户偏好和价值转移趋势协调一致的蓝图。

业务设计是战略制定的落脚点，可帮助企业有效抓住战略机会点和构建战略控制点。

随着竞争格局和各种因素的变化，任何一个产业在演进过程中，其最赚钱的环节（价值环节）都会不断地演变或迁移。

如果企业要想在产业链中持续盈利和发展，就必须深刻洞察和预测价值环节的迁移。如果能提前一定时间，针对价值环节布阵、点兵，投入力量，那么业务在未来自然会成功。这就是战略管理思想的核心精髓，通过预测和洞察价值环节的转移，提前占好位，卡住竞争对手，最终实现持续成功。因此，要提前做好业务设计。

在整个 BLM 模型里，业务设计起到了非常重要的承上启下的作用。业务设计是将战略机会点转化成可执行的策略、商业模式或者行动计划的最好的方法论。具体要素如下。

第一，客户选择。在有限的资源下，选择聚焦于哪些细分市场和细分客户。

第二，价值主张。客户为什么会选择我们，而不选择我们的竞争对手？我们有哪些差异化的竞争优势？这是一个非常重要的问题。在华为内部，如果这个问题回答不清楚，是不允许产品开发上市的。

第三，价值获取。我们是商业机构，不是慈善机构，最终是要赚钱的。你选择了客户，客户也选择了你，但是到底能不能赚到钱，你的盈利模式是什么？也必须要讲清楚。

第四，活动范围。现在是分工合作的社会，哪些由你来做，哪些由合作伙伴做？合作的区间在哪里，怎样让大家都能够获利？这些都要搞清楚。

第五，战略控制。这一条非常重要。价值主张是保证这次能赢，战略控制是保证将来也能赢。那么，要构建哪些方面的核心竞争力，让竞争对手难以超越？

第六，风险管理。这一点很容易理解。战略面向未来，有很多的不确定性，因此需要通过风险管理进行识别和规避。

在六大要素中，战略控制点非常重要，它可以让业务设计的盈利具有可持续性，保护利润来源，避免因强大的客户影响力而波动，避免受竞争者模仿的影响，甚至避免受强大产业政策或贸易政策的打压。成功的战略控制点包括拥有行业标准或者专栏保护、控制价值链或者生态链、绝对的市场份额、一体化解决方案和品牌影响力等。战略控制点处于强势地位的知名企业有高通、华为、苹果、三星、IBM 等。

（4）创新焦点。创新焦点是为了匹配外部市场机会和达成战略意图，结合企业自身优势，把握市场切入时机，将企业的核心资源投在业务的关键创新点（战略控制点）上。这也正是华为所提出的"不在非战略机会点上消耗战略竞争力量"。企业应该为打造更强大的战略控制点而创新，而不仅仅在现有业务逻辑的延长线上创新。

创新的目的是形成差异化的竞争优势。创新焦点要聚焦三要素。

一是创新模式，即如何创新。我们是要做颠覆式的创新，还是做一些持续迭代的创新？我们在产品和解决方案方面怎样创新？内部怎样创新？市场怎样创新？

二是资源的有效利用。我们是否充分有效地利用了资源？我们投入了大量的人、财、物，投入是不是到位，使用是不是正确？

三是面向未来的业务组合，这一点非常重要，即审视和设计我们面向未来的业务组合。所有的产品都有生命周期，有其起始阶段，有生命周期的顶端和末端。如果我们只有一个产品、一个业务，组织就会随着这个产品生命周期的终结而终结。把不同的产品和业务组合起来，当某个产品处于衰落期时，其他产品可以处于上升期，这样整个企业才能长期发展。

在三个要素中，核心是业务组合。对业务组合来说，不同业务的管理方式也是不同的。对于核心业务，主要是考核利润，要不断地减员增效。而对于成长业务来说，最重要的是尽快抢占市场。相较而言，在成长业务面前，市场份额要远比利润更加重要。而对于新兴机会来说，重要的是一定要投入，一定要不断回馈，在未来机会到来之际，要能拿到入场券。同时，要做"先驱"，而不是"先烈"，所以，也不能走得太靠前，结果做了"先烈"。

（5）执行设计。战略执行设计部分包含四个模块，分别是关键任务与依赖关系、正式组织、人才、文化与氛围。下面主要介绍一下组织和人才。

① 组织。组织的宗旨就是要让平凡的人也能干成不平凡的事。组织必须适当调整以适应客户需求的变化。

从战略到执行，通过"钻石连接"把战略中的业务设计和执行中的关键任务连接在一起。关键任务当中的每一项任务、每一个重点工作，其目的都是保证业务设计里面的每一条策略都变成现实。也就是说，通过业务设计和关键任务的连接，实现从战略到执行的打通。所有企业都有关键任务和重点工作，为什么有些完成得好，有些却完成得不好呢？背后的原因在于，各个企业、组织的组织能力不同。组织能力要体现在人才的数量和质量上，体现在组织架构、动态流程和考核机制上，当然也包括文化导向、激励机制等。

正式组织为确保关键任务和流程有效执行，会建立相应的组织结构、管理和考核标准，包括部门的大小和人员角色、管理与考评、奖励与激励系统、职业规划、人员和活动的物理位置，以便指导、控制、激励个人和集体去完成团队的重要任务。

业务流程承载战略及业务的要求，组织必须支撑业务流程的高效运作。在完成业务设计和梳理关键任务之后，企业会发现：有些关键任务现有业务流程不支撑，有些关键任务对现有业务流程提出了更高的运作要求，还有些关键任务可能要求对一些现有业务流程进行重整，甚至摒弃。当组织和业务流程不匹配时，需要调整组织适应流程，组织只有在流程中创造价值才能获得成长机会。

②人才。人才不是华为的核心竞争力，对人才进行管理的能力才是企业的核心竞争力。

华为认为人才是资本，而非成本。华为强调人力资本增值优先于财务资本增值。

首先，资本可以通过抓住战略机会点来实现增值。围绕战略机会点的获取和战略控制点的构建，抢先于竞争对手在人才上投入，甚至是垄断人才，从财务报表看这种先期投入会减少当期利润，但是无疑为未来的增长和收益夯实了基础。人才是应对未来关键业务挑战和差距，特别是应对不确定性、构建公司持续竞争力的核心。

其次，认真负责和管理有效的员工是华为最大的财富。尊重知识、尊重个性、集体奋斗和不迁就有功的员工，是华为事业可持续成长的内在要求。怎样做到管理有效？华为认为"最大的浪费是经验的浪费"。通过总结前人犯过的错、踩过的坑，将其优化并固化在流程体系中，将经验复制并传承下去，是人力资本增值的高效手段。

最后，华为不迁就人才，通过适度的人才"冗余"和储备激发组织活力。华为在人才储备方面实行的是长板凳计划，即每个人随时可能会被"替换"，倒逼人才持续做出更大的价值贡献。需要提醒的是，华为认为人才的价值发挥需要一个高效运作的平台，而成熟的管理体系能够让人才发挥更大的效率。人才管理体系能够持续支撑业务的增长和供应满足业务需求的人才。

关键人才及其技能的提升对企业的战略实施尤其重要。华为有三支关键人才队伍：干部队伍、专业员工队伍、新员工队伍。这些人才队伍的发展促进了公司的盈利与增长，是华为持续成功的关键要素。

干部队伍是业务发展与组织建设的火车头。干部担负着公司的管理责任，通过管理，面向市场做要素整合，支撑公司商业成功和长期生存。干部的使命与责任，就是践行和传承公司文化和价值观，以文化和价值观为核心，管理价值创造、价值评价和价值分配，带领团队持续为客户创造价值，实现公司商业成功和长期生存。

华为根据组织的战略导向挑选合适的干部，选择合适的干部引领组织和变革的成效。华为的干部选拔实行"三优先"原则。

第一，优先从成功实践和成功团队中选拔干部。

第二，优先从主攻战场、一线和艰苦地区选拔干部。

第三，优先从影响公司长远发展的关键事件中考察和选拔干部。

📢 1.6 战略规划的六大战略要素

下面是华为对数字化转型的定义：通过新一代数字技术的深入运用，构建一个全感知、全连接、全场景、全智能的数字世界，进而优化再造物理世界的业务，对传统管理模式、业务模式、商业模式进行创新和重塑，实现业务成功。

新一代数字技术的核心就是 AI，从深度和广度来说，就是推动产业和场景的全面数字化、网络化、信息化和智能化的转型与升级。现在，中国经济由高速增长阶段转向高质量发展阶段，智能经济会催生新的业态，重塑商业模式和消费需求，具体表现在如下几个方面（见图 1-6）。

企业数字化转型的核心战略

- 提升产能效率

- 提升企业竞争力

- 创新业务能力

图 1-6　企业数字化转型的核心战略

第一，提升产能效率。应用 AI 可以提高企业的效率，通过数字化转型优化内部组织，规范内部流程，明确岗位职责，促进企业健康发展，达到降本增效的目的。IT 建设要求企业建立包括业务、数据、应用、技术架构在内的，对企业业务信息系统中的体系性、普遍性问题提供通用解决方案的企业架构。同时，企业要基于业务导向和驱动的架构来理解、分析、设计、构建、集成、扩展、运行和管理信息系统。

第二，提升企业竞争力。在数字化转型的过程中，AI 的应用不是目的，转型的根本目的是提升产品和服务的竞争力，使企业获得更大的竞争优势。团队管理要求企业树立数字化转型的战略意识，从上至下建立数字化转型战略意识，领导要带头，重视数字化转型发展，并向下传递，让团队成员知道公司已经进入了数字化的时代。同时，企业需要梳理现有资源，开展适当的人才培养和引进，构建合适的团队。

第三，创新业务能力。数字化转型的本质是在 AI 技术的驱动下对业务、管理和商业模式进行深度转型和重构，其中技术是支点，业务是核心。企业通过数字化支持企业转型，提升产品创新能力，实现收入增长。

数字化转型不仅仅是技术问题，还需要从战略层面进行分析和规划，解决持续为谁提供有价值的服务问题。一般来讲，整体战略分析涵盖经营战略规划、营销战略规划、运营战略规划、产品战略规划、技术战略规划、组织战略规划。六大战略相互依存、相互助力、相互赋能，形成企业作战的闭环策略，在作战中不断迭代和更新打法，不拘泥于框架，而是具体问题具体分析，给出适合企业发展的个性化解决方案，提升用户体验，提升产品价值，提升作战效率，提升反应速度，让中后台能"听到前方的炮火"，让组织机构的设计适应市场策略的变化，让数字绩效考核和数字化转型战略能一脉相承。数字化转型的总体战略架构如图 1-7 所示。

1. 经营战略

经营战略包括三个核心要素，即明确事业的目的与意义、追求销售最大化和经费最小化，以及定价即经营。首先，始终把聚焦大客户、提升客户体验、创造客户价值作为经营战略的首要任务。其次，实现销售额最大化、经费最小化，这是经营的目标。企业将对利润负责的部门明确化，并引导企业全体员工共同努力实现利益最大化。在市场方面，形成矩阵式打法，纵向细分领域市场，横向共享数据资源，用数字化平台串联横向细分市场的业务需求，提供差异化服务和一站式解决方案，并持续提供超出预期的客户价值。在经营管理方面，把公司分成若干个小阿米巴，以领导为核心，全体成员共同参与经营。

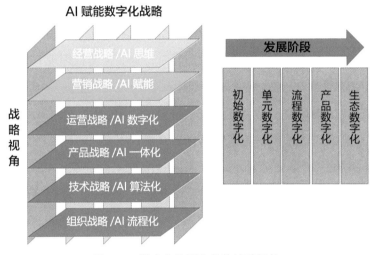

图 1-7　数字化转型的总体战略架构

2.营销战略

数字化营销的核心竞争力是 AI 技术，通过产品的数据驱动，借助渠道和促销策略，实现个性化服务，提升客户体验。AI 驱动营销的个性化和数字化，以大模型技术赋能场景化，实现在艺术创作、语言识别、图像编辑、图像识别、虚拟现实等个性化需求突出的营销场景中。现代营销学之父菲利普·科特勒认为：营销战略是一套可供选择的方法、政策和规则，为企业的营销活动提供指导。首先，看内部和外部的市场环境，做 SWOT 市场分析，尤其是看政策环境，它是决定市场策略标准的首要因素。其次，针对细分市场的竞品做多维度分析，通过 AI 技术来验证和预测，尤其是客户的购买刚需和客户规模。最后，制定企业切实可行的市场战略。

在营销战略中，如何让客户获得成功？

首先，选定高价值客户。在企业客户中，80% 的业绩是由 20% 的高价值客户贡献的，剩余 80% 的客户仅能贡献微利，甚至带来负利润。用数据分析，哪些属于 20% 的高价值客户，哪些属于 80% 的小客户，企业要找出 20% 高价值客户中的 20%，即 4% 的超高价值客户。客户分析要分级、分层。什么是高价值客户？有高需求、高支付、高复购能力的才是高价值客户。企业要建立客户全生命周期管理体系。那么，如何做管理、如何构建机制、如何搭建高价值客户体系？应从高价值客户画像出发，规划客户的长期和短期作战地图，从多路径和多场景来设计客户的精细化管理路径，涵盖留存、转换和升单的打法，以客户为中心，进行分类和分级设计，要能形成闭环迭代的全生命周期的客户管理体系。

其次，建立服务客户的闭环管理体系。据数据分析，发现有一个最佳实践成果：研究客户本身、研究关联客户、研究客户的竞品、研讨竞品的客户，从而打通客户产业链的上下游。闭环管理服务分为 6 个部分，如图 1-8 所示。

图 1-8　客户服务地图

第一，谁服务客户。企业要明确并公示项目干系人，包括营销团队、运营团队、产品团队的成员。

第二，服务谁。企业要明确并公示项目干系人，包括客户对象和类型，以及客户的项目干系人。

第三，服务什么。即服务的内容是什么。比如，组织一次大型 AI 项目评审会议，服务内容包括会前、会中和会后——会前请哪些专家，会中安排评审细则，会后安排验收成果清单等。

第四，怎么服务。企业要明确产品和项目干系人来提供服务。尤其是，产品和项目经理的人选是非常重要的。比如，如何做好一次大型项目的研发管理和交付任务？按照华为 IPD 项目管理的四条路径来推进，包括六个阶段和六次评审。具体内容参见第 8 章。

第五，量化工作。按照项目任务书，量化工作内容，形成督办任务，日日跟进，形成闭环。督办任务至少包括九大要素：工作类型、督办内容、验收标准、所需资源、完成时间、主责人、验收人、协办人、奖罚条例。

第六，考核指标。按照目标与关键成果法（objectives and key results，OKR）方式考核，对目标层层分解，形成行动计划实施；对过程进行掌控和评估，确保关键结果达成。OKR 可以帮助管理者建立完整的计划流程，鼓励主动性与抓住重点，提倡将精力放在最重要的事情上，并通过管理者与团队成员持续与定期沟通，实现团队氛围提升与领导力发展，确保目标实现，共同打造卓越管理流程。

3. 运营战略

运营战略的核心理念是精益化管理，即以客户为中心，持续改进价值流，为客户创造价值。持续改进是指不断地寻找和解决问题，以提高服务效率和质量。持续改进是企业成功的关键，只有不断地改进，才能适应市场的变化和客户的需求。数字化运营战略核心，从本质上讲，是构建基于价值流的客户信任体系。通过设计价值体系，提升服务质量，积累客户信用度，赢得客户好评。基于价值流的客户信任体系，构建满足客户个性化的产品服务，不断提升客户需求的理解力和认知力，实现供应链管理、零售模式和服务质量方面的不断创新和提升，帮助满足个性化需求，精准推荐满足客户需求的好产品。运营部门是公司的大中台部门，其衔接工作举足轻重，工作对接包括市场、供应链、解决方案、客服、技术部、医疗、财务等业务部门，在售前、售中和售后阶段的职责需要分工明确，各个角色职责清晰、互相配合。

4.产品战略

产品战略的核心理念是产品价值提升，即通过新一代数字技术的深入运用，构建一个全感知、全连接、全场景、全智能的数字世界，进而优化再造物理世界的业务，对传统管理模式、业务模式、商业模式进行创新和重塑，对产品战略进行重构，实现业务成功。

产品战略的本质是提升产品价值。那么，如何创造产品的功能价值，提升产品的体验价值和情感价值呢？概括讲，就是构建中台产品。平台的特征是高内聚、低耦合，职责边界清晰、易于集成；而中台产品在高内聚、低耦合的基础上，更追求数据完整性、业务可运营。

阿里巴巴给中台的定义是：将企业的核心能力随着业务不断发展以数字化形式沉淀到平台，形成以服务为中心，由业务中台和数据中台构建起数据闭环运转的运营体系，供企业更高效地进行业务探索和创新，实现以数字化资产形态构建的企业核心差异化竞争力。现在中台战略常被简单地概括为"大中台，小前台"，即把企业的核心业务能力沉淀和聚集到由业务中心组成的中台层上，前台应用以中台为支撑，向轻量化、敏捷化转变。

概括讲，中台产品的建设目标是实现业务能力共享和数据资源共享，有助于业务通过共享核心能力的沉淀进行数字化运营，通过对核心数据的分析更加精确地对业务进行调整和优化，全方位动态调整资源利用。中台部件之间不仅可以相互咬合和协同运作，而且能够灵活适配和独立组合，形成业务共享和能力共用。比如，公众号类的运营中台、供应链类的运营中台、订单类的运营中台、AI 类的引流和转化产品中台，都能相互关联并形成闭环业务数据流。

5. 技术战略

构建一体化平台，贯穿多条业务流，打通各类数据流，借力中台快速启航，让智能 AI 引擎驱动数据变现。技术战略是构建技术一体化平台，涵盖技术中台、数据中台和 AI 中台，贯穿多条业务流，打通各类数据流，借力中台快速升级迭代，通过运营沉淀数据资产，凭借数据运营打造智能产品，构建智能引擎驱动数据变现。数据治理是企业数字化转型的必由之路，数据中台建设用于解决数据建模问题，AI 中台为所有 AI 模型和服务互通互助、并行应用提供基础支撑。技术平台的产品架构设计如图 1-9 所示。

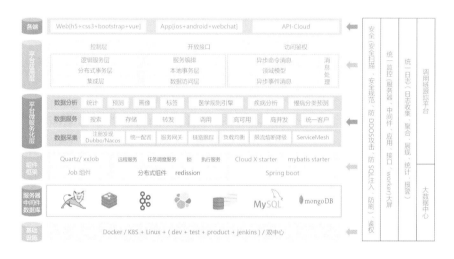

图 1-9 技术平台的产品架构设计

（1）技术中台就是技术工具化，包括技术中台门户、微服务注册开放组件、微服务开发交付能力、技术中台运维能力、能力集成技术组件能力、基础的技术服务、弹性伸缩和计算能力，以及虚拟化管理能力。技术中台像适配层，可起到承上启下的作用，将整个公司的技术能力与业务能力分离，并以产品化方式向前台提供技术赋能，形成强力支撑。技术中台更像工具库，是连接业务中台和数据中台、AI 中台的纽带，是服务于上层应用的桥梁。

（2）数据中台就是数据服务化，服务化的核心是数据模型化和服务组件化，服务化的基础是大数据平台和数据仓库。数据中台建设的首要目标是满足快速交付，快速交付的前提是数据的高度复用和组织；数据中台的次要目标是更好地支撑业务应用的建设和决策分析。

（3）AI中台是一个用来构建大规模智能服务的基础设施，是实现AI技术快速研发、共享复用和高效部署管理的智能化基础底座，对企业需要的算法模型提供分步构建和全生命周期管理的服务，让企业可以将自己的业务不断下沉为一个个算法模型，以达到复用、组合创新、规模化构建智能服务的目的。图1-10所示为AI中台的产品架构设计。

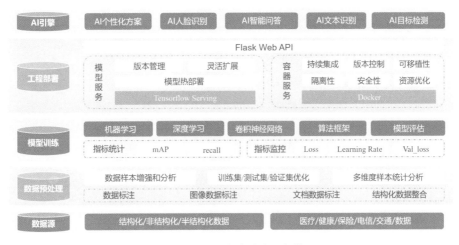

图1-10 AI中台的产品架构

6. 组织战略

组织战略是总体战略的保障条件。数字化转型需要强有力的组织来支撑，需要明确转型的责任主体，制定合理的组织业务目标，配套考核和激励机制，优化组织间的协作流程。更重要的是，组织要成立专业的数字化转型团队，协调业务和技术部门，建立数字世界与物理世界间的协同运作机制，统筹推进数字化转型落地。一线的精兵团队，其实就是项目型组织，核心就是推进项目型组织的建设。同时，大平台要能广泛地适应各类项目作战的需求。项目型组织必须对应平台型组织。

项目型组织与功能型组织之间要相互配合协同，基于客户与市场导向，以基于项目型组织的考核激励体系来进行人员的评价与激励。在这种模式下，项目经理的权力虽然是组织授予的，但项目经理更需要打造领导力。

组织战略的核心是打造领导力，就是建立愿景目标的能力，它是使自己与他人向企业承诺长期成功的能力，是激发他人自信心和热情的能力，是确保战略实施的能力，是让客户成功的能力，是主导数字化转型成功的能力。

数字化转型之
经营战略

为了实践"追求销售最大化和经费最小化"这一原则，需要即时明确每个组织的业绩，并且必须构建全员参与经营的管理会计体制……这就是"阿米巴经营"。构建有利于提高组织业绩的系统、体制，也是经营者的重要职责之一。

——稻盛和夫

首先，从战略与组织能力协同方面讲，数字化转型工作的一个核心要素，就是确保高层管理者、中层运营者、基层执行员工全身心地投入进去，即做到战略与组织能力协同。

其次，战略和组织协同的最佳实践就是阿米巴经营模式，因为它实现了对企业发展的方向性、长远性、全局性的谋划和行动。阿米巴经营模式，实际上就是一种机制，它将企业分为多个独立经营、独立核算的个体，各个部门间由原来的合作关系变为买卖关系，这种机制涵盖企业所有部门所有人，让每个部门甚至每个人都成为独立的利润中心，独立经营、独立核算，自负盈亏。

最后，为了实现经营策略，企业必须通过管理策略来配套解决方案，因此本章详细阐述了管理策略的五力模型。为了使组织能力提升和战略落地，必须构建结构化思维，统筹战略全局，训练结构化思维，提升经营战略落地效果。

2.1 阿米巴经营理念

该理念，即通过组织划分将企业分成若干个小的阿米巴，培养具有管理意识的领导，让每个阿米巴独立经营；用经营会计协助全体员工参与的经营管理，从而实现"全员参与"的赋权式经营方式，同时让经营者通过会计核算报表能够及时、清楚地掌握企业经营情况。以上这些就是阿米巴经营原理的主要内容。

稻盛和夫在《阿米巴经营》中阐述了阿米巴经营原理。下面简单地阐述一下稻盛先生创立京瓷的历史和经营理念，以便读者更好地理解阿米巴经营模式。

我从鹿儿岛大学工学部毕业后，有幸进入京都的绝缘子生产厂家松风工业公司工作，在公司里从事当时属于新领域的新型陶瓷研究工作，并成功实现了商业化。但是，之后与新上任的研究部长，围绕新产品的开发问题产生了意见分歧，我意识到在那里无法实现一个技术人员的梦想，当即决定辞职。

幸运的是我得到了许多朋友的支持，我和一起从松风工业辞职出来的7位同人一起创建了京都陶瓷公司（即京瓷）。当时我没有创业资金，是支持我的朋友们为了让我向世人展示我的技术而出资成立了公司。如果我家境富裕，有本钱成立公司的话，恐怕公司的情况就会大不相同吧。但是，我既没有资金和经验，也没有了不起的技术和设备，有的只是值得信赖的伙伴。正是在这种伙伴关系的基础上，公司才得以成立。

公司在启动阶段，得到了当时担任宫木电机公司专务的西枝一江先生的格外关照。西枝先生对我说："我是认为你有坚定的想法，看准你有前途，才拿出钱来帮你组建公司。今后将开始公司的经营，你可不能成为金钱的俘虏。我把你的技术看作你的投资，所以让你持有公司股票。"就这样，西枝先生从一开始就用技术投资的方式让我拥有了公司股份，使我走上了一条持股的经营者的道路。由于公司是在这样一种温暖的关怀下起步的，所以值得信赖的伙伴之间心心相连，就成了京瓷经营的基础。

当时，我对经营一窍不通，所以一直为"靠什么开展经营"而苦恼不已。不久，我想到了"人心"这一京瓷创业的基础，以"人心"为基础开展经营，不是很重要吗？人心变化无常，但是一旦人心连接起来的话，将是世上最坚不可摧的，历史上依靠人心成就伟大事业的例子不胜枚举。所以我认为在率领一个团队时，没有比依靠"人心"更有效的方法了。

阿米巴经营是以人心为基础的。人体内的数十万亿个细胞在一个统一的意志下相互协调，公司内的数千个阿米巴（小集体组织）只有齐心协力，才能够使公司成为一个整体。

从京瓷的创业史我们可以看出，要想成就一番事业，首先要有激情，只有胸怀激情的人去努力才能取得成功。而阿米巴的经营模式核心，就在于唤起每位员工心中的创业激情与企业家精神。

在阿米巴经营模式下，阿米巴的领导人拥有绝对的经营权，领导人不能一味地等待上司的指示，要自主、迅速地做出判断。在这样的模式下，每个阿米巴都有企业家的气质。

1.阿米巴的组织体系

阿米巴的组织体系是关于如何构建、划分阿米巴经营单元及如何设计经营授权的系统，而组织体系的设置，必须以公司正确的经营策略为基础。

阿米巴经营，源于稻盛和夫先生通过对人性的洞察，实现对人性的尊重。稻盛和夫先生通过对人性规律的尊重，实现了阿米巴组织的构建、阿米巴组织的相对独立经营、阿米巴组织的独立核算、人才培养等理念的落实。

阿米巴组织的构建是将个人的价值放大。通过将最小独立作业和核算单元划分为阿米巴组织，极大地调动了组织的积极性，避免吃大锅饭；将各个组织单元进行独立的核算，可以激发劳动参与的热情，提高积极性，是对生产力的解放。

阿米巴组织的经营独立是给予人尊重与信任。通过作业单元赋予独立经营的权利，充分运用人的自我意识以及渴望被尊重、被重视的人性规律，调动积极性，将组织的利益最大化，同时培养具有经营者意识的人才。

阿米巴独立核算实现结果的量化，设定评判标准。通过在阿米巴直接的独立核算，既实现了对作业单元损益的考核，又实现了阿米巴直接且相互竞争的关系，这种竞争关系自然而然地实现了内部成本优化、质量提升、技术提升、管理提升等，最终的结果实现了环节收益的最大化、公司效益的最大化。

2.阿米巴的经营模式

阿米巴的经营模式将领导力培养、现场管理和企业文化这三大企业管理的难题集中在一起予以解决，是一种伟大的经营模式。

阿米巴的经营模式就是将整个公司分割成许多个被称为"阿米巴"的小型组织，每个小型组织都作为一个独立的利润中心，按照小企业、小商店的方式进行独立经营。比如，制造部门的每道工序都可以成为一个阿米巴，销售部门也可以按照地区或者产品分割成若干个阿米巴。

阿米巴经营模式的三大要点是划分小组织管理体系，推行绩效指标管理和经营信息的实时性。企业是一个整体，但是如果在管理企业的时候也将企业作为一个整体来管理，那么很可能需要花费很大的精力，也不能得到好的效果。

3. 阿米巴经营的优势

（1）激发员工的积极性和创造力：每个小组都有独立的利润和成本管理体系，可以自主制订经营计划和目标，对经营结果进行评估和调整，从而激发员工的积极性和创造力。

（2）提高企业的灵活性和适应性：每个小组都像一个小型的企业，可以独立决策和行动，从而提高企业的灵活性和适应性，更好地适应市场变化。

（3）促进企业的创新和改进：每个小组都有独立的利润和成本管理体系，可以自主制订经营计划和目标，对经营结果进行评估和调整，从而促进企业的创新和改进。

（4）有效控制成本和提高效益：每个小组都有独立的利润和成本管理体系，可以有效控制成本、提高效益。

4. 阿米巴经营的思想

（1）何谓正确？就是选对人，尤其是选对将领。在稻盛和夫的哲学中，有"作为人，何谓正确？"的设问。稻盛和夫说，正确的思维方式比能力更重要。27 岁创立京都陶瓷，52 岁创立第二电信，78 岁拯救日航，稻盛和夫一生做了这三家世界 500 强企业，退休后还去当和尚，开悟后创立稻盛哲学。

稻盛和夫给日航带去的是心态的改变，从高层开始，然后是中层，最后是基层，让他们从"作为人，何谓正确？"的角度去考虑，不是浮于表面，而是发自内心地为客户服务。日航的重建，其实就是一次心灵的革命，硬件没变化，人员也没变化，变化的是员工的思维方式。思维方式变了，行为就跟着改变了；行为改变了，结果就改变了。稻盛和夫不拿一分钱薪水，入主日航后只用了 424 天就把日航从破产的泥沼里拉了出来，不但扭亏为盈，还盈利 1800 亿日元，第二年日航重新上市，又是一家世界 500 强企业。

（2）销售额最大化，经费最小化，这是经营的目标。将对利润负责的部门明确化，并引导企业全体员工共同努力实现利益最大化，这就是阿米巴经营的目的。

设置阿米巴有三个条件：① 为了让独立分割出来的阿米巴能够独立结算，必须明确收入，并且能够算出为了取得这些收入而支出的费用；② 作为最小单位的阿米巴，必须是一个能够完整地进行交易的单位；③ 在分割的时候必须注意公司整体的目标和方针能够得到贯彻执行。

对于阿米巴领导者来讲，阿米巴的目标值就是年度内必达目标。领导者必须计划好一年的绩效方针和计划，每个月需要做到多少，并根据计划将结算表里面需要事先确定的数据做好记录，这些数据被称为"预定"。

阿米巴经营有三个特点：① 以非常小的组织进行独立结算（作用 / 责任的明确化）；② 收支决算采用"单位时间结算"；③ 经营信息及时准确。

稻盛和夫把"销售最大化，经费最小化"当作经营的大原则，努力追求销售额的最大化，同时尽量削减所有经费支出。这样做既可以不断地提高销售额，也可以把经费支出降到最低，从而不断地增加利润。

另外，在提高销售额方面，企业并不是简单地提价，关键在于要找到客户乐于接受的最高价位。在降低经费支出方面，企业不能因感到"这已经是极限了"而放弃努力，要相信人类的无限可能性，付出不懈的努力。如果能够做到这一点，利润就有可能无限地增长。

阿米巴经营实际上就是一种管理会计：通过结算表里的数字了解自己阿米巴的现状，并在这个基础上进行改善，使单位时间附加值进一步增大，这就是阿米巴领导者的职责。

为了避免舞弊行为，让所有员工都可以安心工作，必须坚持两个主要原则：一一对应原则和双重核查原则。这是阿米巴正确运营不可或缺的两大原则。

为了明确公司内部各个部门的结算，他们使用"企业内部交易"这个特殊的机制。企业内部交易是指每个阿米巴堪称一家独立的公司，在阿米巴之间发生产品移动的时候，可将其看作在企业内部发生了买卖交换。

人工费不包括在经费里面，所以我们用差额收益除以总劳动时间，得出"单位时间附加值"，用这个指标来把握各个阿米巴的利润情况。

增加利润的方法有：① 增加销售额；② 削减经费开支；③ 减少劳动时间。

阿米巴经营，就是运用"部门单位结算制度"的手法，对每个阿米巴的销售额、利润、经费、劳动时间等进行即时的细致管理。每个阿米巴的领导者，利用结算表来管理收入和支出，一边管理经费，一边要看月底能做出多少利润，并时刻关注这个利润与月初设定的计划之间相差多少。

阿米巴经营，确保利润是最重要、最优先的课题。在导入阿米巴经营的时候，需要首先将企业的组织分成两类：① 能够创造出利润的结算部门；② 只能作为成本中心的非结算部门。

阿米巴月初绩效报告经营会议的内容是：各个经理汇报上个月的实际绩效，并发表当月的计划预定。如果没有达成目标，那么相关部门的经理需要具体解释其经营业绩未达标的原因和接下来的对策，并需要得到经营者的认可。

（3）人人成为经营者，全员参与才能全力以赴。阿米巴经营是把公司分成若干个小阿米巴，以领导者为核心，全体成员共同参与经营，通过会议通报等形式向全体员工公开有关阿米巴以及公司的经营情况等重要信息。通过尽可能地公开企业信息，营造全体员工主动积极参与经营的氛围，体现"人人成为经营者"这一经营原则，最终使全体员工共同参与经营成为可能。

2.2 经营战略的三大原则

经营战略包括三个核心原则，即：明确事业的目的与意义，追求销售最大化和经费最小化，以及定价即经营。

1. 明确事业的目的与意义

明确事业的目的与意义，就是确立正大光明、符合大义名分的崇高目的。我们首先来看一下稻盛先生是如何明确事业的目的和意义的。

首先，必须明确事业的目的与意义。其中，开展事业的目的，有人是为了赚钱，有人是为了养家。但是，仅靠这样的目的，要凝聚众多员工齐心协力办企业是不够的。事业的目的和意义尽可能以高层次、高水准为好。换句话说，必须树立光明正大的经营目的。

要让全体员工拼命工作，必须要有大义名分。没有崇高的目的、没有大义名分，人就无法发自内心地全力以赴。稻盛先生在创办京瓷时，就遭遇了"事业的目的究竟是什么"的重要考验。他说："当时员工向我发起示威，声称'不保证我们将来的待遇，就辞职'。于是，我熬了三天三夜，和他们推心置腹沟通。这件事让我意识到，企业经营的根本意义就是，对员工及其家属现在和将来的生活负责。这次纠纷教育了我，让我明白经营的真正意义应该是经营者必须为员工在物质和精神两方面的幸福殚精竭虑，必须超脱私心，让企业拥有大义名分。这种光明正大的事业的目的和意义，最能激发员工内心的共鸣，获取他们对企业长时间、全方位的协助；同时，也能让经营者可以堂堂正正、不受任何牵制、全身心地投入经营。"

结合大义名分的事业目标，其战略思想解读如下。

"经营者必须为员工在物质和精神两方面的幸福殚精竭虑"，就是指调动员工积极性，激发其主观能动性，才能让员工全力以赴投入事业中，但是，这也需要分级对待。一是对于高人，如果将其比喻成千里马，它不仅需要草料来养家糊口，更需要草原来驰骋千里，尽显才能。因为草原是实现事业的平台，也是实现梦想的赛道，如果平台匹配不了千里马的才华，千里马的理想信念和价值观就无从谈起，没有精神力量，维持生命的物质或多或少又有多大意义呢？所以，高人看平台，看企业的愿景，看企业的战略规划，看是否能承载自己的梦想。二是对于普通人，更关注"草料"——看收入多少，侧重短期利益，重视局部收益，这时就要更关注给予其足够的薪水和待遇，让他们发挥优势，贡献价值，少谈价值观等精神需求。

2. 追求销售最大化和经费最小化

利润无须强求，量入为出，利润必定随之而来。经营的常识是，经费随着销售额的增长而增长。然而，这是错误的常识。将销售最大化，同时将经费最小化，通过彻底地不断创新，才会取得高收益。

为了实践"追求销售最大化和经费最小化"这一原则，需要即时明确每个组织的业绩，并且必须构建全员参与经营的管理会计体制。为此，京瓷公司（以下简称京瓷）创立不久，创始人稻盛和夫先生就费尽苦心建立了这样的体制——阿米巴经营，即构建有利于提高组织业绩的系统、体制，它也是经营者的重要职责之一。阿米巴经营管理模式的精髓是实现"全员参与"的经营理念。

阿米巴经营模式是指将组织分成小的集团，通过与市场直接联系的独立核算制进行运营的模式。通过精细化管理，为构建阿米巴组织、实施阿米巴经营提供平台、服务、制度、管理等支持。

除了制定符合阿米巴经营的章程制度，确定阿米巴组织形式，还要制定阿米巴组织的构建原则、阿米巴组织的核算制度、阿米巴之间的协作方式等。

通过阿米巴组织实施实现人才的挖掘与培养。在阿米巴组织的实施、运营、管理中，一些有能力、有才干的阿米巴领导会涌现出来，他们在阿米巴组织中得到锻炼，能力得到进一步的提升，这为公司的人才储备奠定了基础。

阿米巴组织的定价方式打破了传统的"成本 + 利润"的定价方式，其采取以市场价格为导向的定价策略，即"利润 = 售价 - 成本"。阿米巴组织通过这种定价方式向各部门、各组织提出更高的要求，跟随市场的变化而变化，适应市场竞争，提高自己的竞争力。

阿米巴的会计原则不拘泥于会计学常识，而是回归事物的本质，如货物流转与票据的一一对应原则、双重确认原则（如采购）、完美主义原则、现金本位原则、透明的经营原则等。

阿米巴的单位时间核算是指将销售部门、生产部门都定成盈利部门，进行独立核算。部门及时掌握核算情况，从而不断提高时间意识和生产率。

培养具有管理意识的领导，让全体员工参与经营管理，从而实现了全员参与的经营理念。凭借阿米巴经营模式，稻盛和夫使京瓷企业集团历经现代史上四次经济危机而屹立不倒，是日本大企业中的唯一，成为全球企业界的神话。

阿米巴管理模式的精髓是以人为本，将大企业逐个分化成为小企业，形成高效管理的一个个自组织。在稻盛和夫的阿米巴经营模式下，管理人员将一个大企业分化成无数个小企业，每个小企业又有各自的管理者，自负盈亏，这样就可以减小自己的负担。同时，运用阿米巴管理模式的精髓后，管理的效率也会得到提升。稻盛和夫的阿米巴经营模式就是将一个大团体分化成无数小团体的做法，不过在分化之后我们还要注意管理的方式。

假设一个大企业运用阿米巴管理模式的精髓将生产部门分化，若整体任务是生产一百万件产品，分十个小组来完成，那么每个小组只需要完成十万件。同样，稻盛和夫的阿米巴经营模式主张，销售额度也可以按照小组来完成。各个小组既是团体，合伙完成销售，又是竞争者，彼此竞争着前进。

那么，结合如今盛行的直播带货的场景，如何做到销售额最大化呢？

直播带货的场景覆盖了抖音、快手等公域平台，进入了微信的私域流量。要想把货物成功地销售出去，拼的就是：谁能找好流量、商品和工具，用对人，做好场，最终把货卖出去。

一是流量。要想解决直播间没流量的问题，在策划前期就要有意识地关注并提高直播间的点击率。常见的三种免费引流方式如表 2-1 所示。

表 2-1　常见的三种免费引流方式

引 流 方 式	方 式 描 述
将公域流量导入私域直播间	从抖音、微博、小红书、知乎、今日头条等公域平台搭建的矩阵账号中，放置钩子进行吸引
将他人的私域流量导入私域直播间	寻找 QQ 群、微信群、付费社群等他人流量，精准获取高意向目标群体
将线下获客渠道引流到私域直播间	包含活动聚会、门店引流、单人地推、培训涨粉、社区引流等方式

二是组织分工。团队分工明确，主播人设清晰。主播的人设，还要看直播间幕后运营团队的配合度。

三是货品选择。选对产品，减少风险。当下带货，可基本分为实物商品和服务商品两种。不管是哪种，商品的核心竞争力都包括三项：同质比价、同价比质、货品深度。货品深度指的就是供应链的稳定度。

四是场景设置。找对场景，发挥环境效应。一般来说，"场"由直播背景、主播妆容、灯光、设备这几个模块组成。想要突出场景优势，直播背景要结合主播妆容和产品特点来选择。

五是工具赋能。运用先进的数字化技术和平台工具可使效率翻倍。随着公域平台的流量越来越贵，越来越难获取，私域运营也成为直播闭环中的关键。可借助数据分析技术挖掘用户增长模型，借助推荐算法实现内容引流、用户增长，还可以在私域做用户沉淀、课程交付及成交复购。

那么，结合直播带货的场景，如何做到经费最小化？

一是优化流程。企业可以通过优化流程，减少浪费和重复工作，提高效率和生产质量，从而实现降本增效。例如，企业可以通过引入先进的信息技术，实现自动化的生产流程，使废品率和人力成本得到明显降低。

二是降低各环节的成本。企业可以优化采购系统，选择质量更好、价格更优惠的原材料供应商，或者通过长期合作协议来获得更有利的价格。同时，企业还可以通过优化库存管理和运输方式等，有效地降低物料成本和物流成本。

三是提高员工人效。企业可以通过培训提高员工的技能和素质，提高员工的生产能力和工作效率，从而实现降本增效。此外，企业也可以鼓励员工创新和自主发展，激发员工的工作热情和创造力，提高企业的整体竞争力。

四是采用 AI 技术赋能。企业可以通过引进先进的生产设备和信息化技术，实现生产线自动化，提高生产效率和产品质量，降低人力成本和物料成本。同时，企业还可以利用大数据、云计算等信息技术，优化供应链管理和销售渠道，提高市场反应速度和准确性，增强企业的市场竞争力。

3. 定价即经营

定价是领导的职责。价格应定在顾客乐于接受，企业也能盈利的交汇点上。

定价要求满足一点，就是在正确判断商品价值的基础上，尽量让单个利润与销售数量的乘积为最大值。此外，这个价格还必须是让顾客乐意付钱购买的最高价格。企业必须在经过深思熟虑后定下的价格之内，努力获取最大利润。这时，不要考虑材料费、人工费等各类经费必须花多少，应该统统抛开一切诸如此类的固定观念或常识。在满足如规格、质量等一切客户要求的前提下，必须千方百计、彻底降低制造成本。

定价是经营者的工作，直接反映出经营者的人格。

$$阿米巴模式下定价（市场倒推法）= 成本（变量）× 数量$$

阿米巴模式下定价是按照市场倒推法，在确保企业一定利润的前提下，各部门必须在公司要求的成本范围内完成工作。各部门为了实现各自的业绩目标必须不停地改善和提升，优化作业流程，改善工艺，设备创新等各种各样的创新活动，确保实现组织目标。传统的定价法有可能发生组织达成目标但是企业仍然出现亏损的现象，问题就出在成本定价法。市场倒推定价法是一个科学而细致的工作，需要公司高层领导主持，确保公平公正。负责询价、比价阶段的部门要确保执行到位，询价的对象必须是有竞争力的企业，否则所定出的价格会失去竞争力。询价的对象最好是直接竞争对手，这样的比价更具有参考价值。在定价的过程中，为了规避不公平、不公正的现象发生，负责定价的最高层领导必须秉承公平、公正原则，一身正气确保所定价格公平合理，公平公正是定价的原理原则。

通过定价企业会进行 PDCA 循环。为了确保公司的合理利润，领导层将会对公司的战略规划、年度经营计划等各方面进行重新布局和调整，从定价驱动企业经营层面，从实际出发，完善企业的战略规划布局。

2.3 管理策略的五力模型

为了实现经营策略，必须通过管理策略来配套解决方案，常见的方式为管理策略五力模型。该模型包括决策力、感召力、控制力、影响力、前瞻力五个方面，如图 2-1 所示。

图 2-1 管理策略五力模型

1. 决策力

决策力是针对战略实施中的各种问题和突发事件而进行的快速和有效决策的能力，主要表现为：① 掌握和善于利用各种决策理论、决策方法和决策工具；② 具备快速和准确评价决策收益的能力；③ 具备预见、评估、防范和化解风险的意识与能力；④ 具有实现目标所需要的必不可少的资源；⑤ 具备把握和利用最佳决策及其实施时机的能力。决策力的管理策略有如下三个方面。

（1）战略目标明确。战略目标始终与员工共有。经营者要揭示自己企业所瞄准的方向，设立高目标，并向集团成员指明这样的方向和目标。经营者要明示组织将朝什么方向发展的方针，要指出在前进的目的地有何种未来，要描绘这种展望，还要指出实现目标的具体方法策略，引导大家共同前进。这些都是经营者的职责。

在向目标挺进的过程中，组织会遇到各种各样的障碍。但是，无论遇到何种难题，经营者都要以坚强的意志面对，把组织拧成一股绳，集中大家的智慧和力量，坚决达成目标。

（2）设定具体目标。具体目标在空间和时间上都必须明确。现场最小的组织单位也必须有明确的数字目标，每一位员工都要在明确指针的指导下，持有具体的目标。此外，不仅要设定年度目标，还要设定明确的月度目标。

（3）对目标保持乐观。一般来说，经营者可分为悲观者和乐观者两类。在干事业的过程中，悲观者因为看到了"问题"而提前离场，机会自然就会留给坚守信念的乐观者。成功的企业家都是勇于探索的领导者，他们相信改变的力量，大都是乐观者。从辩证的角度看，"悲观者正确，乐观者成功"。这句话背后潜藏着深刻的人性的幽暗与光辉。在长达数十亿年的生命进化的路上，对危险更加敏感的悲观基因使人类避免了灭绝的命运。趋利避害成为人的本性，就此而言，悲观者正确。然而，如果一味躲避，人类恐怕也仅仅是地球上芸芸众生中平凡的一种。正是具备了勇于探索的乐观精神，才最终让人类进化为灵性之王。所以，从长期看，乐观者成功。

芒格先生在《人类误判心理学》中指出，为了节省运算空间，人类的大脑会不愿意做出改变，从而形成"避免不一致性倾向"。这种倾向十分强大，"乃至一个人只要假装拥有某种身份、习惯或者结论，永远相信美好的事情即将发生，常就会信以为真"。正因为这种心理陷阱，一旦你相信什么就会看见什么。于是人性总是在困难面前容易变得过于悲观，觉得此关难过，末日将临。而乐观者会看见乐观，因为太阳总是在第二天照常升起，所以要永远相信美好的事情即将发生。

2. 感召力

感召力是最本色的领导能力，领导学理论中最经典的特质论研究的核心主题就是感召力。它主要体现为：具有坚定的信念和崇高的理想；具有高尚的人格和高度的自信；具有认同企业价值观和臻于完善的修养；具有超越常人的大智慧和丰富曲折的阅历；不满足于现状，乐于挑战，对所从事的事业充满激情。感召力的管理策略主要有如下几个方面。

（1）心中要怀有强烈愿望。即要怀有能够渗透到潜意识之中的强烈而持久的愿望。"无论如何都要达成目标"的愿望的强烈程度就是成功的关键。尤其是，一旦驱动潜意识，就能更大幅度地拓展企业经营。训练对潜意识的控制能力，让它为我们的成功服务，而不是把我们导向失败。具体来说，利用潜意识中的积极因素，并不断输入新的有利于积极成功的信息资料，使积极成功心态占据统治地位，成为最具优势的潜意识，甚至成为支配我们行为的直觉习惯和超感。同时，对一切消极失败的心态信息进行控制，不要让它们随便进入我们的潜意识中。

潜意识通常潜藏在显意识之下，它是凭借自己的意愿无法控制的意识，但是可以提升和改变。潜意识具有很大的容量，人在从生到死的全过程中的一切见识、学识、胆识，都蓄积于潜意识之中。想要灵活地运用潜意识，需要反复地、不断地加强思维训练。对自己制定的经营目标，要从早到晚，夜以继日，反复思考。这样，强烈而持续的愿望就会进入人的潜意识，自己也就自然而然地朝实现目标的方向前进。目标越难越高，就越要怀有实现目标的强烈而持久的愿望。希望大家能够设定高目标，并怀有强烈而持久的愿望去实现这一高目标。

结合潜意识对经营成功的积极作用，其战略思想解读如下。

提升认知可以拓宽眼界，让我们看到更广阔的世界，去成就事业。但我们的思维和认知往往受潜意识影响，所以改变自我首先要改变自己的潜意识思维习惯。潜意识是一种底层的信念，它和社会地位、学历、知识水平、人生阅历等息息相关。例如，李白在《乐府·将进酒》中云："人生得意须尽欢，莫使金樽空对月。天生我材必有用，千金散尽还复来。"这首诗充分体现了李白高度乐观、豁达的性格，更深刻地体现他对人性道理的感悟，表现出了对世界乐观向上的心态。

人的认知和潜意识会相互作用。人的认知过程会影响潜意识中的内容，而潜意识中的内容也会反过来影响人的思维和行为。你所读的每一本书、每一个知识点都在你的潜意识里悄然发挥着作用。潜意识是一个神秘而强大的领域，它储存着我们的信仰、价值观、情感，塑造着我们的性格、决策和行为。所以，即便你忘记了读过哪些书，学过哪些知识，它们仍然潜藏在你的内心深处，影响着你的思考和行为。你在某个关键时刻做出明智的选择、做出正确的决策，正是这些潜意识里的知识在默默指引着你。

（2）拥有燃烧的斗魂。经营需要强烈的斗志，其程度不亚于任何格斗竞技。即便企业规模较小，经营者如果不能为了保护员工而拥有威力强大的斗魂，怀揣斗志投入企业间的竞争，也将必败无疑。因此，这种绝对不认输的强烈斗魂是不可或缺的。

稻盛先生为义务传授其经营思想而成立"盛和塾"，面对聚集一堂的中小企业的经营者们，他经常这么强调："世上像企业经营这样，必须有类似拳击、摔跤等格斗士那种旺盛斗争心的事情，很少很少。"

为什么？因为一般的中小企业都不具备充足的经营资源，为了在残酷的企业竞争中获胜，燃烧的斗魂必不可缺。

他自己就是这样。他在赤手空拳创建京瓷的时候，环视陶瓷行业，当时令人生畏的大企业早已存在，而且有好几家。不仅在技术、历史、实绩上，而且在人、财、物等所有经营资源上，这些大企业都有压倒性的优势，它们宛如巨人一样，在业界高高耸立。

尽管如此，稻盛先生还是不知疲倦地反复向员工们诉说："我们要成为京都第一、日本第一、世界第一！"

要成为行业第一的企业，就必须在市场上战胜那些先行的大企业：从营销活动到生产开发等一切方面，都以"绝对不输给"先行大企业的"燃烧的斗魂"发动挑战。在商业世界取胜，首先需要的就是斗魂，就是要有"无论如何也要取胜""不管怎样也必须成功"的一种气势；就是要有摸爬滚打、不顾一切、奋勇向前的一股冲劲，因为企业面临的现实就是激起"燃烧的斗魂"、付出"不亚于任何人的努力"者生存；没有斗魂、不肯努力者只能灭亡。

（3）付出不亚于任何人的努力。也就是说，一步一步、扎扎实实、坚持不懈地做好具体的工作。在京瓷公司创业初期，稻盛先生夜以继日地拼命工作。"照这样拼命，身体能吃得消吗？"员工中传出这样的声音。然而，他对骨干员工说："如果把经营比作马拉松，我们就是起步晚的非专业集团。新手如果按照正常速度奔跑，肯定会被逐渐拉大差距。即使坚持不了那么久，我们也要全力奔跑、一决胜负。"京瓷以百米冲刺的速度，奔跑在马拉松的路程上，做到了不断努力。

稻盛先生问过很多经营者："你们努力吗？"很多人不约而同地回答道："我们尽了自己的努力。"然而，当竞争对手比我们更努力的时候，我们就难免竞争失败，所以必须要"付出不亚于任何人的努力"。"付出不亚于任何人的努力"，需要每天不间断地坚持。无论如何，伟大的事业都是一步一步、锲而不舍地点滴积累起来的，绝对不能忘记这一点。

努力不仅仅是关注专业知识，还要努力拓展人脉关系。戴尔·卡耐基是享誉全球的人际关系大师，其著作《人性的弱点》中，有一段很值得我们深思的话："一个人事业上的成功，只有 15% 是缘于他的专业技术，另外的 85% 要依赖人际关系、处世技巧。软与硬是相对而言的。专业的技术是硬本领，善于处理人际关系的本领则是软本领。"这个结论，是卡耐基通过长期观察总结出来的。他认为，一个人事业成功与否，在很大程度上并不取决于专业能力，而在于处理人际关系的能力。可以说，专业能力决定了你能站多高，而人际能力决定了你可以走多远。

对于管理者，你是通过别人拿结果的，如果没有努力去拓展人际关系，如何让别人把个人能力转换为组织能力，助力事业成功。经营团队，也是一分耕耘一分收获。

努力是针对团队而言的，只有让个人努力转换为组织努力才能使团队发生化学反应，从而无往不胜。因此，如何让团队能锲而不舍地拿下目标，才是经营的目标。京东集团创始人刘强东曾说，创业失败的原因只有一个：团队不行，其他都是借口。团队文化建设一定是团队成功的首要因素。下面，我们不妨来分析一下与此有关的狼性文化及其特点。

① 同生同死，众狼一心。狼在不得不面对比自己强大的动物时，必群而攻之。没有结果，战斗就不会停止。成功则共同分享胜利果实；失败则誓死相救，决不独自退却。而人类往往牺牲别人，成全自己，最后唇亡齿寒，自身不保。

② 经受痛苦，百折不挠。在自然界，狼群可算得上效率最高的狩猎组织，然而它们有约 90% 的失败率。换言之，狼群十次狩猎只有一两次是成功的。为此，狼经常经受着忍饥挨饿的痛苦。所以，每次狩猎对狼群的生存极为重要。

③ 高效沟通，执行到位。狼是最善交际的食肉动物之一。它们并不仅仅依赖某种单一的交流方式，而是使用各种方法。它们嗥叫、用鼻尖相互挨擦、用舌头舔、采取支配或从属的身体姿态，使用包括唇、眼、面部表情以及尾巴位置在内的复杂精细的身体语言或利用气味来传递信息。如果人类像狼一样努力培养并运用有效的交流技能，那么我们就能避免许多失败。

④ 知己知彼，培养新人。这是讲组织对个体的培养。狼会在小狼有独立能力的时候坚决离开它，因为狼知道，如果当不成狼，就只能当羊。每个狼群都严格淘汰技能落后的狼，以保护种群的进化。狼尊重每个对手，每次攻击前狼都会去了解对手，而不会轻视它，所以狼不会放弃每一次攻击的机会，即便九次未果，它们也不气馁，因为它们知道只要努力，胜利总会在望。

狼性文化体现了"敏锐的嗅觉，不屈不挠、奋不顾身的进攻精神，协同作战的团队精神"。一旦攻击目标确定，头狼便发号施令，群狼各就各位，嗥叫之声此起彼伏，互为呼应，有序而不乱。待头狼昂首一呼，主攻者奋勇向前，佯攻者避实就虚，助攻者嗥叫助阵。这种协作性，使它们的团队效率达到了顶峰。

3. 控制力

控制力是指有效控制组织的发展方向、战略实施过程和成效的能力。具体包括：① 确立组织的价值观并使组织的所有成员接受这些价值观；② 制定规章制度等并通过法定力量保证组织成员遵守这些规范；③ 任命和合理使用能够贯彻领导意图的干部来达到组织分层控制的目的。控制力的管理策略有如下几个方面。

（1）经营取决于坚强的意志。经营者需要有洞穿岩石般的坚强意志。所谓经营，就是经营者的"意志"的表达。一旦确定目标，无论发生什么情况，非实现目标不可，这种坚强意志在经营中必不可少。

任正非曾经坦言："在 2000 年前后的那段时间，我经常夜半惊醒，每个月要支付 3 亿元的薪水，我真的很担心有一天发不出薪水怎么办？"他说："在创业的三十年里，我只能感受到痛苦、痛苦和更多的痛苦，这让我一度患上了忧郁症，甚至考虑过结束生命。"

他是一位卓越的企业家，也重新定义了中国企业家的精神。他的创业故事激励着无数企业家去奋发向前，不达目的不罢休。他要求管理层做好预先准备，全体华为员工要保持危机意识，以迎接各种挑战。一切都是为了公司的发展，一切都是为了技术的精进和企业的繁荣。

华为将大部分利润投入研发和员工身上，这才有了长达十年的海思芯片研发、5G 技术的突破，以及鸿蒙系统的成功。华为经历了多次磨难，最终在绝境中浴火重生。透过现象看本质，我们在看华为取得成功的同时，更要看其成功背后所持的坚守和所付出的辛劳。

没有人天生就能坦然面对困难，当我们陷入低谷时，需要学会自我调整，需要坚强的意志，百折不挠，甚至是置之死地而后生。当我们真正从困境中走出来时，我们会发现，所有伟大的背后都是苦难。无论遭遇何种困境，我们都能坦然面对一切。

（2）始终保持乐观向上的心态。从长时段看，乐观向上、积极努力、锲而不舍，必会有好的回报，因为这个世界本来就如此。稻盛先生将这一点描述为"与宇宙意志合拍"。关爱之心、谦虚之心、感激之心、坦诚之心，怀着这样的美好心灵，坚持踏实努力、不断思善行善的人，他们必会时来运转，幸运一定会关照他们。

保持乐观心态是成功的关键因素之一。刘备是一个出色的政治家和军事家，还是一个具有高尚品德和人格魅力的人。他的一生充满了挫折和困难，但他抱着梦想和希望，以坦诚之心处世。刘备少年师从卢植（汉末大儒，名望远闻于世），而后参与镇压黄巾起义、讨伐董卓等活动，因为自身实力不足，在诸侯混战过程中屡战屡败，先后依附公孙瓒、陶谦、曹操、袁绍、刘表等多个诸侯。但因其始终坚持以德服人的行为准则，受到了诸多名士的尊敬，以至陶谦、刘表等甘愿放弃让自己的儿子继承基业，选择将自己的领地徐州、荆州交给刘备统领。通过坚持不懈的努力，刘备于赤壁之战后，先后拿下荆州、益州，建立了蜀汉政权。而后因为关羽败走麦城，刘备执意发动对吴国的战争，结果兵败夷陵，最终病逝于白帝城。他弘毅宽厚，知人待士，百折不挠，始终坚守自己的理念和信仰，始终保持乐观向上的心态，不断寻求改进和完善自己，最终在政治、军事和文化领域取得了杰出的成就。

4. 影响力

影响力是领导者积极主动地影响员工的能力，主要体现为对员工的需求和动机的洞察与把握，以及平衡各种利益相关者的行为与结果。影响力的管理策略有以下几个方面。

（1）拿出勇气做事，勇往直前，敢闯敢为。在对事物做判断时，需要"勇气"。笔者认为，坚持"作为人，何谓正确"这条原理原则进行判断，就不会发生大的失误，因此几十年来笔者始终贯彻这个原则开展经营。当然，由于按原理原则得出结论，自己也有因此而面临磨难的时候。任何时候，都要坚定地做出对公司有利的判断，只有具备真正的勇气才能做到这一点。

（2）以关怀坦诚之心待人，助人者，人恒助之。孟子曰："君子所以异于人者，以其存心也。君子以仁存心，以礼存心。仁者爱人，有礼者敬人。

爱人者，人恒爱之；敬人者，人恒敬之。"

买卖是相互的，生意各方都要得利，皆大欢喜。关怀之心，又可称作"利他之心"。也就是说，不只是考虑自己的利益，也要考虑对方的利益，即使需要牺牲自我，也要有为对方尽力考虑的美好心灵。在商业的世界里，这种心灵是最重要的。

就像谚语"善有善报"所说，关怀他人，最终福气会回到自己身边。尊重对方，为对方着想，也就是"利他"的行为，乍看似乎会给自己带来损害，但从长远看，一定会给自己和别人都带来良好的结果。

稻盛先生在《活法》一书中说："求利之心是人开展事业和各种活动的原动力。大家都想赚钱，这种'欲望'无可厚非。但这种欲望不可停留在单纯的利己范围之内，也要考虑别人，要把单纯的私欲提升到追求公益的'大欲'的层次上。这种利他的精神最终仍会惠及自己，扩大自己的利益。"

稻盛先生将这种理念贯穿了他的一生，也为他事业的成功奠定了基础。他提出过很多的哲学理念，其中就有"一壶水"的利他哲学。在日常生活中，人们每天都会接触到水，一壶水可能不会被重视，但是当一个人需要水时，一壶水的作用就显现出来了。例如，当一个人在沙漠中穿行时，很难找到水资源，如果此时有人能从别人手中得到一壶水，不仅可以缓解口渴的压力，还会对那个施舍水的人心存无限感激。可见，一壶水在不同场合或时间所表现出的意义完全不同。人生在世，每个人都会有缺"水"的时候。遭遇挫折需要别人帮助之时，在别人需要"一壶水"的时候把水送给他，这样就可以使这个人渡过难关；而那些给别人"一壶水"，给予别人帮助的人，传递了爱心，别人在喝到水以后，还会对他们念念不忘。这就是稻盛和夫"一壶水"的利他哲学。

《人性的弱点》一书中说："人记忆最深刻的莫过于给自己最大帮助的人。"因此，帮助别人就是让别人记住我们的最好办法，给他人提供无偿的帮助，往往能给他人留下最深刻的印象。这种为别人提供无偿帮助的方式，我们称为"利他"思维方式。

5. 前瞻力

前瞻力是一种着眼未来、预测未来和把握未来的能力。前瞻力的管理策略有如下几个方面。

（1）不断从事创造性的工作。一个人的创造力可以达到无限的高度。人，只有不断改进，精益求精，才能开拓新事业。

一个人如果只凭借自己现有的能力，判断今后能做什么，不能做什么，那他根本就无法开拓新事业。只有从内心深处产生"现在没法实现的目标，无论如何也要想方设法去实现"这种强烈的使命感，才有可能诞生创造性的事业和创造性的企业。

（2）思维模式的突破。纵观历史，伟大的创举和事业成功，绝大多数是靠思维模式和认知的突破，才产生了影响人类生活方式变革的产品。极致思维催生了独树一帜的苹果手机，数据思维产生了千人千面的 AI 模型，简约思维创造了连接万物的微信。

① 极致思维。极致，就是极简捷、极方便、超出预期。这是互联网思维的核心。极致思维就是把产品、服务和用户体验做到极致，超越用户预期。极致思维的实质主要包括三个方面。首先，为用户带来其难以抵挡的价值，这种价值也许来源于对用户非常贴心的专业服务。其次，为用户带来极佳的过程体验，用户的消费行为是端到端的整体过程，要为用户提供一体化的、完整的、交互体验的过程。再次，为用户"建档"，能保持对核心用户群的持续吸引力，对客户数据进行长期积累，要对数据进行足够专业化的挖掘，分析客户的潜在需求并通过产品迭代提升服务质量。

② 数据思维。随着互联网在人们工作和生活中的渗透，加上移动互联网、物联网、穿戴式智能设备的普及，新的数据正在以指数级的加速度产生。大数据时代带给我们的是一种全新的数据思维方式。思维方式的改变在下一代成为社会生产中流砥柱的时候，会带来产业的颠覆性变革。数据思维具备三个特性：通过全面的数据，分析事物的整体行为或特点；重视数据的复杂性，弱化精确性；研究数据间的相关性，而不是因果关系。

③ 简约思维。微信创始人张小龙曾说："微信十年，如果非要用两个词来描述微信，我想，一个是'连接'，一个是'简单'。连接是很美的。因为世界的运行就是靠万事万物的连接而进行的。对产品来说，做连接，意味着做服务的底层设施，因为基于连接演变出来的结果是最丰富的。很多的社交产品可能也做连接，但它止步于人，而微信的连接范畴更大，公众号、小程序目标都是连接，连接人和内容、人和服务，包括微信支付也可以认为是一种货币的连接，视频号的目标也是连接。重心不是在做内容，而是在做底层的连接，这很重要。这也是为什么我们会提出'去中心化'，因为连接和中心化是有些排斥的。""简单是很美的。从一个物理公式到一个日常用品，往往简单才是更好的。实现同样一个目标，有一千种方法，但只有最简单的方法是最美的。正是因为有一千种方法存在，所以要真正做到简单是很难的。""简单才会好用，特别是当一个产品有十亿人在用的时候。有时候，很多用户其实并不一定很在意产品是否简单。粗制滥造的产品，也可能照样会有很多人用的。但是我们还是会追求简单，因为总有部分人，会认同这种简单背后的美感。"

📢 2.4 结构化的 AI 思维

结构化思维指从整体思考到局部，是一种层级分明的思考模式。简单来说，就是借用一些思维框架来辅助思考，将碎片化的信息进行系统化的思考和处理，从而扩大思维的层次，更全面地思考。结构化战略思维的四大原则，就是：用数字说话、洞见优于表象、MECE 原则、假设为前提。这些原则是思辨者在日常思考、交流和行为中所贯彻的指导性原则。四大原则中的用数字说话、洞见优于表象，属于数字分析与高效交流的科学方法和行为准则，而 MECE 原则是结构化思维的方法论。

AI 技术就是让计算机模拟人类的知识结构来进行决策分析。知识图谱（knowledge graph，KG）就是对人类知识结构的抽象表示。构建知识图谱的过程就是在建立机器对于世界的认知。它通过结构化的方式描述客观世界中的概念、实体及其关系，将互联网的信息以更接近人类认知世界的形式表示出来。这种数据结构不仅能够更好地组织和管理互联网上的海量信息，而且提供了一种理解这些信息的新方式。

1. 自下而上的思考

根据"金字塔原理"，任何事情都可以归纳出中心论点，中心论点可由三至七个论据支撑，每个一级论点又可以衍生出其他的分论点。如此发散开来，就可以形成金字塔结构思考方式。

2. 自上而下的思考

这是一个非常典型的总分结构化的思考方式。即先总结，后发散。用这种方式思考，有助于形成、整理和构造思维导图，从而促进大脑自然有序地思考，让你更全面地去分析一个问题。

3. 用结构化思维来看 AI 体系

用结构化思维来看 AI 体系，分为四个层次，自下而上分别是基础层、算法层、技术层和应用层。

（1）基础层。为 AI 发展提供基础设施和资源支持，包括计算能力和大数据。其中，计算能力主要以硬件为核心，包括 GPU / FPGA 等用于性能加速的硬件、神经网络芯片、传感器与中间件；数据是驱动 AI 取得更好的识别率和精准度的重要因素，训练数据的规模和丰富度对算法训练尤为重要。

（2）算法层。指用系统的方法描述解决问题的策略机制，人工智能算法主要指目前相对成熟的深度学习、机器学习算法等。优秀的算法是机器实现人工智能的最关键一环，对 AI 发展起到最主要的推动作用。

（3）技术层。对人工智能产品的智能化程度起到直接作用，包括自然语言处理、语音处理、计算机视觉等通用技术。技术层主要依托基础层的计算平台和数据资源进行海量识别训练和机器学习建模，通过不同类型的算法建立模型，开发面向不同领域的应用技术。每个技术方向下又有多个具体子技术。

（4）应用层。AI 体系的应用层主要利用技术层输出的通用技术实现不同场景的落地应用，为用户提供智能化的服务和产品，使 AI 与产业深度融合，为传统行业的发展带来新的动力。按照对象的不同，AI 应用一般又可分为消费级终端应用和行业场景应用两部分。

下面详细讲解一下算法层中的知识图谱。

算法层的一个典型的结构化思维构建的代表作就是知识图谱，它是一种用图模型来建立世界万物之间的某种关联或关系的技术方法。知识图谱由节点和边组成：节点可以是实体，如一个人、一本书等；边可以是实体的属性，如姓名、书名，或是实体之间的关系，如朋友、配偶。知识图谱旨在识别、发现和推断事物与概念之间的复杂关系，是事物关系的可计算模型。也就是说，万事万物之间都存在着联系，怎么把这种联系建模，并且在构建的模型上进行各种计算就是知识图谱的能力。

知识图谱的构建基于以下原则：① 实体识别和命名实体识别，即需要将语料中的实体进行识别和分类，例如人名、地名等；② 关系抽取，即从文本或语料中提取实体之间的关系，例如"Steve Jobs 是 Apple 的创始人"；③ 实体链接，即将不同来源的实体链接到同一个实体；④ 属性抽取，即从文本或语料中提取实体的属性，例如"Steve Jobs 的出生地是旧金山"；⑤ 数据对齐，即将不同数据源中的实体、属性和关系对齐到一个一致的图谱中。

在行业智能化的实现进程中，通过知识图谱对数据进行提炼、萃取、关联、整合，形成行业知识或领域知识，让机器形成对于行业工作的认知能力，并把这些认知能力与技能理解模型进行整合，从而实现这个行业的知识型对话系统。人机对话流程中涉及的语言理解、对话决策、信息查询、语言组织等重要环节，都需要语言知识、世界知识以及必要的领域知识的指导。其中，知识图谱是应用最广泛的知识表示形式之一。知识图谱以图谱的形式描述真实世界的实体及其内在关系，用模式定义可能的类和实体关系，允许任意实体彼此潜在相互关联，并涵盖各种主题领域。

下面以百度大脑 UNIT 3.0 为例，推出知识图谱的具体应用模式。

第一种模式对应问答型对话系统，该类对话系统将知识图谱视为答案信息来源，通过对话理解将用户问题转化为对知识图谱的查询，直接得到用户问题的答案。

第二种模式将知识图谱视为用于对话理解的知识源，借助知识图谱中元素的属性及关系，为用户话语和对话上下文的语义理解提供辅助。

第三种模式对应主动对话场景，借助知识图谱中概念、属性和关系之间的关联，通过话题推荐等策略实现对话过程的主动引导。

4.商业模式分析法

商业模式就是指企业通过什么途径或方式来赚钱。我们以海底捞的商业模式为例进行分析，如图 2-2 所示。

图 2-2　海底捞商业模式画布

（1）客户细分。我们为谁提供服务？为谁创造价值？谁是我们的重要客户？任何一个企业或组织都会服务于一个或多个客户群体，但没有一个产品或服务可以满足全部人群的需求，所以产品规划中应明确到底该服务哪些细分的客户群/用户群。

（2）价值主张。我们为客户提供什么样的产品或服务？一个企业的价值主张在于解决客户的问题和满足客户的需求。

（3）渠道通路。我们用什么样的渠道将价值主张（商品）传达（卖）给客户？渠道通路就是将企业的价值主张通过沟通、分发以及销售渠道传递给客户。

（4）客户关系。包括：如何与客户建立联系，维护客户关系（让他再买）？看生意就是看这个生意的本质属性，看它解决了客户的哪些本质需求，看生意的商业模式，核心竞争力，市场壁垒以及拓展性，看它有没有动态的护城河。

（5）收入来源。将价值主张成功提供给客户，从每个客户群体中获取现金收入。

（6）核心资源。为实现以上各项元素的供给和交付，我们所拥有的核心的、有竞争优势的资源是什么？

（7）关键业务。为了达成商业模式，实现供给和交付，我们要做的关键业务是什么？可口可乐的标准化供给满足了多样化的情感需求，因为它的生意的本质就是建立一种长期稳定的心理认知。

（8）重要伙伴。让商业模式有效运行所需要的重要供应商和合作伙伴是谁？好的商业模式需要好的联盟，帮助我们获得资源、降低风险。

（9）成本结构。商业模式有效运行所需的所有成本是什么？成本结构取决于经济模式中的各项元素。

投资一般可以从行业、公司、管理层三个层面来分析。看行业，就要关注商业模式，这个生意的本质是什么、赚钱的逻辑是什么；关注竞争格局，是寡头垄断还是充分竞争；关注成长空间，警惕夕阳行业；关注进入门槛，是不是谁都可以模仿。看公司，就要关注业务模式、运营模式和机制流程，看管理半径有多大，规模效应如何，有没有核心竞争力。看管理层，就要看创始人有没有格局，执行力如何，有没有创建高效组织的思维能力，有没有企业家精神。

传统的护城河是有生命周期的，所有的品牌、渠道、技术、规模、知识产权都不足以成为真正的护城河。世界上只有一条护城河，那就是企业家们不断创新，不断疯狂地创造长期价值。其中最重要的，就是以用户和消费者为中心。

2.5 MECE 方法论

MECE（mutually exclusive collectively exhaustive）意为"相互独立，完全穷尽"。MECE 原则要求对事物进行分类，分类后达到如下要求。

（1）子分类相互独立，无重叠。

（2）子分类加起来，穷尽全部可能。

MECE 分析法，具体是指能够将一个重要的议题分成若干个分类，这些分类之间没有重叠、没有遗漏，并且能够捕捉到问题的核心，并从中得到有效解决问题的方法。MECE 分析法主要分成两个步骤。

第一步，确认问题是什么。

确认问题，也就是将我们发现的问题进行归类，看一下问题是否有独立性。意思就是说，问题可能就是某一方面的问题，不可能一个问题覆盖了多个议题。一个问题出现的原因，可能是多样的，但不可能多个问题的出现只是因为一个原因。

如果说连最基本的问题都理不清楚，那么如何能够找出解决的措施呢？这显然是不成立的。第一步之所以会有确认问题的出现，就是为了把问题分类。问题的类别之间也具有互相排斥性，且第一步会显得非常关键。一步错，步步错；反之，如果第一步是对的，那么接下来的步骤就相对简单多了。

第二步，寻找 MECE 的切入点。

确认问题之后，我们就要将所有造成问题的因素逐一罗列出来。这些罗列出来的因素必须具备完整性和独立性。也就是说，每两个因素之间的关系是不存在任何交点的，而且是所有因素，没有任何遗漏。

对罗列出来的因素，先逐一采取有针对性的解决措施。每个因素的解决措施必须能够从根源上解决问题。然后，把所有解决问题的具体措施进行归纳，最终得到一个总的解决方案。这个方案就是针对问题的回答，也就是这个问题的根本性解决措施。

此外，我们在分析事实、创建假设、证明或证伪假设的每一步路上，都贯穿着 MECE 的思维准则。它的应用范围非常广，涉及生活和工作的方方面面。比如对公司财务问题、产品的质量问题、公司的文化问题、孩子的教育问题等，我们都可以通过这样的思维模式去分析，并得出具体的解决措施。

MECE 分析法适用于针对确认过的独立存在的问题，这类问题的表现形式为"有因必有果"，肯定是可以解决的。那些虚构的、没办法实现的问题，就不适用这种方法进行剖析找原因。MECE 原则，解决的是实际存在的独立性问题。

📣 2.6 结构化分析法

当我们确认了问题，那么就要进行分析原因。分析原因需要用到一些方法和技巧，比如 SWOT 分析法、PEST 分析法、黄金圈法则模型、5W2H 分析法、麦肯锡 7S 模型、价值判断模型等。

1.SWOT 分析法

SWOT 是一种战略分析方法，即通过对被分析对象的优势、劣势、机会和威胁加以综合评估与分析，得出结论。它通过将内部资源、外部环境有机结合来清晰地确定被分析对象的资源优势和缺陷，了解对象所面临的机会和挑战，从而在战略与战术两个层面调整方法和资源，以保障被分析对象的实行，达到所要实现的目标。

SWOT 分析法又称为态势分析法，它是由旧金山大学的管理学教授于 20 世纪 60 年代提出来的，是一种能够较客观而准确地分析和研究一个单位现实情况的方法。SWOT 分别代表 strengths（优势）、weaknesses（劣势）、opportunities（机会）、threats（威胁）。

SWOT 分析通过对优势、劣势、机会和威胁的综合评估与分析得出结论，然后调整企业资源及企业策略，以达成企业的目标。

SWOT 分析法适用于企业战略分析、个人职业规划/职业定位分析、市场调查、竞品分析。

2.PEST 分析法

PEST 分析法是对宏观环境的分析。宏观环境又称一般环境，是指一切影响行业和企业的宏观因素。对宏观环境因素做分析，不同行业和企业根据自身特点和经营需要，分析的具体内容会有差异，但一般都应对政治（political）、经济（economic）、社会（social）和技术（technological）这四大类影响企业的主要外部环境因素进行分析。简单而言，称为 PEST 分析法。

PEST 分析法适用于制定政策、制定大的发展战略、分析宏观环境。下面以智慧园区为例，进行 PEST 分析。

智慧园区是运用 AI 技术，以全面感知和广泛联结为基础的人机事物深度融合体，具备主动服务、智能进化等能力特征的有机生命体和可持续发展空间。智慧园区的建设融合了新一代信息与通信技术，具备迅速信息采集、高速信息传输、高度集中技术、智慧实时处理和提供服务的能力，实现了产业园区内及时、互动、整合的信息感知、传递和处理，以提高园区产业集群、企业综合服务、园区复合经营的可持续发展为目标的园区建设理念。我国智慧园区的行业政策、经济、技术、社会因素均处于较好的发展状态，这也加快了智慧园区的建设步伐，投资规模快速增长。

智慧园区取得这样的市场规模，完全取决于经济、政策、社会环境和技术因素的相互助力和补充。

一是经济因素。我国 GDP 在全球主要经济体中名列前茅，经济规模持续创新高，2010 年以来稳居全球第二大经济体。

二是政策因素。《中华人民共和国国民经济和社会发展第十四个五年规划和 2035 年远景目标纲要》明确提出，需加快建设数字经济、数字社会、数字政府，以数字化转型驱动生产方式、生活方式和治理方式变革。因此，在国家战略指引下，国家各部委、各行业机构近年来也颁布了一系列与智慧园区相关的政策及指导意见，为园区的智慧化建设与数字化转型提供指引，以及良好的政策环境。

三是社会环境。党的十九届五中全会指出，"智治"是社会治理方式现代化中体现新科技革命的重要标志，构建"智治"基础设施体系，形成万物互联、人机交互、天地一体的网络空间。

四是技术因素。智慧园区建设主要依赖于信息技术的支持。物联网、AI、5G、云计算、大数据等新兴技术不断成熟且普遍应用于各个领域，为智慧园区行业的发展奠定了技术基础。

3. 黄金圈法则模型

黄金圈法则模型由三个同心圆组成，如图 2-3 所示。它把思考和认识问题画成三个圈：最外面的圈层指的是事情的表象，中间的圈层指的是实现目标的途径，最里面的圈层指的是为什么要做这件事。

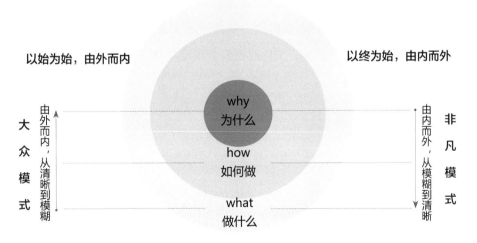

图 2-3 黄金圈法则模型

人们的思维分为三个层次：what、how、why。每个人都懂得 what，部分人懂得 how，只有少数人懂得 why。这个法则揭示了普通人和精英人士不同的思维方式：普通人做事，总习惯于由外向内，先表象，后措施，最后是原因，即 what ＞ how ＞ why 的思考层次；精英人士做事，则由内向外，先从"为什么"开始，然后是"如何做"，最后才是"做什么"，即 why ＞ how ＞ what 的思考层次。

以终为始是一种思维模式，最早出自《黄帝内经》，这是先人在告诫后人要在人生的春天就认真思考人生终点的意义和价值。其引申义有三：① 凡事要有目标；② 凡事要有计划；③ 凡事要有原则。正所谓"凡事预则立，不预则废"。

以终为始，是史蒂芬·柯维在《高效能人士的七个习惯》中提到的第二个习惯。大意为：所有事物都经过两次创造，先是在脑海里酝酿，其次才是实质的创造。个人、家庭、团队和组织在做任何计划时，均先拟出愿景和目标，并据此塑造未来，全心专注于自己最重视的原则、价值观、关系及目标之上。

以终为始思维模式是一种逆向思维方式，就是从最终的结果出发，反向分析过程前因，寻找关键因素或对策，采取相应策略，从而达成结果或解决问题。

在工作中，以终为始思维模式，常是优秀人才所必备的思维模式。一个有以终为始思维模式的人，工作起来常常事半功倍，做事显得格外稳妥，深得客户、领导的喜爱。

执行任务中，蕴含着"以终为始"的思维模式。领导分配给你一个任务，做事前你得先问清楚领导想要什么样的结果，在什么时间完成，要求是什么，这是"终"；然后制订计划，先干什么，再干什么，一步一步地按照计划做，这是"始"。

商业计划书的编写同样蕴含着"以终为始"的思维模式。

先明确目标：要干一件什么事，商业模式和核心竞争力又是什么，这是"终"。然后，根据目标来确定企业的产品或服务，整合资金、研发、生产、营销、人事、厂房、设备等各方面的资源，朝既定目标奋力前行，这是"始"。

马云在创业之初就确定公司的核心使命是"让天下没有难做的生意"，所以他后来不管是做淘宝、支付宝，还是做蚂蚁金服等，都是围绕着"让交易变得足够简单"这一"始"的初心。

4. 5W2H 分析法

5W2H 分析法是一种结构化的思维工具,它包括如表 2-2 所示的 7 个基本问题。

表 2-2 5W2H 分析法

思 维 角 度	具 体 内 容
What(是什么)	明确任务或目标的具体描述
Why(为什么)	探究任务的背景、目的或需求
Who(谁)	确定任务的责任主体或参与者
When(何时)	指定任务完成的期限或时间段
Where(何处)	指出任务的执行地点或环境
How(怎么做)	探讨实现任务的方法或步骤
How much(多少)	评估任务的结果量度,如数量、质量或成本

5W2H 分析法可以帮助人们更全面地理解和处理问题,特别是在设计和规划过程中,它可以激发创新思维,避免遗漏关键因素,并且便于记忆和使用。5W2H 分析法不仅适用于产品设计、项目管理等领域,也广泛应用于企业管理、技术活动以及审计实务等多个领域。

下面我们用 5W2H 分析法来分析餐厅的老客户流失问题,如表 2-3 所示。

表 2-3 老客户流失分析

分 析 角 度	具 体 内 容
What	流失客户中老客户占大多数,在 80% ~ 90%
Why	可能是 A、B 两种产品服务的价格上涨,考虑应该采取一些补偿措施
Who	老客户之中消费水平在 40 ~ 50 元的流失最多;下降到 40 元以下,可能是因为菜单价格上涨,或者是产品或服务下降了,性价比降低
When	本月 14 日流失最多,一天当中上午的流失最多,应该在上午采取一些线下的促销活动
Where	乙门店流失最多,可能是乙门店附近的竞争对手做了营销活动,吸引了乙门店的老客户,而其他门店并未受到影响
How	研究产品和价格,对比竞争对手分析
How much	确定产品和价格的具体因素,对消费水平在 40 ~ 50 元的客户,统计比例并采取具体措施

5. 麦肯锡 7S 模型

麦肯锡 7S 模型（Mckinsey 7S model）简称 7S 模型，是麦肯锡顾问公司研究中心设计的企业组织七要素，指出了企业在发展过程中必须全面地考虑各方面的情况，包括结构（structure）、系统（system）、风格（style）、员工（staff）、技能（skill）、战略（strategy）、共同的价值观（shared values）。

麦肯锡 7S 战略模型指出了企业在发展过程中必须全面考虑的各方面因素，其中既包括硬件要素（战略、结构和系统），也包括软件要素（风格、员工、技能和共同的价值观）。它要求企业不仅要注重硬件，更要关注软件。很多企业长期以来忽略了软件要素，而这些因素都与企业的成败息息相关，是绝不能忽略的。所以，只有在软、硬件协调得很好的前提条件下，企业的人力资源管理才能有效保证企业战略的成功实施。麦肯锡 7S 战略模型实例如图 2-4 所示。

图 2-4　麦肯锡 7S 模型

6. 价值判断模型

价值判断模型适用于解释你为什么做了这个决定 / 选择，以及讨论在众多产品方案中最先应该做哪些功能。该模型主要包括以下方面。

广度：这个功能可能覆盖的用户群体有多大？

频度：用户使用此功能的频次高低。

强度：用户是否真的非常需要此功能，现在是不是没有解决办法？替代强度的强弱如何？

难度：开发这个功能，投入多少成本？技术上是否允许，实现是否困难？

效果：该功能实现后能否彻底解决问题？

7. 抓大放小思维

所谓"抓大放小"，是指在主要矛盾与次要矛盾和矛盾的主要方面与次要方面中，要坚持抓住主要矛盾和矛盾的主要方面，推动事物的发展，这是唯物辩证法的基本要求。要善于透过纷繁复杂的现象，从千头万绪中找出主要矛盾和矛盾的主要方面，抓住突出问题，明确工作重点。

意大利经济学家巴莱多曾经提出了著名的"巴莱多定律"，也称"二八定律"。他认为，在任何一组东西中，最重要的因素只占一小部分，约20%，其余80%都是次要的。如今，"二八定律"已经被广泛应用于经济学和管理学等领域中。它给人的启示是：一个人的时间和精力是有限的，要想做好每一件事情几乎是不可能的，我们必须学会合理地分配自己的时间和精力，与其面面俱到，不如重点突破。特别是领导干部，必须要学会抓主要矛盾，抓住事情的关键和要害，即我们通常所说的"抓大放小"。

"抓大"，就是抓全局、抓中心、抓关键，在大原则、大方向上多加思量、考量；"放小"，就是对非全局问题、非中心问题、非关键问题，领导干部要放手、放权。毛泽东同志曾说："领导的责任，归结起来，主要是出主意、用干部两件事。"

"放小"是"抓大"的前提和必要条件，把小的放下，才可能抓住大的。领导干部如果总是视小如大，那么他当然也会视大如小，结果导致大小不分。那么，应该如何"抓大放小"呢？在纷繁复杂的工作之中，大和小往往辩证地混杂在一起，需要领导干部有一双慧眼，如果领导干部能够虚心纳谏，让群众"给自己一双慧眼"，把"领导之眼"与"群众之眼"相结合进而达到相协调、相一致，这样的领导干部必然是领导群体中的杰出者。

其次，管理干部要做到抓大放小，就要科学树立自己的施政方向和目标，对各种事务进行实事求是的分析，牢记本单位的法定职责，因为法定职责中包含着中心工作。管理干部应从中心工作中梳理出本单位的重点工作，在重点工作中紧紧抓住"牵一发而动全身"的关键点，切实做到法定职责决定中心工作，而中心之中有重点，重点之中有关键。唯其如此，领导者才不会"脑门一热定亮点，离开中心找亮点，为出政绩抓亮点，为了亮点造亮点"。

因此，管理干部必须学会用好"抓大放小"的工作方法，抓住重点工作、明确主攻方向、区别轻重缓急，注重抓重要领域和关键环节，把要啃的硬骨头找出来，把要涉的险滩标出来，在节骨眼、要害处用力，做到"一子落而满盘活"。特别要对重点工作扭住不放、一抓到底，切实做到踏石留印、抓铁有痕。

任何工作，我们既要注重总体谋划，又要注重牵住"牛鼻子"。在任何工作中，我们既要讲两点论，又要讲重点论；没有主次，不加区别，眉毛胡子一把抓，是做不好工作的。

在春季学期中央党校（国家行政学院）中青年干部培训班开班式上，习近平总书记指出："要加强战略谋划，把握大势大局，抓住主要矛盾和矛盾的主要方面，分清轻重缓急，科学排兵布阵，牢牢掌握斗争主动权。"

在省部级主要领导干部学习贯彻党的十九届六中全会精神专题研讨班上，习近平总书记强调："党和人民事业能不能沿着正确方向前进，取决于我们能否准确认识和把握社会主要矛盾、确定中心任务。什么时候社会主要矛盾和中心任务判断准确，党和人民事业就顺利发展，否则党和人民事业就会遭受挫折。"为了抓住主要矛盾和矛盾的主要方面，他在多个场合反复强调："要有强烈的问题意识，以重大问题为导向，抓住重大问题、关键问题进一步研究思考，找出答案，着力推动解决我国发展面临的一系列突出矛盾和问题。"

8. 辩证思维

辩证唯物主义是正确的世界观和方法论。辩证思维给人以智慧的头脑、敏锐的洞察力、全面认识事物本质和规律的能力。

辩证思维是一种可以看到问题多元和复杂面向的思考方式。它强调矛盾和变化是客观事物的内在特征，通过审视和处理矛盾，找到问题的本质和解决问题的方法。辩证思维不是简单地对待问题的对立面，而是通过思考问题的多个方面，寻找矛盾的统一和发展的可能性。

辩证思维看战略发展。保持战略定力，就是对既定战略不动摇，在保持和巩固已有战略成果的基础上，以更坚定的自信、更大的努力完成战略任务。做战略规划，既要看到需完善的方面和环节，又要充分肯定已取得的成果，不因小的不足而全盘否定；既看一个时期的实施情况，又用发展的眼光审视更长时期，避免用僵化、静止的眼光看问题；既看每一个战略本身单独发挥的作用，又看它与其他战略之间相互联系、良性互动的合力效应。

辩证思维在我们的思维过程中起着重要的作用。首先，辩证思维能够避免片面和绝对化的思维方式，使我们能够看到问题的复杂性和多样性。其次，辩证思维能够帮助我们理解和解决问题，因为它通过审视问题的矛盾和变化，寻找问题的本质，并找到解决问题的方法。最后，辩证思维能够培养我们的批判性思维和创造性解决问题的能力，从而提升我们的思维能力和认知水平。辩证思维主要包括以下方法。

（1）矛盾统一法。辩证思维的核心是矛盾的统一。在面对矛盾时，我们要不断审视矛盾的两个方面，并尝试找到使矛盾得以解决和统一的方法。这需要思考问题的全貌，从中找出各种可能性和发展的方向。

（2）反思维法。辩证思维鼓励我们超越表面的现象，追问问题的根本原因和内在机制。通过反思维法，我们可以深入思考问题的起源、演变和影响，从而获得更深刻的理解和解决问题的方案。

（3）综合思维法。辩证思维要求我们综合不同的观点、理论和观察结果。通过对各种观点和信息的综合分析，我们可以形成更全面、准确的认识，从而做出更明智的决策。

（4）创新思维法。辩证思维鼓励我们打破传统观念的束缚，追求创新和变革。通过创新思维法，我们可以寻找新的解决问题的方法，发现新的可能性，并推动社会的发展。

辩证思维应用广泛。在科学研究中，辩证思维帮助科学家深入思考科学问题的本质和内在联系，推动科学的发展。在企业经营管理中，辩证思维能够帮助管理者看到问题的多样性和变化，找到解决问题的创新方案。在团队培养中，辩证思维有助于培养干部的批判性思维和创造性思维能力，提高他们的分析和解决问题的能力。

辩证思维是多元化分析思考方式，对于我们的思维发展和认知提升至关重要。辩证思维与批判性思维密切相关，可以帮助我们更全面、客观地理解问题，并做出明智的判断和决策。辩证思维在科学研究、管理决策和教育培养等领域有广泛的应用。然而，我们也要意识到克服辩证思维障碍的重要性，包括克服个人的认知偏见和固有观念，以及在社会和文化环境中进行更全面和开放的思考。通过实践和培养辩证思维，可以提升我们的思维能力，改善我们解决问题的能力，并更好地适应和应对日益复杂多变的世界。

第3章

数字化转型之
营销战略

市场营销和创新，这是企业的两个功能。营销是企业获取利润、保持竞争力的关键所在。创新是企业生存和发展的动力。

——德鲁克

数字化转型已经成为企业发展的大势所趋，数字化营销的策略也要顺势而为。美国市场营销专家麦卡锡教授的 4P 营销理论，即产品（product）、价格（price）、推广（promotion）、渠道（place）奠定了营销策略的基础。数字时代，数字化营销成为核心驱动力，加持了产品、价格、推广和渠道等方向的组合创新，具体如下。

（1）数字化转型战略中的营销策略定位。深入分析市场环境，结合自身优势，以创新思维切入，为渠道客户或者直接客户服务，以什么价格和营销方式，提供定制产品和个性化服务。

（2）聚焦营销战略中的客户体验。数字化营销的核心是与目标客户进行有效的沟通和互动。首先，对客户分级分类，确定会员等级。然后，聚焦大客户，定制客户服务模式，提升客户体验和满意度。最后，培养潜力客户，提供个性化服务和产品。

（3）深入营销战略中的渠道策划。在数字化时代，企业可以通过多种渠道进行营销，包括社交媒体、搜索引擎、平台营销等。企业需要根据自己的目标客户和产品特点，选择合适的数字化营销渠道，并在这些渠道上进行有针对性的推广和宣传。

（4）数据驱动营销策略。数字化营销的一个重要特点是，通过平台数据分析，对营销效果进行实时监测和分析，快速调整营销方向和客户服务策略。尤其是，通过 AI 技术和大模型技术来驱动营销方式变革，实现场景化和个性化营销。

3.1　营销战略的创新理念

德鲁克说，企业有两个基本功能：营销和创新。

因为只有通过营销，企业才能真正了解顾客的需求，为他们提供有价值的商品和服务。在营销的过程中，企业需要深入研究市场，分析消费者的行为和习惯，从而发现他们真正的需求。此外，营销还涉及如何与客户建立持久的关系，只有维护长期关系，才能获取更多的利润。因此，营销是企业获取利润、保持竞争力的关键所在。

创新，是指以现有的思维模式提出独特见解为导向，利用现有的知识和资源，在特定的环境中，本着以满足客户需求为导向而改进或创造新的事物，包括但不限于各种产品、方法、元素、路径、环境等，并能获得一定有益效果的行为。

德鲁克认为，创新是企业生存和发展的动力。只有不断创新，企业才能保持其产品和服务的竞争力，才能应对日益变化的市场环境。创新不仅仅是指开发新的产品或技术，更重要的是要找到新的方式来满足顾客需求，或者创造出全新的市场。

因此，在营销过程中，要分析消费者或者客户的行为和需求；在产品和服务上，要以创新的方式满足客户需求，并提升客户价值和满意度。

1960 年，美国市场营销专家麦卡锡教授在营销实践的基础上，提出了著名的 4P 营销策略组合理论。4P 营销理论奠定了营销策略组合在市场营销理论中的重要地位，它为企业实现营销目标提供了最优手段，即最佳综合性营销活动，也称整体市场营销。4P 营销理论分解为产品策略、价格策略、渠道策略和促销策略，是通过为顾客提供满意的商品和服务而实现企业目标的过程。市场营销战略计划的制订是一个相互作用的过程，也是一个创造和反复的过程。

4P 营销理论为营销过程指明了方向，产品策略的核心是数据驱动和客户体验提升，渠道策略的核心是整合和数据打通，促销的核心是媒体化和个性化，定价的核心是个性化服务和客户体验。

数字时代，4P 营销理论和创新进一步融合，产生了全新的数字化营销策略，借助互联网、计算机通信技术和数字交互式媒体，实现营销目标。数字化营销的核心竞争力是 AI 技术，通过产品的数据驱动，借助渠道和促销策略，实现个性化服务，提升客户体验。如今，主流的 AIGC 营销，就是借助知识增强大语言模型，能够与人对话互动，回答问题，协助创作，高效便捷地帮助客户获取信息、知识和产品。

数字化营销，从本质上讲，就是专注在数据、体验和个性化等要素上，具体如下。

（1）客户体验。数字化营销的核心是为客户提供优质的体验。客户体验的载体是产品，通过短视频、App、社交媒体和主流电商产品，使客户能够轻松获取所需信息并与品牌进行互动。通过聊天记录、电子邮件历史记录、网站访问、移动应用交互、购买、社交媒体互动等客户场景，针对不同年龄段、不同圈层、不同消费群体、不同类型的客户，提供差异化和个性化的移动服务，提升客户满意度。尤其是垂直领域的场景化 App，渗透到各行各业、涵盖衣食住行的电商类移动产品，办公和职场的垂直类应用，社交媒体类应用等，这些产品都成为客户数字化营销的主阵地。微信视频号、小红书、抖音、快手等直播带货，聚焦个性化推荐，可以提升客户体验和黏性，因此成为主流营销产品。

（2）数据驱动。数字化营销依赖于用户行为数据收集和用户画像分析。通过使用多元化渠道分析工具和大数据平台，企业可以收集和分析消费者的基础信息、搜索行为、消费习惯等数据，从而构建用户画像和产品画像，通过 AI 算法来实现推荐和个性化产品导入。

（3）渠道整合。数字化营销涉及多个渠道，如商场、电商平台、社交媒体、微信和抖音等。流量平台可获取多个渠道的行为数据，进行关联分析和消费路径推荐。

（4）个性化服务。通过个性化营销，企业可以根据客户的特定需求和偏好提供定制化的信息和服务。通过收集和分析客户数据，企业可以向客户提供个性化的推荐、优惠和体验，增强客户的忠诚度和满意度。

（5）促销媒体化。社交媒体成为数字化营销的重要一环。通过在社交媒体平台上建立品牌形象、与客户互动和分享有价值的内容，企业可以扩大品牌曝光度，并与目标受众建立更紧密的联系。社交媒体的核心价值是提供实时互动的机会，企业能够即时与客户进行交流和互动，通过快速响应客户需求，建立更紧密的信任关系。

（6）搜索引擎。搜索引擎优化是提高平台在搜索引擎结果中排名的关键策略。通过优化平台结构、内容和关键词，可使其更容易被搜索引擎索引和识别，从而提高平台的曝光度和流量。

📢 3.2 数字化营销的创新案例

1. 新零售模式

数字化营销以其技术、社交、互动和体验等特性，为数字时代人类社会的经济、社会生活带来了革命性的变化。

媒体是营销载体，零售是渠道载体。新媒体层出不穷，包括微信、博客、抖音、快手等平台，为了满足客户需求、提升客户体验，新媒体产品借助数据技术，突出了个性化、开放化、趣味性、互动性和快捷性。

传统营销流程是：发布广告，组织活动，建立销售网络，分销给客户。其主要缺点是：消费者缺乏参与感，满意度较低。

传统零售的本质是：实现人、货、场的精准匹配。比如，零售经历了从乡村集市、百货商场、品牌连锁和购物中心、电子商务、新零售的不断升级和变革。

新零售是当今的主流营销模式，主要特点如下。

（1）AI 驱动零售的渠道变革。

（2）大数据牵引零售。

（3）社交客服实现个性化营销。

案例一：淘宝。以淘宝为代表的 C2C 电商模式，免费让商家入驻和开店，商家靠广告位获取流量，淘宝靠广告导流盈利。通过免费流量入口模式，打败了 eBay 和易趣的收费入驻模式。

案例二：天猫。以天猫模式为代表的 B2C 模式，实现了品牌商城，建立了新型的商家分层的模式。天猫帮助店铺提升曝光率，吸引更多的潜在顾客，增加销售量和转化率。天猫的营销策略如下。

（1）合理定价策略。经营的本质就是定价，只有合理的价格和品质才能获得客户的口碑。合理的价格折扣和优惠可以吸引顾客的注意力并促进销售。但是，需要注意，不要降低产品的品质和价值感。

（2）定期促销活动。例如限时折扣、满减、满赠等。同时，将活动信息发布在店铺首页、社交媒体平台和电子邮件中，以增加曝光率和参与度。

（3）免费试用样品。让消费者亲身体验产品后，有利于建立信任，鼓励他们购买，并留下好评。

（4）卓越的产品体验。页面设计需要注重美观、简洁易懂、信息完整、排版合理和响应速度快等方面；同时，通过高质量的图片和口碑好的评价来展示产品的特点和优势。

案例三：京东。以京东模式为代表的 B2C 加强版模式，有三个独特优势：一是进行自营商品的销售；二是领先的数字化平台；三是自建物流体系。京东物流实现"仓、配、运"一体化业务模式，与多家公司形成合作关系，帮助其生态伙伴同步发展。京东为第三方商户的参与提供了多方位的数据服务，打通了物流生态，降低了物流成本。通过多元化、物流快和成本低的一体化运营来增强用户体验。具体营销策略如下。

（1）数字化平台是根本。在京东商场板块，京东集中了大量的商品和服务，以满足用户多样化的需求。京东每年投入几十亿元的研发力量，打造了一个安全、可靠、便捷、可信任的购物环境，从而提高了用户的购物满意度。此外，京东还通过增加持续优化的功能和服务，提升用户体验，促使用户更愿意在京东消费，形成了用户黏性。在物流业务板块，京东物流掌握海量客户数据、物流运营数据、数字化技术专利数据等，可以为优化服务提高效率，与其他物流公司达成生态合作提升物流效率，与互联网企业进行合作推进服务升级转型，进而优化自身业务，提高物流效率，将数据凝练为数据产品，推出数字化系统平台，提供数据分析服务，并推出针对性解决方案。

（2）多元化的营销策略是抓手。京东通过多元化的营销活动吸引用户的关注。京东定期举行促销活动，如"双 11"购物节、"618"年中大促等，通过大幅度降价和赠品优惠吸引用户购买。同时，京东还积极参与社交媒体和各类线下活动，通过广告、合作推广等方式扩大品牌影响力，吸引更多用户。这种多元化的营销策略有效地提升了京东的知名度和用户数量。

（3）口碑营销和客户体验是战略。京东注重口碑营销和客户需求，鼓励用户对购买过的商品进行评价，这样用户可以对商品的质量和服务进行客观的评估，为其他用户提供参考，增加购物的信任度。京东还通过提供专业的售后服务，建立了良好的客户关系，通过口碑传播产生良好的反馈效果。京东物流坚持保障用户体验，以数字化技术提高效率的价值主张，将细分客户聚焦于七大行业的商家与客户，推出了针对性的解决方案与可采用的服务与产品，在线上线下等自营和合作渠道中进行服务推广和产品售卖，满足细分客户需求。

（4）渠道创新和技术赋能是源泉。京东不断创新和改进，及时调整网络营销策略。随着科技的不断发展和用户需求的变化，京东不断进行创新和改进，以适应市场变化。京东不仅推出了 App 和小程序，方便用户随时随地进行购物，还开展了跨境电商业务，拓展海外市场。这种持续不断的创新和改进使京东始终走在行业的前沿。

（5）联合生态伙伴转型。2023 年 9 月，京东发布即时零售三公里模式，实现 3 ～ 5 公里内"消费者下单、门店发货、商品小时内送达"的模式，并推出即时零售"五年行动计划"，助力超 200 万本地中小买体门店数字化转型，为社会提供超 1000 万个灵活就业岗位，联合生态伙伴带动万亿消费。

案例四：拼多多。以拼多多为模式的 C2B 模式，通过补贴和社交分享来获取流量，通过 AI 技术指导商家生产，实现对路销售和减少库存模式。具体包括如下三个核心策略。

（1）社交拼团策略。这是 C 端客户裂变的核心，客户通过"拼团"获得某种大额优惠，即主动"邀请"好友参与，让好友"下载"拼多多 App，并"注册"成为拼多多会员。一位客户邀请 100 位好友，100 位客户邀请 1

万位客户，产生指数级的客户裂变，由此形成庞大的社交"拼团"网络。

（2）微信是营销工具。微信社交为熟人社交体系。好友与好友之间，通过微信交互，存在着一定程度的信任关系，出于人情不好拒绝，所以在微信体系内进行分享传播，能明显提高病毒式营销活动的打开率和参与人数。

（3）商家承担品质保障。商家的准入门槛要求高。一是产品质量过关：商家拿出营业执照、产品质量合格证书等相关证明，让产品质量过关的正规商家进入平台。二是交付保证金：让商家拿出一定比例的保证金，若产品出现问题，平台则直接用这部分钱赔偿给消费者，并对商家进行高额罚款处置。三是监督商家的售后服务体系：做到在上班时间客服在线，能及时回答顾客的问题，帮助顾客解决在购买商品时以及收到货物时遇到的困扰。

2. 直播带货模式

直播带货是一种结合了直播技术和电商的新型销售模式，是指在快手、抖音、视频号等直播带货平台通过直播讲解货品的方式，近距离展示商品、进行咨询答复、导购的新型服务方式，从而将货品售卖给消费者。直播带货的互动性更强，用户可以在评论区直接询问产品的有关事项，还可以提出疑问，主播可以当场解答，而且直播间的优惠力度一般都很大，给消费者带来的吸引力也是巨大的。

对于主播和商家、消费者来说，主播可以赚到佣金，商家可以销售出自己的货品，消费者可以买到便宜的商品。直播带货减少了经销商的传统中间渠道，直接实现和消费者对接，帮助消费者提升消费体验。因此，直播带货被越来越多的商家所青睐，想通过主播直播带货来销售更多的商品给消费者。

数字时代，5G、大数据和人工智能等数字技术突飞猛进，直播电商行业将迎来更大的发展空间。高速的网络环境和实时互动的特性，将进一步增强直播电商的互动性、即时性和娱乐性，吸引更多的消费者参与。同时，随着行业监管的加强和规范化，直播电商行业将更加注重产品质量和价格透明度，提升消费者的购物体验和信任度。目前，常见的直播带货模式如下。

（1）流量达人。通过寻找一些流量高的达人，做顾问式导购，打造个人 IP 和直播带货模式。达人模式一般以个人 IP 为核心，消费者信任达人的专业度，也信任达人在某个领域推荐的产品。

（2）秒杀吸粉。直播间流量高，可以保障每场直播的人数，可以通过这种方式和品牌方商量价格，降低价格，提高直播产品的性价比，通过直播间价格来吸引粉丝购买。

（3）店铺营销。这种情况在淘宝较多，商家在淘宝开店，通过直播的方式介绍店铺产品，依靠产品或者店铺品牌吸引观众，增加购买，主播本身没有强 IP，只是自身属性比较适合店铺。

（4）产地溯源。商品的产地介绍，可让客户了解原材料的情况，是获客和转换的核心抓手。比如，一些农产品类型的直播基地，吸引主播来到基地开播，在现有产业的基础上开通主播销售渠道，这样可以直接对原有资源进行有效利用。如果主播想要带货，可以直接和直播基地建立联系。

案例：东方甄选。2022 年 6 月 1 日，新东方在线推出东方甄选，由此开始了公司的直播电商转型之路。东方甄选凭借着独特的直播模式和优质的产品，快速在电商市场中崭露头角，成功吸引了大量消费者的关注和信赖。东方甄选注重用户体验。公司通过优化供应链管理、加强售后服务等措施，确保了消费者在购买过程中的舒适度和满意度。这种对用户体验的关注，也是东方甄选能够在激烈的市场竞争中脱颖而出的重要原因。其营销策略的核心竞争力分析如下。

（1）以产品质量赢得客户信任。在产品选择上，东方甄选坚持只选择来自原产地的优质产品，并且与当地农民建立长期合作关系，确保产品的绿色、健康。此外，东方甄选还建立了完善的质量检测体系，确保每一份产品都符合国家标准和消费者的期待。

（2）通过产品故事增强客户体验。东方甄选通过创新的带货模式，将产品故事与直播互动完美结合，为消费者带来了全新的购物体验。自 2022

年 6 月以来，东方甄选凭借其独特的直播风格和深入的产品解读，在电商直播领域迅速崭露头角。这种将产品故事、产地介绍和直播互动融为一体的带货模式，不仅让消费者更好地了解产品，同时也为电商平台带来可观的用户黏性。

（3）推出自营产品和进行渠道建设。东方甄选还通过自建渠道，实现了对产品供应链的全面掌控。2022 年，东方甄选已推出 52 款自营产品，总销量达到 1825 万单。自营产品的推出，不仅保证了产品的品质，同时也为东方甄选带来了更高的品牌溢价和利润空间。

（4）采用多元化的盈利模式。在利润来源方面，东方甄选不仅依靠传统的广告收入，还通过打造自营品牌、发展会员体系等方式拓展收入来源。这种多元化的盈利模式为东方甄选的长期发展提供了坚实的基础。东方甄选凭借其独特的市场定位、严格的质量把关、创新的带货模式以及自建渠道的优势，在电商市场中崭露头角，逐渐成为新生力量的代表。

3.3　AI 驱动营销策略创新

2022 年，ChatGPT 聊天机器人出现，又带来一波人工智能浪潮，其背后的大语言模型也成为关注的焦点，在多个行业和领域取得了突破性成就。用户使用系统和平台的关键是功能和内容，包括文字、图片、视频、音乐等各种形式。

AIGC 是 AI-Generated Content 的缩写，指的是基于人工智能技术，通过已有数据寻找规律，并通过预训练大模型、生成式对抗网络（GAN）等方法，自动生成各种类型的内容，如文章、视频、图片、音乐、代码等，为企业、组织以及个人提供网络营销、品牌宣传、产品介绍等应用方案。

AIGC 不仅提升了内容生产的效率，而且改变了内容生产和消费的方式、流程和商业模式。AIGC 在每个具体的领域中都可以释放出巨大的生产力和商业价值。因此，AIGC 已经成为各种媒体的头条和会议的热点。

AIGC 成为最炙手可热的技术。凭借其在内容生产上高效率、低成本、智能化等核心优势，AIGC 开启了销售新纪元，在营销领域引发深刻变革。

1. AIGC 的内容生成、优化和分析

（1）AIGC 可以根据用户的需求和输入，自动生成各种类型和风格的内容，实现定制化和个性化的内容生成。

① 在游戏中，定制角色生成、场景生成、关卡生成、剧情生成等，提高游戏的创意性和可玩性。

② 在电商商品中，实现描述生成、商品推荐生成、商品图片生成等，提高电商的转化率和销售额。

③ 在影视中，借助剧本生成、角色生成、场景生成等方面，提高影视的创作效率和质量。

④ 在广告中，通过文案写作、素材制作、视频制作等，提高广告的创意性和吸引力。

⑤ 在媒体中，凭借新闻写作、评论写作、标题写作等，提升媒体的生产力和影响力。代表作就是 ChatGPT。ChatGPT 是一个基于自然语言生成技术（NLG）的人工智能聊天平台，可以根据用户输入或上下文生成流畅、有趣和合理的对话。

（2）AIGC 可以对已有的内容进行优化和改进，例如修改语法错误、润色文风、增加关键词等。这些优化可以提高内容的质量和效果，可以适应不同的平台和客户。

（3）AIGC 可以对内容进行分析和评估，例如提取主题、摘要、情感等信息，或者计算内容的原创度、相关度、影响力等指标。这些分析可以帮助用户了解内容的特点和价值，也可以帮助用户优化内容策略和方案。

2. AIGC 的内容创作特点

AIGC 的新型内容创作方式具有以下几个特点。

（1）自动化。AIGC 可以根据用户输入的关键词或要求，自动地生成

内容，无须人工干预或编辑。这样可以节省时间和成本，提高效率和效果。

（2）高效率。AIGC 可以利用大数据和云计算等技术，快速地处理海量的信息，并生成高质量的内容。这样可以满足海量用户的内容需求，提高用户满意度和留存率。

（3）创意性。AIGC 可以利用深度学习和强化学习等技术，不断地学习和优化内容生成的策略，并生成具有创意和个性化的内容。这样可以增加内容的吸引力和价值，提高用户参与度和转化率。

（4）互动好。AIGC 可以利用自然语言处理和计算机视觉等技术，实现与用户的自然交流和反馈，并根据用户的喜好和行为，动态地调整内容生成的方式。这样可以增强内容的互动性和可用性，提高用户体验和忠诚度。

例如，2023 年，贵州习酒携手百度营销，打造了国内首个数字人和白酒跨界合作的案例。数字人是品牌故事推荐官，利用 AIGC 技术，高质量定制 3 分钟习酒品牌文化宣传视频，从习酒产地到工艺、再到精神，创新讲解习酒历史与文化，并通过百家号精准分发和自媒体发布，向全网发起习酒故事征集大赛，引导客户对习酒的民族品牌形象、高端品质、情怀场景等多重价值的认知和重构，从而使其品牌声誉获得持续增长。

3. AIGC 引发的销售模式变革

如今，AIGC 在多个领域快速发展，尤其在客户消费端进行了颠覆性的革命，具体如下。

（1）终端的营销模式变革。在智能手机上，它执行复杂的语言理解、图像识别和个性化推荐等任务，数据的采集和计算都可以在本地和云端并行处理。在智能音箱上，它能够提供更快速、更准确的语音识别和响应，可以享受到更自然流畅的交互体验，以及海量数据下的定制化服务。在智能汽车上，它提供更强大的自动驾驶和辅助驾驶能力，通过实时处理大量的传感器数据，使汽车能够更准确地感知周围环境，提高行驶安全性。在行业机器人应用上，它能够进行更复杂的任务处理和决策，提高作业效率和质量。

（2）行业端的销售模式变革。在医疗领域，基于专业医学知识训练的大模型能够协助医生进行病例分析和诊断；在金融领域，定制化的大模型能够帮助银行和投资公司进行市场趋势预测和风险管理。这些领域和行业特定的大模型，能够更好地理解专业术语和复杂的业务流程，提供更符合企业需求的解决方案。

（3）企业端的销售模式变革。在企业营销端，大模型对消费者行为和偏好的深入理解，使企业能够设计更有效的营销策略，提高广告和推广活动的转化率。同时，大模型还可以实时分析市场反馈，帮助企业快速调整营销策略，以应对不断变化的市场环境。而且，AIGC 可以快速生成大量营销内容，显著降低营销内容的生产成本。在企业营销数据看板中，AIGC 能够理解复杂的业务条件查询语句，并从大量数据中提取相关信息，生成直观的报告和图表。这种基于 AI 工具来分析业务数据的方式，可以加快决策过程，提高业务敏捷性。例如，市场分析师可以通过简单询问来获取特定市场趋势的深度分析，而无须专业的数据分析技能。

🔊 3.4　大模型赋能场景化营销

大模型（Large Model）是 AI 人工智能领域的一种重要模型，是一种参数量非常大、数据量也非常大的深度学习模型。这些模型通常由数百万到数十亿的参数组成，需要大量的数据和计算资源进行训练和推理。

大模型具有非常强大的表示能力和泛化能力，可以在各种任务中表现出色，实现语音识别、自然语言处理、计算机视觉等。它可以利用海量的数据捕捉数据中的细微和隐含的信息，从而提高模型的泛化能力和鲁棒性。同时，大模型也可以实现跨领域和跨任务的迁移学习，即利用在一个领域或任务中学习到的知识，帮助解决另一个领域或任务中的问题。这样，大模型可以减少对标注数据的依赖，降低开发成本，提高效率和效果。

从 2022 年年底 ChatGPT 横空出世，到 2023 年一整年大模型热潮涌起，在科技的巨浪中，大模型技术如同一颗璀璨的明星，迅速崛起并引领了一场前所未有的技术革命。大模型如同推动创新的引擎，不断拓展着科技的边界。

大模型的能力进步将在很多领域产生颠覆式影响。对于个人而言，从文本创作到日常办公，大模型正以更加精准和高效的服务方式赋能各种场景。对于企业级应用而言，在营销、客服、研发等业务领域，大模型正在发挥无可估量的作用，加速行业的数字化转型和智能化升级。

技术的真正价值并非仅仅停留在理论中，而是需要通过实际的应用场景来体现的。基于大模型的能力特性，数字化水平较高、数据基础较完善、知识体系较复杂的行业和场景往往最先落地大模型技术并体现其应用价值。相关数据显示，截至 2024 年 1 月中旬，在大模型落地的应用案例中金融业占比 35%，其次为制造业占比 13%、医疗占比 10%、政府与公共服务占比 8%。其中，在金融业中，尤以银行业占比 17% 为最高。

1. 金融领域

1）应用方式

大模型在金融领域营销中的应用日益广泛，其强大的数据处理和学习能力为金融机构提供了更多创新的营销手段。大模型在金融营销领域，包括以下一些应用方式。

（1）个性化推荐：金融机构可以利用大模型分析用户的交易记录、偏好和行为数据，为用户提供个性化的金融产品和服务推荐。例如，通过分析用户的投资偏好和风险承受能力，推荐适合的理财产品或股票。

（2）精准营销：大模型可以帮助金融机构识别潜在客户，并基于用户的行为数据和交易记录实现精准营销。例如，根据用户的消费偏好和金融需求，推送个性化的金融产品和服务广告；同时，通过分析用户的行为数据，预测用户的购买意向，提供更具吸引力的营销活动，提高用户的购买率和留存率。

（3）市场分析：大模型可以帮助金融机构更好地理解和预测市场走势，为营销策略的制定提供有力支持。通过分析市场数据、用户反馈等信息，大模型可以预测金融产品的市场需求和趋势，从而指导金融机构制定更加精准的营销策略。

（4）客户细分：大模型可以帮助金融机构对客户进行细分，识别出不同客户群体的需求和特点，为不同客户群体提供定制化的金融产品和服务。这不仅可以提高客户满意度，还可以增强客户对金融机构的忠诚度和黏性。

（5）风险管理：大模型在风险管理方面的应用也为金融机构的营销活动提供了有力支持。通过预测和评估潜在风险，金融机构可以制定更加稳健的营销策略，避免因风险事件导致的损失。

因此，大模型在金融营销领域的应用场景非常丰富，它可以帮助金融机构更好地分析市场、规避管理风险、提高效率，并为用户提供更好的金融服务。然而，金融机构在应用大模型时，也需要充分考虑数据的隐私和安全等问题，确保合规性和保护客户的权益。

2）应用实例

下面两个显著实例展示了利用大模型技术优化金融服务、提升客户体验以及实现精准营销的全过程。

实例一：阳光保险全力把握 AI 创新发展趋势，将自行研制的 AI 大模型——阳光正言 GPT 大模型列为公司的战略工程。该大模型已经在客户服务、销售支持、智能理赔等场景得到了应用。阳光保险牵头发布了国内首个金融行业大模型白皮书——《大模型技术深度赋能保险行业》，并在行业内率先构建了一套保险大模型的评测体系和方法。阳光 GPT 战略工程的能力处于行业第一梯队，全员应用最广，保险应用最深。

实例二：马上消费金融发布了全国首个零售金融领域"天镜"大模型，该模型已应用于营销获客、风险审批、客户运营、客户服务、安全合规、资产管理六个零售金融最典型的场景中。通过模型和数据驱动业务，大模型真正落地，解决了行业痛点问题。同时，马上消费金融还联合了信通院、华为、百度、蚂蚁等四十余家企业正式发布国内首个金融行业大模型标准，为金融行业智能化发展提供了重要支撑。

这些案例表明，大模型在金融领域的应用不仅提升了金融服务的智能化水平，还通过精准营销增强了用户体验，帮助金融机构实现了更高的市场渗透率和客户满意度。随着技术的不断进步，大模型在金融营销中的应用将会更加广泛和深入。

2. 医疗领域

1）应用体现

大模型在医疗领域的营销主要体现在利用其强大的数据处理和分析能力，优化医疗服务，增强患者的体验，以及提升医疗机构的品牌形象。大模型在医疗领域营销的应用体现在以下几个方面。

（1）个性化医疗服务：大模型可以通过分析患者的基因信息、病历数据、生活习惯等，为患者提供个性化的医疗建议和治疗方案。这种个性化的服务能够显著提升患者的满意度，增强医疗机构的竞争力。在营销过程中，医疗机构可以强调其提供的个性化服务，这种服务可以帮助患者获得更好的治疗效果。

（2）疾病预测和预防：大模型可以通过分析大量的医疗数据和流行病学数据，预测疾病的流行趋势和风险因素。这种预测能力可以帮助医疗机构提前制定防控策略，减少疾病的发生和传播。在营销过程中，医疗机构可以强调其疾病预测和预防的能力，以及这种能力如何保护公众的健康。

（3）在线医疗咨询和诊断：通过大模型，医疗机构可以提供在线医疗咨询和诊断服务，为患者提供更加便捷和高效的医疗服务。这种服务方式能够扩大医疗机构的服务范围，提高服务效率。在营销过程中，医疗机构可以强调其在线医疗服务的便捷性和高效性，以及这种服务如何帮助患者解决医疗问题。

（4）医疗知识普及和教育：大模型可以整合和分享医疗知识和经验，帮助公众了解健康知识和疾病防治知识。通过医疗知识普及和教育，大模型可以提高公众的健康素养，减少疾病的发生和传播。在营销过程中，医疗机构可以强调其在医疗知识普及和教育方面的贡献，以及这种贡献如何帮助公众提高健康水平。

在医疗领域的营销过程中，医疗机构需要关注患者的需求和体验，以及如何利用大模型技术来提供更好的医疗服务。同时，医疗机构还需要注重品牌形象的塑造和传播，提高其在公众心目中的信任度和认可度。通过不断地优化医疗服务、提升患者体验、加强品牌形象的塑造和传播，医疗机构可以在竞争激烈的市场中脱颖而出，赢得更多的患者信任和支持。

2）应用实例

某医疗科技公司开发了一款基于大模型的智能医疗咨询系统，该系统可以为用户提供个性化的医疗咨询和健康管理建议。该系统通过收集和分析用户的健康数据、病史、生活习惯等信息，利用大模型技术对用户进行深度分析，识别出用户的健康风险、潜在疾病和营养需求等。

该公司利用大模型技术加强营销，主要有以下方式：

（1）在精准用户定位上，通过大模型分析用户数据，识别出潜在的目标用户群体，如老年人、慢性病患者、健康意识较高的年轻人群等。针对这些用户群体，公司可以制定更加精准的营销策略，提高营销效果。

（2）在个性化推荐上，基于大模型的分析结果，系统可以为用户推荐符合其健康需求和偏好的医疗产品和服务，如定制化的健康饮食计划、个性化的运动方案、适合其病情的药品和保健品等。这不仅可以提高用户的满意度和忠诚度，还可以增加公司的销售额和利润。

（3）在智能客服上，该系统还可以作为智能客服使用，为用户提供 24 小时不间断的医疗咨询服务。用户可以通过语音、文字等方式与系统进行交互，获取专业的医疗建议和解答。这不仅可以减轻医生的工作负担，还可以提高用户的服务体验和满意度。

（4）在健康管理和疾病预防上，系统可以定期向用户推送健康管理和疾病预防的相关知识和建议，帮助用户建立健康的生活方式和习惯。通过大模型分析用户的数据和行为模式，系统还可以预测用户的健康风险和潜在疾病，并提前给出预警和建议。这不仅可以降低用户的医疗成本，还可以提高整个社会的健康水平。

以上案例表明，大模型在医疗营销领域应用方面发挥了强大潜力和价值。通过利用大模型技术，医疗科技公司可以为用户提供更加精准、个性化的医疗服务和营销体验，提高用户的满意度和忠诚度，同时增加公司的销售额和利润。

3. 制造领域

1）营销体现

大模型在制造领域的营销主要体现在利用其强大的数据处理、分析和预测能力，优化生产流程、提高生产效率、降低成本，并增强产品的竞争力。

（1）生产流程优化：大模型可以通过分析制造过程中的各个环节，识别出潜在的瓶颈和浪费问题，从而优化生产流程。这种优化能够减少生产时间，提高生产效率，并降低生产成本。在营销过程中，制造商可以强调其利用大模型技术优化生产流程的能力，这种优化能为客户带来更高的价值。

（2）需求预测和库存管理：大模型通过分析历史销售数据、市场趋势和消费者行为，可以预测未来的产品需求。这种预测能力可以帮助制造商更好地管理库存，避免库存积压或缺货现象。在营销过程中，制造商可以展示其利用大模型技术实现精准需求预测和库存管理的能力，这种能力可为客户带来更好的购物体验和更稳定的供应。

（3）质量控制和缺陷检测：大模型通过分析产品的图像、声音或其他传感器数据，可以实现高精度的质量控制和缺陷检测。这种技术能够减少人工检测的时间和成本，提高产品质量和一致性。在营销过程中，制造商可以强调其利用大模型技术实现高效质量控制和缺陷检测的能力，这种能力可以确保客户获得高质量的产品。

（4）产品设计和创新：大模型通过分析市场趋势、消费者需求和竞争对手的产品，可以为制造商提供产品设计和创新的灵感。这种技术能够加速产品设计过程，提高产品的竞争力和市场占有率。在营销过程中，制造商可以展示其利用大模型技术进行产品设计和创新的能力，这种能力可为客户带来更具创新性和竞争力的产品。

在制造领域的营销过程中，制造商需要关注客户的需求和体验，以及利用大模型技术来提供更好的产品和服务。同时，制造商还需要注重品牌形象的塑造和传播，提高其在市场中的知名度和美誉度。通过不断优化生产流程、提高产品质量、加强品牌形象的塑造和传播，制造商可以在竞争激烈的市场中脱颖而出，赢得更多的客户信任和支持。在制造业中，大模型技术的应用正在逐步改变营销的方式和策略。

2）应用实例

在当下汽车行业的大背景中，随着市场竞争的加剧和消费者需求的日益多样化，某汽车制造企业面临着快速响应市场变化、提升产品竞争力以及优化营销策略的挑战。具体的应用场景如下：

（1）在市场趋势预测上，该企业利用大模型技术对市场趋势进行预测，包括消费者需求、竞争格局、政策法规等方面的变化。通过对海量数据的分析和挖掘，大模型能够发现潜在的市场机会和威胁，为企业的战略决策提供有力支持。

（2）在产品优化设计上，在产品设计和开发阶段，该企业利用大模型技术进行数字化仿真和模拟测试。通过构建数字化模型，企业可以模拟产品在各种场景下的性能和表现，发现潜在问题并进行优化。这不仅提高了产品开发的效率和质量，还降低了成本和风险。

（3）在精准营销上，该企业利用大模型技术对消费者数据进行深入分析，包括消费习惯、兴趣爱好、购买历史等方面的信息。通过对消费者画像的构建和细分，企业可以更加精准地制定营销策略和促销活动，提高营销效果和转化率。

（4）在售后服务优化上，该企业利用大模型技术对消费者的反馈和投诉进行分析。通过自然语言处理和情感分析技术，大模型可以自动识别消费者的问题和需求，并为企业提供解决方案和建议。这有助于企业快速响应消费者需求，提高客户满意度和忠诚度。

通过应用大模型技术，该企业取得了以下成果：

（1）快速响应市场变化。大模型技术使企业能够及时发现市场机会和威胁，并快速制定相应的战略和计划。这有助于企业保持竞争优势并应对市场挑战。

（2）提升产品竞争力。通过数字化仿真和模拟测试，企业能够优化产品设计并降低成本和风险。同时，精准营销和个性化推荐也提高了产品的市场吸引力和竞争力。

（3）优化营销策略。大模型技术使企业能够深入了解消费者需求和偏好，并据此制定更加精准和有效的营销策略。这有助于提高营销效果和转化率，并降低营销成本。

（4）提高客户满意度和忠诚度。通过优化售后服务和快速响应消费者需求，企业能够提高客户满意度和忠诚度。这有助于企业建立长期稳定的客户关系并提升品牌形象。

总之，大模型技术在制造业营销中的应用正在逐步普及和深化。通过利用大模型技术对市场趋势进行预测，对产品进行优化设计，实现精准营销以及优化售后服务等方面的工作，企业可以提高自身的竞争力和市场地位。

数字化转型之
运营战略

数字经济是继农业经济、工业经济之后的主要经济形态，是以数据资源为关键要素，以现代信息网络为主要载体，以信息通信技术融合应用、全要素数字化转型为重要推动力，促进公平与效率更加统一的新经济形态。数字经济发展速度之快、辐射范围之广、影响程度之深前所未有，正推动生产方式、生活方式和治理方式深刻变革，成为重组全球要素资源、重塑全球经济结构、改变全球竞争格局的关键力量。

——"十四五"数字经济发展规划

在数字化转型中，能持续控制成本和提升效率，是企业生存的源泉。只有控制成本、提升毛利、增长业绩，才能提升企业的市场价值。运营效率低，是企业家和管理者面临的时代难题。站在数字时代审视，最佳解决方案是：通过数字化技术来提升运营效率，释放人力成本，提升管理效率，让企业在产品、体验和成本的三要素上达到最优匹配。

数字化运营是指将企业的运营活动、业务流程和决策过程转化为数字形式，并运用信息技术和数据分析手段进行管理和优化的过程。它涵盖了企业的整个价值链，包括市场营销、供应链管理、客户关系管理、人力资源管理等各个方面。数字化运营通过数字技术的应用，实现了运营的智能化、高效化和个性化，帮助企业持续控制成本和提升效率。

运营的个性化，就是始终把客户需求放在首位，利用大数据、人工智能等技术手段，精准把握客户需求，为客户提供个性化的服务体验。这是企业数字化经营模式的基础，也是其转型成功的关键。

运营的高效化，就是建立基于价值流的客户信任体系。通过设计价值体系，实现高效化，积累客户信用度、售后服务满意度。建立价值流的客户信任体系，首先要构建满足客户长期需求的数字化平台，基于对客户需求的深度理解和精准满足，实现供应链管理、零售模式和服务质量上的不断创新和提升，帮助满足个性化需求，精准推荐满足客户需求的好产品。

数字化运营的供应链管理，就是通过利用先进的供应链管理技术，通过数据分析和预测，实现精准库存管理和智能补货，大大提高库存周转率和物流效率，降低运营成本。

数字化运营的零售模式创新，就是通过线上线下一体化的零售模式，打破传统零售的界限，实现消费者、商品和场景的无缝连接，提供更加便捷的购物体验。

🔊 4.1 运营战略的精益理念

精益运营是一种以最小的资源投入，创造出最大的价值，消除无效劳动和浪费，持续改善生产过程，提高效率和质量的方法论。它强调以客户为中心，持续改进，快速响应市场变化。

精益运营的核心理念是"以人为本"，注重团队建设和人才培养，认为人的智慧和创造力是企业最重要的资产。此外，还强调"顾客至上"，始终以满足客户需求为导向，追求产品的质量和性价比。

1. 数字化运营的核心价值

（1）提升运营效率。数字化运营可以自动化和优化企业的运营流程，减少人工操作和错误，提高工作效率。通过数字化技术，企业可以实现信息的实时共享和协同工作，提高团队的协作效率和响应速度。

（2）指导经营决策。数字化运营可以收集、整理和分析大量的数据，为企业决策提供准确、及时的支持。通过数据分析和预测模型，企业可以了解市场趋势、客户需求和竞争动态，做出更明智的决策，降低风险。

（3）变革商业模式。数字化运营为企业创造了全新的商业机会。通过数字技术和互联网平台，企业可以开展在线销售、电子商务和数字营销等新业务模式，拓展市场和客户群体。

（4）创造客户价值。数字化运营可以实现个性化定制和精准营销，提升客户的满意度和忠诚度。通过数字化技术，企业可以了解客户的偏好和需求，为其提供个性化的产品和服务，提高客户体验。

2. 数字化运营的核心要素

数字化运营的核心要素是：构建一体化的数字化运营平台，夯实运营数据元素的质量，以多维度运营数据分析为抓手，快速计算客户需求和市场趋势，提升物流配送准确率，提供个性化服务，建设高可靠的运营网络，形成实现"算、仓、配、运"的一体化业务模式,持续优化数字化运营供应链,持续推进 O2O 战略布局,持续打造多元化产品布局,建设智能物流体系,提高品牌的知名度和客户认知度。具体分析如下。

(1)一站式运营数据链条建设。大数据运营平台建设,需要运营数据能全站覆盖,包括客户、商品、采销、仓储、配送、订单、售后等电商全产业链数据,包含客户从浏览、下单、配送到客服的完整过程,具有最完整的数据链条。

(2)多模态的运营数据处理。大数据运营平台建设,需要包括数据采集存储计算和分析的全域体系,支持结构化、半结构化、非结构化数据形态的数据采集和存储,具有高性能的离线计算、实时计算和机器学习环境,实现数据处理任务的智能灵活调度,部署集群的统一监控体系。大数据平台能够满足各类复杂应用场景的使用需求,为使用者提供完善的技术使用环境。

(3)多维度的运营数据分析。大数据运营平台建设,研发了从数据采集、数据存储、数据处理、数据查询及应用全流程贯通的平台产品,包括统一报表、数据仪表盘、即时查询、多维分析、元数据管理、数据开发平台、数据质量监控等多种数据管理工具,满足不同应用场景和使用者需要,实现了一站式、自助式的操作,全面提升数据开发、数据分析和应用的效率。大数据平台可提供数据集市服务,基于 SLA 服务协议提供服务保障,快速解决客户使用过程中的问题,给客户带来较好的服务体验。

(4)高可靠的安全运营保障。运营平台建设,拥有国际领先的数据保护能力和数据共享能力。平台提供敏感数据保护功能及数据共享功能,同时对数据全生命周期进行全链路的监控、审计。数据安全保护策略通过客户认证与传输通道加密,保证客户在使用过程中的数据安全,全方位无死角防篡改、防盗用、防截取,为平台内部数据保驾护航。

(5)物流配送准确率提升。平台数据可以通过对物流信息的分析,帮助平台优化物流配送,提升配送效率和配送准确率,从而为客户提供更好的配送服务。

（6）数据实现个性化推荐。平台数据分析客户的购买行为和偏好，通过人工智能技术和算法模型，将客户的个性化推荐和推荐商品展示给他们，提升客户购物体验。同时，在对商品数据进行标签化处理的时候，可以发现假货。比如，平台数据可以通过对商品销售和客户评价等数据的分析，帮助及时发现和打击假货，保护客户权益。数字化运营架构如图 4-1 所示。

图 4-1　数字化运营架构图

（7）推进供应链流程优化。工作流程包括从供应商的采购、出入库、仓储中心、物流中心、配送中心等端到端的建设，实现全链路和信息的实时共享，节约沟通和人力成本，实现数字化运营的高效平台。

（8）实施 O2O 战略布局。将线上、线下的会员体系打通，建立"互联网＋零售"的生态系统，企业通过开设线下门店、推进物流配送等手段，将线上电商与线下实体店打通，实现 O2O 模式的全面发展，为消费者提供更加全面、便利、快捷的服务。在线上，会员体系打通后，可以使线上线下的会员共享优惠、积分等权益，提高会员的忠诚度和二次购买率，为企业带来更加长期、稳定的收益。

（9）打造多元化产品布局和高品质购物体验。例如，京东致力于推进产品线多元化，将日用品、家居、家电、美妆、母婴、食品等多个品类纳入经营范围之内。同时，积极拓展线上线下的场景，打造更加全面、便捷、舒适的购物体验。此外，建设全场景体验。京东在城市的黄金地段建设购物广场、儿童乐园等多个购物场景，为消费者提供更加全面、高品质的购物体验。

（10）建设智能物流体系。为了降低配送成本、提高配送效率，京东致力于全面升级物流系统。通过智能化设备、数据分析等手段，京东正在逐步实现无人配送、人机协作等高效物流模式，建设可靠配送中心。为了更好地服务商家和消费者，京东也在全国范围内建立了多个物流中心、配送站等基础设施，为商品配送提供更加可靠、稳定的保障。

（11）建立品牌影响力、提高口碑。企业一定要秉承诚信的运营理念，致力于为消费者提供高品质的商品和服务。同时，企业也要注重品牌建设，通过多种手段，提升品牌知名度和品牌影响力，打造优质的品牌形象。在市场策划中，企业在多个场合进行赞助、合作等活动，推出品牌营销活动，提高品牌的知名度和客户认知度。

📢 4.2　数字化运营的案例分析

1. 元气森林

元气森林是一家互联网技术驱动的饮料公司，生产和销售以燃茶和气泡水为主的低热量产品，成为行业数字化营销的标杆企业。

（1）营销战略。实行以消费者为中心的内容营销。

（2）目标客户定位。以年轻女性的消费生活场景为核心。既有利益点的刺激，又有和我们生活相关的价值内容输出，具有很强的社交属性，能够引发大量 UGC 内容，在小红书上发酵。通过综艺节目、IP 联名活动等和用户有关的深度内容，垂直渗透游戏圈层。

（3）产品精准定位。挖掘大市场下的细分品类，打造社交型产品。

（4）直播渠道布局。新消费品牌在此基础上，发力媒体带货渠道、直播渠道、高颜值线下门店 / 快闪店、入驻新型便利店，以此来助力品牌出圈。元气森林除在天猫、京东电商平台铺货外，还与直播、新型便利店如便利蜂、全家、罗森、盒马这类互联网型连锁便利店合作，从而触及新一代消费者。

（5）电商渠道布局。元气森林通过电商平台、微信朋友圈、小程序、企业微信等渠道沉淀用户，打造私域流量池，再维护高潜用户，促进用户的持续转化，提升了复购率。在平台上通过发布新品、体验官招募、福利活动等各种福利，调动用户黏性。

（6）内容营销加持品牌。发展跨界共振，就是通过动漫、定制开发等形式，将更多的形象与内容赋予品牌自身。同时，元气森林会选择小红书、抖音、微博、B 站、抖音小店、小程序这类媒体渠道进行内容"种草"。

（7）互联网技术助力交互。打通销售、财务记账、税务、成本核算等，实现业财一体化，精细化系统架构。三重空码赋值技术，基于在线化能力将"码"视为品牌与用户互动的入口，将"码"的赋值能力分为三段：原生值、属性值、活动值。构建高效的防窜货系统和高效的管理经销渠道。技术平台布局是连锁便利店和电商平台，以数据为动力，以系统为载体，更有效地连接消费者；流量方面，激活社交平台上的 KOC 和 KOL（KOC 是关键消费者，KOL 是意见领袖），借助有效和省钱的营销路径，聚焦"留存用户"，用好产品换来好口碑，培养出更多的 KOC。

2. 蜜雪冰城

蜜雪冰城是一个以经营新鲜冰淇淋和茶饮为主的全国饮品连锁品牌。新茶饮早已成为一门数字驱动的生意。蜜雪冰城不仅在供应链上游掌握主动权，而且数字化营销做到了行业领先。

下面我们来分析其背后的经营策略。

（1）营销策略。以低价与爆款引流，带动整体销量。

（2）目标客户。其目标客户群体是寻找美味、甜品和饮料的消费者。蜜雪冰城的甜品和饮料适合各个年龄段的人，但以年轻人和儿童为主要客户。年轻人更加注重美味和时尚感，而儿童则更容易被色彩鲜艳和有趣的食品吸引。蜜雪冰城的目标客户群体中男女比例大致相同，女性客户可能略多一些。女性对于美味的甜品和饮料有更高的需求，也更加注重细节和体验感。

（3）流量运营。通过轻量级数字化改造，可以改变消费场景，并在营收上产生直接变化。蜜雪冰城通过微信小程序注册的会员数量达到了1050万，8000家门店使用微信小程序下单。小程序与私域流量的联系大家都了然于胸。数字化工具对蜜雪冰城的意义更为重大，一方面是获取顾客，另一方面是激活顾客。以全量用户转化为私域用户，而私域用户最终转换为价值顾客。

（4）业财一体化驱动运营。在信息化建设阶段，蜜雪冰城做了一个重要的决定，就是引入 BI（商业智能），把所有的数据进行处理，再把各个系统里面的数据抽取出来，最后实现一些可视化展示。蜜雪冰城已经实现了进销存、商品、会员等完全信息化，可以通过营业额、商品销售额环比、畅滞销商品等分析指导门店品类结构调整。

（5）供应链的性价比优势。在源头方面，蜜雪冰城跟茶农深度合作，以稳定的规模化采购量为谈判筹码拿到低价；有完整的产业链闭环，拥有自己的工厂，有自己的仓储物流，原材料可以直接运送到加盟店，大大降低了供应链的成本；以供应链优势压低价格保持利润，将产品做到极致性价比。

3. 名创优品

名创优品，于2003年成立，是一家提供丰富多样的创意生活家居产品的公司。公司成功孵化了名创优品和 TOPTOY 两个品牌。主营产品覆盖生活百货、健康美容、创意家居、食品、饰品、纺织品、文体礼品、数码配件、精品包饰和季节性产品十大品类，其中定价10元的商品占据50%以上，平均每家店铺的 SKU（最小存货单位）数量控制在3000个左右。2018年年底，公司已有超过3000家门店，在全球80多个国家和地区开设门店，销售突破3亿客单。

（1）产品定位。生活小商品类集合。

（2）人群定位。一、二线城市的年轻人，尤其是女性。

（3）设计定位。日本式产品设计风格，强调白色基调、开阔空间、太空箱的门店设计理念。

（4）门店定位。极力布局一、二线城市核心地段，如购物中心、地铁口、繁华商业街等人流量大的地方。

（5）营销策略。数字化线上、线下的 O2O 方式，包括社群营销、官方微信公众号、微博、抖音、社群、私域流量等。

（6）销售渠道。和京东、美团以及顺丰等平台合作，打造立体全场景、全渠道，与线下店铺渠道形成互补。重点抓全渠道消费者的黏性和回购率。名创优品不仅与饿了么、美团、京东到家等第三方平台推出"无接触配送"服务，还升级了社群营销，启动了社交电商项目。也就是说，借用微信社群生态的营销能力，形成天然的私域流量池。

（7）供应链优势。高效的供应链使名创优品能够实现生产的灵活性、快速的库存周转、快速产品迭代和获得采购成本优势，能有效管理几千个供应商以及供应链条的多个环节。其将设计师、产品经理、供应商都包括进来，使每一个环节能够被数字化管理，以提升存货管理效率，缩短订单时间。既可以调节门店畅销品库存的补货流程，又可以计算门店间滞销 SKU 并做出及时调整等。

（8）数字化平台优势。名创优品的大数据平台承担着客户数据、客户行为数据、市场销售数据、社交媒体数据、供应链数据、物流数据等海量、多样的原始数据。结合这些数据，最终赋能到优化订单处理、产品设计与制造、原料处理和终端零售等业务环节。而这些数据已经覆盖到全场景、全渠道。

4.3 精益管理提升运营效率

精益管理是一种以客户为中心、追求高效率、持续改进的战略管理方法。它起源于日本的丰田汽车公司，是丰田生产方式的核心理念之一。精益管理的目标是通过消除浪费、提高质量和效率，实现企业的长期成功。

精益管理的核心理念是持续改进。持续改进是指不断地寻找和解决问题，以提高生产效率和质量。持续改进是企业成功的关键。只有不断地改进，才能适应市场的变化和客户的需求。

精益管理的实践需要一系列的工具和技术。其中最重要的是价值流分析。价值流分析是一种对生产过程进行全面分析的方法。借助 AI 技术和平台，通过对生产过程的每一个环节进行分析，找出并消除浪费，从而提高生产效率和质量。价值流分析是精益管理的核心工具之一，结合 AI 技术，帮助企业找到服务过程中的瓶颈和问题，并提出改进方案。

精益管理还包括一系列的工具和技术，如 5S、流程改进、标准化工作、小批量生产、快速换模等。这些工具和技术的使用都是为了实现消除浪费、提高效率和质量。

精益运营的流程如下。

第一，确定价值流。首先要明确企业的价值流，即从供应链到订单，从销售到客户手中的整个过程。要分析每个环节的价值创造程度，找出有价值和无价值的步骤，为后续优化提供依据。

第二，分析现状差距。对现有的运营流程进行详细分析，找出存在的问题和浪费环节，为制订改善计划提供数据支持。

第三，制订改善计划。根据分析结果，制定具体的改善措施和优化方案，如简化流程、提高生产效率、降低库存等。

第四，数字化改造。将制订的改善计划付诸实践，对运营流程进行调整和数字化。在此过程中，需要密切关注实施效果，对改善计划进行持续调整和优化。

第五，持续改进。精益运营是一个持续改进的过程，要定期对运营流程进行审查和优化，确保企业的运营效率和质量始终处于最佳状态。

精益运营的工作方法如下。

第一，价值流图。通过绘制价值流图，帮助企业清晰地看到整个生产过程中的价值创造和浪费环节，为优化运营流程提供依据。

第二，运营精细化。通过设置生产看板、物料看板等，实现信息的透明化，提高沟通效率，减少浪费。

第三，服务标准化。制定标准作业程序和标准作业时间，确保服务过程的稳定和高效。

1. 价值流梳理

行业研究发现，获取一个新客户的成本，是维护老客户成本的五倍。但是，新客户所带来的利润是老客户的十分之一。因此，老客户产生的复购带来的价值更大，对企业的发展有更深的影响。

真正的创新，是在用户体验路径的基础上，为用户设计一张价值流图。

价值流图，就是画一张图，用一种讲故事的方式，从特定用户的角度出发，记录下用户与产品或者服务进行接触、进入、互动的完成过程。这个过程的创新服务的关键点，在于给用户提供超过用户预期的体验。一定要构建差异化，可以是产品的包装、组合营销和一卡通等。

价值流图也是站在用户的视角，来看自己的产品或者服务是否满足用户的需求，给用户超预期的体验。而对应的服务设计蓝图是为了解决资源和角色框架的问题，因为我们不可能在所有地方都给用户超预期的体验。

不管是产品设计还是活动策划，都要画出用户价值流图，标识出用户关键节点，这是为客户创造价值、提升服务质量、提升服务满意度的基础。

2. 运营精细化

所谓精，就是要取舍，有挑选，抓住重要的、最优质的。精就是以质取胜。大而全就不叫精，小而美才可能做精。当然精是相对的，以 7-11（七天便利店）和京东便利店为例，运营的目标就是精；而大型巨头如沃尔玛、家乐福就是多，以量取胜，货多而全。

所谓细，就是细节、体验，更多的是关注客户多维度需求。注重细节才能打动人。以京东和 7-11 运营为例，除商品细化外，服务态度的细化也需提升。客户进店，营业员会说"欢迎光临"；客户找不到东西，营业员会热情地帮忙。而大型超市卖场由于受场地和人员限制，很难提供个性化服务。

以海底捞运营为例，其服务包括：客户进入厕所，给递湿毛巾；客户洗完手，再递湿毛巾；看见客户带手机，给送手机防护套；看见客户戴眼镜，给送擦镜布。当你体验到与别的地方不一样的服务时，你就会觉得海底捞很温暖、很贴心。

企业运营管理的核心就是流程管理。流程管理是一种业务过程管理，通过计划、组织、控制，对业务实践的关键节点进行有效管理和控制。业务流程包括很多方面，如财务的业务流程、采购的业务流程、销售的业务流程、计划的业务流程、生产的业务流程等。标准化就是将某项工作的具体操作程序进行明确并将具体的标准进行量化。

所谓标准化，是经过不断实践总结出来的在当前条件下可以实现的最优化的操作程序或规则。对有的特许经营单店（如餐饮业）来说，要解决产品标准化的问题，除了通过业务流程和程序标准的制定，还需要借助工业化生产的方式，通过机器化和设备化的手段来实现标准化。麦当劳、肯德基等西式快餐，以及中式快餐如真功夫等，就是这方面的典范。

精细化运营的步骤如下。

第一步，明确精细化运营的方向。方向可以是产品、服务、客户体验和客户运营等。

第二步，明确精细化运营的目标。做产品的精细化运营，肯定希望它跟竞争对手有差异，能带给客户更好的体验。只有明确目标，运营方向才不会有偏差。而这个目标一定是能帮你解决某个痛点或者让你的竞争力更强。

第三步，制定具体的行动策略和方法。

第四步，跟踪运营反馈。任何企业的运营管理，最终还要看运营的结果是不是有效。

第五步，不断地优化迭代。精细化运营绝不是一蹴而就的，它是一个动态的过程，需要随着企业的发展，竞争者、市场的变动，做出合适的调整。

3. 服务标准化

随着数字化技术的高速发展，服务标准化迎来了数字时代的挑战和机遇。作为中国最大的综合电商平台，京东、淘宝、拼多多都积极探索数字化门店的建设，并在这一领域取得了显著成绩。服务标准化的建设要求如下。

（1）服务标准化着眼于整体的服务，采用 AI 的数字化技术，通过改善整个服务体系内的分工和合作方式，优化整个服务流程，从而提高服务的效率，保证服务质量。客户在接受服务的过程中，一方面希望获得专业化的服务，一方面也希望得到极大的便利，减少等候的时间、方便结算。所以，在进行服务流程标准的设计过程中，平台要以向客户提供便利为原则，而不是为了公司内部实施方便等。例如，京东买药中，客户上传处方，京东互联网医院通过 AI 审核处方，可以秒级完成处方药购买，避免了在医院排队挂号、排队就诊、排队付款、取药等环节。

（2）打造无缝连接的线上线下体验。数字化门店将线上线下融合在一起，通过多渠道的购物方式，为消费者提供全方位的购物体验，无缝连接线上和线下的购物体验，提升客户满意度和消费力。比如，客户在线上浏览商品后可以到线下门店实地感受和试穿，或者在线下门店选购商品后可以选择线上支付和配送。因此，这种无缝连接的体验将促进消费者的购买决策并提升其忠诚度。

（3）AI 加持场景化服务。数字化门店在技术和设备的运用上，一定要紧随时代发展，让消费者体验高科技带来的愉悦感。通过人工智能、物联网、大数据分析等技术手段，数字化门店可以实时监测库存、预测销量、个性化推荐产品以及提供在线客服等服务。此外，数字化门店还可以引入虚拟现实和增强现实技术，使消费者能够更直观地感受产品特点和使用场景。

（4）提供差异化服务。数字化门店注重为消费者提供独特的优势，不仅仅是商品本身的质量和价格，还包括：依托海量数据资源，通过个性化推荐、定制化服务以及会员权益等方式，为消费者创造个性化的购物体验。此外，数字化门店还积极与品牌商合作，引入限量版商品、线下活动等，提供独特的购物体验。

（5）高品质服务。数字化门店通过建立科学的供应链体系、完善的仓储物流系统和高效的售后服务来保障店铺的正常运营；同时也注重培养员工的专业素养和服务意识，确保消费者能够获得高品质的购物体验。

（6）建立品牌信任度，提高消费者对品牌的认知度和信任度。持续的品牌推广和营销活动，可以让数字化门店在消费者心中树立良好的口碑和形象。

总之，服务标准化建设，需要以客户需求为导向，借助行业的标准化服务流程和先进的技术，通过线上线下融合、先进技术的应用、差异化的服务和体验以及高效的服务管理，成功打造一个全新的创新服务模式。

📢 4.4 AI 驱动数字化运营

数字化运营的核心目标是流量、转化率、客单价、复购率，电商行业的黄金公式是：销售额 = 流量 × 转化率 × 客单价。其中流量是排在第一位的，因为客流量是基础，没有流量，就意味着没有客户到达店铺，商家的产品再好，也不会产生任何交易。那么如何帮助商家获取流量呢？

流量运营是指通过科学的手段，对流量进行精细化管理和优化，以提高用户黏性、提升转化率，最终实现盈利增长的一种商业运营方式。在这个过程中，流量并不仅仅指网站或应用的访问量，更包括潜在客户、用户行为等多个方面。流量运营的核心目标是将流量转化为价值，使访客成为忠实的消费者或用户。

1. 流量运营的核心价值

（1）用户增长。通过有效的流量运营，企业能够实现用户的持续增长，提高品牌知名度和市场份额。

（2）用户黏性提升。流量运营不仅关注新用户的获取，更注重通过精准的内容、个性化的服务等手段，提高用户的黏性，使其更加愿意长期使用产品或服务。

（3）提升转化率。流量运营通过数据分析、用户研究等手段，寻找并优化用户在购买、注册等关键环节的体验，提高转化率，将访问者转变为实际的消费者。

（4）盈利增长。经营的最终目标是通过精细化的流量运营，实现企业的盈利增长，确保商业的可持续发展。

2. 流量运营的方法

AI 技术下的运营系统，包括 AI 风险评估、业绩预测、业务评估、智能识别和推荐引擎等。该系统从运营数据源出发，包括客户信息和行为数据，对数据进行处理和训练模型，通过算法来调优，实现推荐和运营投放的准确率，如图 4-2 所示。

图 4-2　AI 技术下的运营系统

（1）AI 分析与决策。在流量运营中，数据是关键要素和驱动力，数据分析是决策力的依据。通过对客户行为、访问路径、关键转化点、客户画像等数据进行深入的 AI 分析，企业可以更好地了解用户需求和行为习惯，为优化运营策略提供有力的支持。可视化的数据分析工具包括 Tableau、Power BI、QlikView。数据挖掘工具可供选择的有 R、Python、WEKA。运营数据分析师可以通过编写 SQL 语句，实现对数据库中的数据进行各种查询、过滤、排序、聚合等操作。数据统计分析工具如 Google Analytics、百度统计等，能够为企业提供详尽的数据报告，帮助其制定决策。

（2）个性化的内容推荐和转化。基于 AI 技术，根据客户画像进行个性化的内容推荐，企业可以更好地满足用户的个性化需求，提高用户的满意度和黏性。借助人工智能和机器学习技术，企业可以分析用户的历史行为，向用户精准地推荐相关内容，分析用户在平台上的留存和转化情况。

（3）平台化的社交媒体运营。社交媒体成为获取流量的重要渠道之一。通过在社交媒体平台上的运营，企业可以扩大品牌曝光，吸引潜在客户，增加网站流量。定期发布有价值的内容、与用户互动、利用社交广告等手段，都是提高社交媒体流量的有效方法。

（4）高质量的搜索引擎优化。通过精准化的内容、关键词，提升网站在搜索引擎中的排名，是流量运营的一项重要策略。合理的站内优化和高质量的外部链接可以增加网站的权重，提高搜索引擎收录和排名，为企业带来更多有针对性的流量。

（5）精准化的在线广告投放。在线广告是获取流量的直接手段之一。通过在搜索引擎、社交媒体、行业网站等平台投放广告，企业可以迅速吸引大量目标用户。然而，广告投放须谨慎，要根据目标用户群体选择合适的平台和广告形式，确保广告的投放效果。

（6）多元化的渠道分析。渠道分析是流量运营中的关键环节，通过对流量来源的分析，企业可以更好地了解不同渠道的表现，有针对性地调整运营策略。表 4-1 所列是一些常见的渠道分析方法。

表 4-1　多元化的渠道分析方法

渠　　道	具　体　描　述
直接访问	直接访问是指用户直接在浏览器中输入网站地址访问的情况。通过对直接访问流量的分析，可以了解品牌知名度和用户忠诚度的提升情况，进一步推断品牌影响力。流量的重要指标首先是访客数和浏览量，也就是 UV 和 PV。访客数是衡量店铺来了多少人的指标，同一个人不管在一段时间内来了多少次，都将会被统计为一个人。浏览量则不同，它统计的是访客在特定店铺内一共浏览了多少次，这是页面的指标
搜索引擎	搜索引擎是一个重要的流量来源，通过分析不同搜索引擎的流量，企业可以了解搜索引擎排名的效果，以及用户在搜索引擎中的关键词偏好
社交媒体	通过社交媒体平台带来的流量，可以分析不同平台的表现，了解用户在社交媒体上的参与度和活跃度，为社交媒体运营策略的调整提供有力支持
外部链接	外部链接是其他网站链接到企业网站的流量来源。通过分析不同外部链接的效果，企业可以了解合作伙伴或合作平台的贡献，进而调整合作策略，提高合作伙伴关系的效益
广告渠道	对广告渠道的分析是流量运营中至关重要的一环。通过监测不同广告渠道带来的流量质量、转化率等指标，企业可以及时调整广告投放策略，确保广告预算的最大化利用
口碑传播	口碑传播是一种重要的非线上流量渠道。通过分析口碑传播带来的流量，企业可以了解用户对产品或服务的真实反馈，从而改进产品质量、服务体验，提高口碑效应

3. 数字化运营的发展趋势

随着科技的不断发展和市场的变化，流量运营也在不断演变。以下是数字化运营的发展趋势。

（1）AI 技术驱动。人工智能技术在流量运营中的应用将更加广泛。通过机器学习和智能算法，企业可以更准确地预测用户行为、个性化推荐，提高用户体验，以 AIGC 新技术打造内容原创能力生产平台，为内容原创作者提供内容生产灵感辅助，为不同等级用户提供原创内容生产阶梯式体验，促进公域私域社交传播、用户订购付费转化。基于 AIGC 能力，形成作曲、作词、演唱、歌曲图片、歌曲视频的全链路原创音乐能力。构建智能社交场景，若端内社区社交调性弱，强艺人依赖需要长期的品牌、内容侧去解决，目前基于 AIGC 对话和数字人方式，可解决端内社区社交调性弱的问题。

（2）区块链技术驱动。区块链技术的应用可以增加数据的透明度和安全性，为流量运营提供更可信的数据支持。同时，通过区块链技术，用户也能更好地掌握自己的数据权益。

区块链市场的运营模式基于区块链技术，因此需要先了解区块链技术的基本原理。区块链是一种去中心化、分布式的数据库技术，它将数据以区块的形式记录在一个公共的、不可篡改的账本上。这个账本由网络中的每个节点共同维护，因此，它无法被单一机构或个人控制。这种去中心化、分布式的特点赋予了区块链技术很强的安全性和可信度。

在区块链市场中，智能合约是一种重要的技术手段。智能合约是一种基于区块链技术的自动化合约，它可以在不需要第三方机构的情况下，自动执行合约中的条款。智能合约可以用于各种场景，例如数字货币、供应链金融、物联网等领域。

区块链市场的运营模式基于智能合约，通过智能合约实现交易的自动化和去中心化。在区块链市场中，买卖双方可以通过智能合约达成协议，并自动执行交易。由于智能合约的自动化和去中心化特点，区块链市场可以有效降低交易成本和风险，提高交易效率和可信度。

区块链市场的运营模式是基于区块链技术和智能合约实现的去中心化、分布式的交易模式。它具有很强的安全性和可信度，可以有效降低交易成本和风险，提高交易效率和可信度。

📢 4.5 大模型赋能场景化运营

Transformer 是一种非常流行的深度学习模型，广泛应用于自然语言处理领域，例如机器翻译、文本分类、问答系统等。Transformer 模型是由 Google 在 2017 年提出的，其优点在于，可以在处理长文本时保持较好的性能，并且可以并行计算，提高训练速度。下面介绍 Transformer 模型的原理、应用和最新研究进展。

1. 模型原理

在自然语言处理任务中，往往需要对句子进行编码表示，以便后续任务使用。传统的序列模型，例如循环神经网络（recurrent neural network，RNN）和长短期记忆网络（long short-term memory，LSTM），能够在某种程度上解决这个问题，但是由于序列模型具有特殊结构，这使其难以并行计算，并且在处理长文本时，性能下降明显。因此，Google 提出了一种全新的模型——Transformer。

Transformer 模型是以 Self-Attention 的多层模型架构为基础的模型。Self-Attention 机制是一种能够计算序列中不同位置之间关系的方法。在 Transformer 中，每个输入经过嵌入层（Embedding）后，被分为多个子序列，每个子序列经过多层自注意力机制（Self-Attention）和全连接层，最终通过一个线性变换得到输出。

模型结构如图 4-3 所示。Transformer 模型包含两个部分：编码器和解码器。编码器主要负责将输入序列转化为一个定长的向量表示，解码器则将这个向量解码为输出序列。

在编码器中，每一层包括两个子层：多头注意力层（Multi-Head Attention）和全连接层。多头注意力层将输入序列中的每个位置都作为查询 (Q)、键 (K) 和值 (V)，计算出每个位置和所有位置之间的注意力分布，得到一个加权和表示该位置的上下文信息。全连接层则对该上下文信息进行前向传播，得到该层的输出。

在解码器中，除了编码器中的多头注意力层（Multi-Head Attention）和全连接层，还增加了一个掩蔽多头注意力层（Masked Multi-Head Attention）。该层和编码器中的多头注意力层类似，但是在计算注意力分布时，只考虑该位置之前的位置，从而避免了解码器中使用未来信息的问题。

Transformer 模型的训练过程通常使用最大似然估计（MLE）来完成，即对于给定的输入序列，模型预测输出序列的概率，并最大化其概率值。同时，为了避免过拟合，通常还会加入正则化项，例如 L2 正则化等。

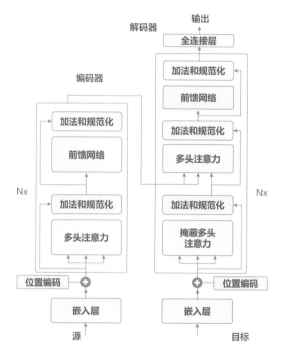

图 4-3　Transformer 的组件架构图

2. 模型应用之一：自然语言处理

Transformer 模型是一种基于注意力机制的神经网络架构，最初被用于自然语言处理任务中序列到序列的学习。随着时间的推移，Transformer 模型被推广应用到各种不同的领域，包括机器翻译、文本分类、问答系统等。下面将分别介绍这些应用场景。

自然语言处理是指将人类语言转换为计算机可以理解的形式，以便计算机能够处理和理解语言。Transformer 模型在自然语言处理领域有许多应用，以下是一些例子。

（1）文本分类。Transformer 模型可以对文本进行分类，例如将电子邮件分类为垃圾邮件和非垃圾邮件。在这种情况下，Transformer 模型可以将文本作为输入，然后输出类别标签。在文本分类中，Transformer 模型主要用于将文本转化为向量表示，并使用该向量表示进行分类。具体而言，输入序列为文本，输出为文本所属类别。Transformer 模型通过编码器将文本转化为一个定长向量表示，然后通过全连接层将该向量表示映射到类别空间。Transformer 模型因具有处理长文本的优势，在使用自然语言处理任务时，取得了很好的效果。

基于 Transformer 的文本分类方法通常包括以下几个步骤：首先，将输入文本进行预处理，包括分词、去除停用词等操作；然后，将处理后的文本转换为模型可以处理的数值表示，如词嵌入向量；接着，将数值表示输入到 Transformer 模型中进行特征提取和编码；最后，通过分类器对编码后的特征进行分类，得到最终的分类结果。

需要注意的是，Transformer 文本分类的具体实现方式和效果会受到多种因素的影响，包括模型的参数设置、训练数据的质量和数量，以及具体的文本分类任务等。因此，在实际应用中，需要根据具体情况进行模型调优和参数调整，以获得最佳的分类性能。

Transformer 文本分类在自然语言处理领域具有广泛的应用场景。表 4-2 所列是一些主要的应用场景。

表 4-2　Transformer 应用场景

应 用 场 景	主 要 价 值
情感分析	Transformer 模型在情感分析任务中发挥着重要作用。它能够对文本进行深度理解和分析，判断文本所表达的情感倾向是正面还是负面。这在社交媒体监测、产品评价分析等方面非常有用，可以帮助企业了解用户的反馈和情绪，从而做出更好的决策
新闻分类	对于大量的新闻文章，Transformer 文本分类可以自动将新闻归类到不同的主题或类别中，如政治、经济、体育等。这有助于新闻机构进行内容管理和推荐系统的构建
电影或书籍评价分类	在影视或图书领域，Transformer 文本分类可以自动对评论进行分类，区分出好评、中评和差评，为平台提供用户反馈的概览，并帮助用户快速找到与自己观点相似的评论
垃圾邮件检测	在电子邮件系统中，Transformer 文本分类可以帮助识别并过滤掉垃圾邮件，保护用户的邮箱免受不必要的干扰
用户意图识别	在智能客服或聊天机器人中，Transformer 文本分类可以帮助识别用户的意图，从而提供更准确的回答或解决方案

随着技术的不断进步和应用场景的不断拓展，Transformer 文本分类的应用将会更加广泛和深入。无论对于个人用户还是对于企业机构，Transformer 文本分类都是一个重要的工具，可帮助人们更好地理解和利用文本信息。

（2）机器翻译。Transformer 模型可以将一种语言的文本翻译成另一种语言的文本。在这种情况下，Transformer 模型可以将源语言的文本作为输入，然后输出目标语言的文本。在机器翻译中，Transformer 模型主要用于将源语言文本转化为目标语言文本。具体而言，输入序列为源语言文本，输出序列为目标语言文本。Transformer 模型通过编码器将源语言文本转化为一个定长向量表示，然后通过解码器将该向量表示解码为目标语言文本。其中，编码器和解码器均使用 Self-Attention 机制，可以有效地捕捉输入文本的语义信息，从而提高翻译质量。

在 Transformer 机器翻译中，模型首先接收源语言（如英语）的句子作为输入，然后通过编码器（Encoder）对输入句子进行编码，捕捉其中的语法、语义和上下文信息。接下来，解码器（Decoder）根据编码后的信息，逐步生成目标语言（如中文）的句子。在生成过程中，解码器会利用自注意力机制考虑已经生成的部分，并结合编码器的输出，预测下一个单词或词组。

Transformer 机器翻译的优势在于其能够并行处理输入序列中的所有单词，从而提高计算效率。此外，由于其自注意力机制，模型能够更好地理解句子中的复杂结构和语义关系，从而生成更准确、更自然的翻译结果。随着深度学习技术的不断发展和优化，Transformer 机器翻译的性能也在不断提升。如今，它已经被广泛应用于各种场景，如在线翻译工具、跨语言交流平台等，为人们提供了便捷、高效的翻译服务。

Transformer 机器翻译的优点如表 4-3 所示。

表 4-3 Transformer 机器翻译的优点

优 点	具 体 含 义
高效的并行计算能力	传统的递归神经网络（RNN）和卷积神经网络（CNN）在处理文本时，需要按照顺序和局部窗口依次计算，这限制了它们的计算速度和效率。而 Transformer 采用了自注意力机制，使每个词都可以同时与文本中的其他词进行相关性计算，无须按照顺序进行，从而实现了高效的并行计算。这种并行计算方式不仅提高了处理速度，还将计算复杂度从 $O(N^2)$ 降低到了 $O(N)$，显著提升了模型训练和推理的效率
优秀的长距离依赖建模能力	在机器翻译中，捕捉和理解句子中的长距离依赖关系至关重要。Transformer 通过自注意力机制，使任意两个词之间都可以直接进行交互，无论它们之间的距离有多远。这种直接的交互方式避免了信息在传递过程中的损失和偏差，从而可以更准确地建模长距离依赖关系，提高翻译的准确性
灵活性高，适应性强	Transformer 模型结构灵活，可以适应不同长度的输入序列，这使它在处理各种长度的句子时都能表现出色。此外，Transformer 还可以扩展到处理图结构数据，如图神经网络（GNN）中的 Transformer GNN，进一步拓宽了其应用范围
生成能力强	Transformer 模型在生成任务中表现出色，能够生成流畅、自然的翻译结果。这得益于其强大的建模能力和自注意力机制，使模型能够更好地理解源语言句子的结构和语义，从而生成更准确的目标语言句子

需要注意的是，虽然 Transformer 机器翻译已经取得了很大的进步，但在某些特定领域或复杂场景下，其翻译质量仍可能受到一定的限制。因此，在实际应用中，需要结合具体需求和场景，选择合适的模型和策略进行翻译。

（3）问答系统。在问答系统中，Transformer 模型主要用于对问题和答案进行匹配，从而提供答案。具体而言，输入序列为问题和答案，输出为问题和答案之间的匹配分数。Transformer 模型通过编码器将问题和答案分别转化为向量表示，然后通过多头注意力层计算问题和答案之间的注意力分布，最终得到匹配分数。

具体来说，当用户提出一个问题时，Transformer 问答系统会首先利用编码器将问题和相关文本进行编码，转换为上下文向量。然后，解码器会利用这些上下文向量生成对应的答案。在整个过程中，模型会充分考虑问题中的关键词、语义信息和上下文关系，以确保生成的答案与问题高度相关且准确。

Transformer 模型的问答系统应用得益于其自注意力机制，使模型能够捕捉输入序列中的长距离依赖关系，并理解文本的深层含义。这种能力使 Transformer 问答系统在处理复杂问题时具有优势，能够提供更准确、更有深度的回答。

Transformer 问答系统的优点如表 4-4 所示。

表 4-4　Transformer 问答系统的优点

优　　点	具 体 含 义
强大的建模能力	Transformer 模型通过自注意力机制，能够捕捉输入序列中的长距离依赖关系，从而更准确地理解问题的语义和上下文。这使 Transformer 问答系统能够生成与问题高度相关且准确的答案
高效并行计算	Transformer 模型在计算过程中可以并行处理输入序列中的所有位置，提高了计算效率。这使 Transformer 问答系统能够更快地处理大量问题，并给出及时响应
灵活性高	Transformer 模型可以适应不同长度的输入序列，这使 Transformer 问答系统能够处理各种类型的问题，无论是短句还是长段落

然而，Transformer 问答系统也存在一些缺点，如表 4-5 所示。

表 4-5　Transformer 问答系统的缺点

缺　　点	具 体 含 义
对计算资源要求较高	由于 Transformer 模型参数众多且计算密集，训练和推理 Transformer 问答系统需要大量的计算和内存。这可能会增加系统的部署和运营成本
复杂度高，调试困难	Transformer 模型的架构相对复杂，调整其参数和结构可能需要大量的实验和调试。这增加了开发 Transformer 问答系统的难度和成本
位置信息不足	虽然 Transformer 模型通过位置编码等方式尝试解决位置信息的问题，但相对于 RNN 等模型，其在处理位置信息方面仍然存在一定的局限性。这可能对某些需要精确位置信息的问答任务产生一定影响

此外，Transformer 问答系统还可以与其他技术相结合，如知识图谱和自然语言处理技术等，进一步提升其性能和准确性。通过与知识图谱的结合，Transformer 系统可以利用图谱中的实体和关系信息来丰富答案的内容；而

结合自然语言处理技术，Transformer 系统可以更好地理解用户的意图和表达方式，从而提供更贴近用户需求的答案。

总的来说，Transformer 问答系统是一种高效、准确的智能问答解决方案，能够为用户提供及时、有用的信息，帮助人们更好地解决问题和获取知识。

（4）命名实体识别。Transformer 命名实体识别（named entity recognition，NER）是一种利用 Transformer 模型进行命名实体识别的任务。命名实体识别是自然语言处理中的一项重要任务，旨在从文本中识别出具有特定意义的实体，如人名、地名、组织机构名等。

Transformer 模型通过其独特的自注意力机制，能够捕捉输入序列中的长距离依赖关系，并理解文本的深层含义。这使 Transformer 在命名实体识别任务中表现出色，能够准确识别出文本中的各类实体。

在 Transformer 命名实体识别中，模型通常会对输入文本进行编码，生成对应的向量表示。然后，通过特定的解码或分类层，对编码后的向量进行实体类别的预测。这些类别可以包括人名、地名、组织机构名等预定义好的标签。

与传统的基于规则或特征工程的命名实体识别方法相比，Transformer 命名实体识别具有更高的准确性和灵活性。它能够从大量数据中自动学习实体的特征和模式，并适应不同领域和场景的命名实体识别需求。

因此，Transformer 命名实体识别在自然语言处理领域具有广泛的应用前景，可以帮助人们从文本中提取有用的实体信息，进而支持信息抽取、关系抽取、问答系统等应用。

Transformer 命名实体识别，在自然语言处理领域具有广泛的应用场景。它在多个自然语言处理应用场景中发挥着重要作用，为信息抽取、情感分析、关系抽取、智能问答系统以及社交媒体监控等任务提供了有力的支持。表 4-6 所示是 Transformer 在几个主要场景中的应用情况。

表 4-6　Transformer 应用场景

应 用 场 景	具 体 含 义
信息抽取	在信息抽取任务中，Transformer NER 起着关键作用。它能够从大量文本数据中快速、准确地识别出人名、地名、机构名等实体，进而提取出结构化信息。这对于构建知识图谱、进行数据挖掘和智能问答等应用至关重要
情感分析	在情感分析任务中，Transformer NER 可以帮助识别文本中提及的产品、品牌或人物等实体，从而更准确地判断文本的情感倾向。例如，在分析用户对某个产品的评论时，通过识别产品名称和相关的情感词汇，可以判断用户对该产品的情感态度
关系抽取	关系抽取旨在从文本中识别出实体之间的关系。Transformer NER 能够准确识别出文本中的实体，为关系抽取提供必要的基础。通过结合实体识别和关系分类技术，可以构建出实体之间的关系图谱，支持复杂的语义理解和推理任务
智能问答系统	在智能问答系统中，Transformer NER 能够帮助识别用户问题中的关键实体，从而更准确地理解用户的意图。例如，当用户询问关于某个名人的信息时，系统可以通过 NER 识别出该名人的名称，并据此从知识库中检索相关信息进行回答
社交媒体监控	在社交媒体平台上，大量文本数据需要被监控和分析。Transformer NER 能够自动识别出文本中的敏感实体，如政治敏感词汇、品牌名称等，帮助企业和政府机构及时发现并处理潜在的风险和问题

3. 模型应用之二：语音识别

语音识别是指将人类语音转换为计算机可以理解的形式，以便计算机能够处理和理解语音。一些最新的研究表明，基于 Transformer 的语音识别系统已经取得了与传统的循环神经网络（RNN）和卷积神经网络（CNN）相媲美的性能。下面是一些 Transformer 模型在语音识别领域的应用情况。

（1）语音识别。Transformer 语音识别是一种基于 Transformer 模型的语音识别技术。Transformer 模型以其自注意力机制和平行计算能力而著名，特别适用于处理序列数据，包括语音数据。在语音识别任务中，Transformer 模型能够学习语音信号的特征，并将其转换为文本序列。

在 Transformer 语音识别系统中，通常包含一个编码器（Encoder）和一个解码器（Decoder）。编码器接收输入的语音信号，并将其转换为一种高级特征编码，该编码包含了语音的语义和时序信息。解码器则利用这些特征编码，结合之前的输出和状态，逐步生成预测的文本序列。

Transformer语音识别的优点在于其强大的建模能力和高效的计算效率。Transformer 模型能够捕捉输入序列中的长距离依赖关系，因此它能够更好地理解语音信号中的复杂结构和语义信息。此外，Transformer 模型因具有并行计算能力而使得语音识别的处理速度更快，能够实时或近实时地将语音转换为文本。

然而，Transformer 语音识别也存在一些挑战。由于解码器采用非递归并行前向处理，这可能导致在训练阶段的计划采样难以利用。此外，对于长句子的处理，Transformer 模型可能表现出一定的性能退化，因为语音的时序信息对于识别至关重要，而 Transformer 在处理长序列时可能会丢失一些时序细节。

尽管如此，随着深度学习技术的不断发展，研究者正在探索如何优化 Transformer 模型以适应语音识别任务的需求。例如，可以通过结合链式模型的识别结果来改进 Transformer 语音识别的性能。此外，还可以利用大量的未配对文本数据对解码器进行预训练，以提高其生成文本序列的能力。总的来说，Transformer 语音识别技术为语音转文本任务提供了一种高效且准确的方法，具有广泛的应用前景，包括智能助手、语音搜索、实时字幕等领域。随着技术的不断进步，我们可以期待 Transformer 语音识别在未来会取得更大的突破和进展。

（2）语音合成。Transformer 语音合成是一种基于 Transformer 模型的语音合成技术。Transformer 模型以其独特的自注意力机制和平行计算能力，在语音合成领域取得了显著的效果。

在 Transformer 语音合成中，模型通常分为编码器和解码器两部分。编码器将输入的文本信息转换为一种高级的特征表示，而解码器则根据这些特征表示生成对应的语音波形。

Transformer 语音合成的优势在于其能够并行处理输入序列，从而大大提高了训练速度和合成效率。此外，由于 Transformer 模型能够捕捉输入序列中的长距离依赖关系，因此它能够更好地建模语音中的韵律和语调，使生成的语音更加自然流畅。

然而，Transformer 语音合成也存在一些挑战。例如，在处理长句子时，由于 Transformer 模型的计算复杂度较高，可能会导致性能下降。此外，对于某些特定的语音特性，如音色、音质等，Transformer 模型可能难以准确建模。

为了克服这些挑战，研究者正在探索各种优化方法和技术。例如，通过引入更复杂的网络结构、使用更高效的训练算法、结合其他语音合成技术等，提高 Transformer 语音合成的性能和效果。

（3）说话人识别。Transformer 说话人识别是一种基于 Transformer 模型的说话人识别技术。它利用 Transformer 模型强大的建模能力和自注意力机制，对语音信号进行特征提取和说话人分类，以实现准确的说话人识别。

在 Transformer 说话人识别系统中，首先需要将输入的语音信号转换为适当的特征表示。这通常通过预处理步骤完成，包括语音信号的采样、分帧、特征提取等。然后，这些特征被输入到 Transformer 模型中。

Transformer 模型由多个编码器层组成，每个编码器层都包含自注意力机制和前馈神经网络。自注意力机制使得模型能够捕捉输入序列中的长距离依赖关系，从而提取出对说话人身份具有判别性的特征。前馈神经网络则对这些特征进行进一步加工和转换，以增强模型的表示能力。

在训练阶段，Transformer 模型通过大量的标注数据进行学习，以掌握不同说话人的特征表示。这通常涉及损失函数的定义和优化算法的选择，以确保模型能够准确地识别出不同说话人的身份。

在推理阶段，给定一段语音信号，Transformer 模型能够提取特征表示，并将其与已学习的说话人特征进行比对。通过计算相似度或距离度量，模型能够确定输入语音所属的说话人身份。

Transformer 说话人识别技术具有许多优点。首先，由于强大的建模能力，它能够处理复杂的语音信号，并准确地提取出说话人的特征。其次，Transformer 模型的并行计算能力使说话人识别的处理速度更快，能够满足实时应用的需求。此外，Transformer 模型具有较好的泛化能力，因此能够在不同场景下实现鲁棒的说话人识别。

然而，Transformer 说话人识别也面临一些挑战。例如，语音信号的变化性较大，不同说话人的发音、语速、语调等都有所不同，这就要求模型具有足够的鲁棒性来应对这些变化。此外，对于噪声环境下的说话人识别，模型需要具有更强的抗噪能力。

为了克服这些挑战，研究者正在探索各种方法和技术。例如，可以利用更多的标注数据进行训练，以增强模型的泛化能力；可以引入数据增强技术，模拟不同环境下的语音信号，提高模型的抗噪能力；还可以结合其他技术，如深度学习算法、特征融合等，提升 Transformer 说话人识别的性能和效果。综上，Transformer 说话人识别技术为说话人识别任务提供了一种高效且准确的方法。随着技术的不断进步和研究的深入，我们可以期待 Transformer 说话人识别在未来会取得更大的突破和进展。

（4）声纹识别。Transformer 声纹识别是利用 Transformer 模型进行声纹识别的一种技术。声纹识别，也被称为说话人识别，是一种生物识别技术，旨在通过分析和比较语音信号中的特征来识别说话人的身份。

在 Transformer 声纹识别中，Transformer 模型发挥着核心作用。该模型利用自注意力机制，捕捉语音信号中的长距离依赖关系，并提取出对说话人身份具有判别性的特征。这些特征可能包括音调、音色、语速等方面的信息，它们共同构成了每个人的独特声纹。

在声纹识别的过程中，Transformer 模型首先将输入的语音信号转换为适当的特征表示。这通常涉及对语音信号进行预处理，如采样、分帧和特征提取等步骤。然后，这些特征被输入到 Transformer 模型中，模型通过自注意力机制学习并提取出说话人的声纹特征。

在训练阶段，Transformer 模型使用大量的标注数据进行学习，以掌握不同说话人的声纹特征。通过优化算法和损失函数的定义，模型逐渐学会区分不同说话人的声音，并提取出对身份识别有用的特征。

在识别阶段，给定一段待识别的语音信号，Transformer 模型能够提取声纹特征，并将其与已学习的说话人声纹特征进行比对。通过计算相似度或距离度量，模型能够确定输入语音所属的说话人身份。

Transformer 声纹识别技术具有许多优势。首先，由于其强大的建模能力，Transformer 模型能够处理复杂的语音信号，并准确地提取出说话人的声纹特征。其次，Transformer 模型的并行计算能力使声纹识别的处理速度更快，能够满足实时应用的需求。此外，Transformer 声纹识别还具有较高的准确性和鲁棒性，能够在不同场景下实现可靠的说话人识别。

然而，Transformer 声纹识别也面临一些挑战。例如，语音信号的变化性较大，不同说话人的发音、语速、语调等都有所不同，这要求模型具有足够的泛化能力来应对这些变化。此外，噪声环境也可能对声纹识别产生干扰，需要采取相应的措施来提高模型的抗噪能力。这些应用案例只是 Transformer 模型在语音识别领域中的一部分应用。Transformer 模型具有处理变长序列数据的能力和更好的性能，因此在语音识别领域得到了广泛的应用。

4. 模型应用之三：计算机视觉

计算机视觉是指让计算机理解和分析图像和视频。Transformer 模型在计算机视觉领域也有广泛应用。具体如下。

（1）图像分类。Transformer 模型最初是为处理序列数据而设计的，如自然语言处理任务。然而，近年来，Transformer 模型在计算机视觉领域，特别是在图像分类任务中也得到了广泛的应用。

在图像分类任务中，Transformer 模型需要将图像数据转换为序列数据。这通常涉及将图像划分为网格，并将每个网格中的像素值或提取的特征作为序列的一部分。然后，这些序列数据被输入到 Transformer 模型中进行编码，模型通过自注意力机制捕捉序列中不同位置之间的依赖关系，以提取图像的特征。

接下来，模型会将这些特征进行聚合，通常使用全局平均池化或其他聚合方法将序列特征转换为固定长度的向量。这些聚合的特征随后被输入到一个分类器中，如全连接层或支持向量机（SVM），进行最终的分类任务。

值得注意的是，虽然 Transformer 模型在图像分类任务中表现出色，但它并不是唯一的选择。卷积神经网络（CNN）等传统方法仍然在图像分类任务中占有重要地位。然而，Transformer 模型在处理全局信息和长距离依赖关系方面具有优势，这使它在某些复杂场景或需要高级语义理解的图像分类任务中表现更为出色。

此外，随着研究的深入，越来越多的方法和技术被提出，进一步提升了基于 Transformer 的图像分类性能。例如，研究者探索了将 Transformer 与 CNN 结合的方法，利用两者的优势实现更好的分类效果。

（2）目标检测。Transformer 模型可以检测图像中的物体，并将它们分割出来。在这种情况下，Transformer 模型可以将图像作为输入，然后输出物体的位置和大小。Transformer 目标检测是一种基于 Transformer 模型的目标检测算法。与传统的基于卷积神经网络（CNN）的目标检测算法不同，Transformer 目标检测算法通过引入自注意力机制来建模图像中目标之间的全局关系，从而提高了目标检测的准确性和性能。

在 Transformer 目标检测中，输入的图像首先被转换为特征图，这些特征图经过一系列的编码和解码过程，最终生成目标检测结果。具体来说，编码器部分负责提取图像中的特征，而解码器部分则利用这些特征来预测目标的位置和类别。

自注意力机制在 Transformer 目标检测中发挥着关键作用。它允许模型在编码和解码过程中关注图像中的不同区域，并学习如何组合这些区域的信息来生成准确的检测结果。这种机制使 Transformer 目标检测算法能够处理复杂的场景，并有效地识别出图像中的多个目标。

此外，Transformer 目标检测算法还采用了一些创新性的技术来提高性能。例如，一些算法引入了目标查询机制，通过目标查询向量与图像特征进行交互，抽取潜在的目标位置信息和类别信息。这种机制使模型能够更准确地定位目标，并减少误检和漏检的情况。

与传统的 CNN 目标检测算法相比，Transformer 目标检测算法具有更高的准确性和灵活性。它不仅能够处理不同尺度和形状的目标，还能够适应各种复杂的场景和光照条件。因此，Transformer 目标检测算法在计算机视觉领域具有广泛的应用前景。值得注意的是，Transformer 目标检测算法的计算复杂度相对较高，需要较多的计算资源和时间来进行训练和推理。因此，在实际应用中需要根据具体需求权衡算法的性能和计算成本。

（3）图像生成。Transformer 模型可以生成新的图像，例如生成一件艺术作品或者修改一张图像。在这种情况下，Transformer 模型可以将图像作为输入，然后输出新的图像。Transformer 图像生成是近年来计算机视觉领域的一个新兴研究方向，它利用 Transformer 模型来生成高质量的图像。与传统的基于卷积神经网络（CNN）的图像生成方法相比，Transformer 图像生成方法具有更强的全局建模能力和更高的灵活性。

在 Transformer 图像生成中，模型通常采用编码器 - 解码器的架构。编码器负责将输入信息（如文本描述或条件向量）转换为隐式表示，而解码器则根据这个隐式表示逐步生成图像。Transformer 模型的核心是自注意力机制，它允许模型在生成过程中考虑整个输入序列的信息，从而捕捉全局依赖关系。这使 Transformer 在图像生成任务中能够更好地理解上下文信息，并生成更连贯、更自然的图像。

此外，Transformer 图像生成方法还引入了一些创新性的技术。例如，一些方法使用位置编码来捕捉图像中像素的位置信息，这对于生成具有明确结构和空间关系的图像非常重要。还有一些方法使用多模态融合技术，将文本、图像等不同模态的信息结合起来，实现跨模态的图像生成。

在实践中，Transformer 图像生成方法已经取得了显著的成果。例如，一些最新的模型能够生成高质量、高分辨率的图像，并且在视觉质量、多样性和语义一致性等方面都表现出色。这些模型在艺术创作、图像编辑、虚拟现实等领域具有广泛的应用前景。总之，Transformer 图像生成是一个充满挑战和机遇的研究方向。随着技术的不断进步和方法的不断创新，我们有望在未来看到更多高质量、高灵活性的 Transformer 图像生成方法，为计算机视觉领域的发展注入新的活力。

以上这些应用只是 Transformer 模型在计算机视觉领域中的一部分。Transformer 模型具有处理变长序列数据的能力和更好的性能，因此在计算机视觉领域得到了广泛的应用。

5. 模型的最新研究进展

近年来，Transformer 模型在自然语言处理领域的研究取得了很大进展。以下是一些最新研究进展的介绍。

（1）BERT。BERT（bidirectional encoder representations from transformers）是由 Google 在 2018 年提出的一种预训练模型，其基于 Transformer 编码器构建。BERT 模型通过预训练的方式，学习得到文本的上下文信息，从而在各种自然语言处理任务中取得了领先的效果。与传统的基于标签的监督学习不同，BERT 模型采用无监督的方式进行预训练，即在大规模未标注的语料库上进行训练。预训练过程包括两个阶段，分别是 masked language model（MLM）和 next sentence prediction（NSP）。

MLM 是一种通过掩盖输入文本中的一些单词来预测缺失单词的任务。例如，给定一句话"我想去看电影，但我没带（[MASK]）钱"，MLM 任务就是预测中括号中应该填写什么单词。NSP 是一种判断两个文本是否具有逻辑关系的任务。例如，给定一对文本（"你是谁？""我是谁？"），NSP 的任务就是判断这两个文本是否具有逻辑关系。

BERT 在自然语言处理（NLP）领域具有广泛的应用，并在多个任务中取得了显著的效果。表 4-7 所示是 BERT 应用最广泛的几个领域。

此外，BERT 还在聊天机器人和文本摘要等领域具有潜在的应用价值。

在聊天机器人领域，BERT 能够处理多轮会话中的上下文问题，提供更为流畅和准确的对话体验。在文本摘要任务中，BERT 能够生成式或抽取式地生成摘要，帮助用户快速理解文章的主要思想。

表 4-7　BERT 应用领域

应 用 领 域	具 体 说 明
词汇表示学习	BERT 通过在大规模未标记文本上进行预训练，学习单词和短语的上下文相关表示。这些学习到的词向量可以用作其他 NLP 任务的输入特征，提供更丰富的语义信息
文本分类	BERT 能够出色地应用于文本分类任务，如情感分析、垃圾邮件检测、主题分类等。它通过将待分类的文本输入到模型中，利用学习到的上下文表示进行分类预测
命名实体识别	BERT 可以从文本中提取出具有特定意义的实体，如人名、地名、组织名等。通过训练一个序列标注模型，BERT 能够识别出文本中的实体并进行标注，有助于理解实体之间的语义关联
问答系统	BERT 在问答任务中也表现优秀，包括阅读理解和问题回答。它可以有效地理解问题的上下文，并从相关文本中找出准确的答案

（2）GPT-2。GPT-2（generative pre-trained transformer 2）是由 OpenAI 在 2019 年提出的一种预训练模型，其基于 Transformer 解码器构建。GPT-2 模型通过预训练的方式，学习得到文本的上下文信息，从而可以生成连贯、自然的文本。与 BERT 模型不同，GPT-2 模型采用单向的方式进行预训练，即仅利用前文的信息预测后文的信息。

GPT-2 模型在生成文本方面取得了很好的效果，在多项自然语言处理任务上均取得了领先的效果。例如，在阅读理解任务中，GPT-2 模型的效果超过了人类的表现水平。同时，GPT-2 模型也引起了一定的争议，因为它可以生成非常逼真的假新闻和虚假内容。

（3）T5。T5 模型（transformers-based text-to-text transfer transformer）是由 Google Brain 团队在 2019 年提出的一种基于 Transformer 结构的序列到序列（Seq2Seq）的模型，其主要特点是将多种 NLP 任务（如翻译、摘要、问答等）转化到一个统一的框架下进行训练。具体而言，输入序列和输出序列都是文本，模型的任务就是将输入序列转化为输出序列。

　　T5 模型在多项自然语言处理任务上取得了领先的效果,例如文本分类、机器翻译、语言推理等。同时,T5 模型也启发了一些新的研究方向,例如将视觉任务转化为文本任务、将程序生成任务转化为文本任务等。

　　总之,Transformer 模型作为一种新兴的深度学习模型,在自然语言处理领域得到了广泛的应用。强大的上下文信息处理能力,使 Transformer 模型在自然语言生成、文本分类、语义理解等任务中表现出色。在 Transformer 模型的基础上,BERT、GPT-2、T5 等预训练模型不断涌现,取得了越来越好的效果。

　　同时,Transformer 模型也存在一些问题,例如计算复杂度高、需要大量的训练数据等。针对这些问题,研究者提出了一些改进的方案,例如 BERT 模型中的小批量随机掩码(Masked)和预测,以及 GPT-2 模型中的 Top-k 随机采样等。这些改进措施不仅可以提高模型的效率和准确性,也可以使 Transformer 模型更加适合实际应用场景。

　　未来,Transformer 模型还有很大的发展空间。随着研究的深入和技术的进步,Transformer 模型一定会在自然语言处理领域发挥越来越重要的作用。

第5章

数字化转型之
产品战略

专注和简单一直是我的秘诀之一。简单可能比复杂更难做到：你必须
努力厘清思路，从而使其变得简单。

——乔布斯

为什么产品战略是企业数字化转型的核心支柱？

（1）企业是在交易的过程中获得利润，从而完成战略目标的，交易的基础就是产品，做产品是为了满足用户需求，所有的战略都是为客户服务的，只有把产品战略、经营战略和营销战略有机结合，才能形成一体化产品解决方案，赋能客户成功。

（2）产品战略就是告诉公司要做什么，谁来做，怎么做。产品战略规划，即根据企业定位，聚焦核心用户群体，找到核心痛点，选好破局点和发力方向，制定产品路线图，并在实施中因地制宜，把握机遇，突出差异化和创新，通过价值杠杆分析锁定全新价值要素，寻找蓝海。

（3）产品战略是客户成功的关键要素。企业的核心竞争力是提供产品和服务，这是企业服务客户的根本。产品战略是技术团队的行动指南，是管理层经营决策的根本依据，是客户成功的关键要素。

（4）对于技术团队而言，产品战略可以规划并指导产品路线图。产品战略是一个高层次的计划，它定义了企业的产品目标、目标用户、价值主张和竞争优势，描述了企业的产品愿景和使命，以及如何实现它们。产品战略是企业产品的方向和指南。产品路线图是企业产品策略的行动计划，展示了企业如何优先考虑任务和项目，以及如何分配资源和跟踪依赖关系；它描述了企业在一定时间内需要完成的特定功能和里程碑，以实现企业的产品策略。

（5）对于公司高层而言，产品战略是服务于企业的经营管理战略，一是产品战略需要匹配企业的经营管理战略，并持续保持一致，产品需要支持企业愿景。二是如何通过产品满足收入利润率、股权收益、获利能力的要求。

本章围绕产品战略规划的形势、本质、框架、方法和工具五个维度，来分析产品战略的具体实施路径。老子在《道德经》中提出"道法术"，认为：道，是规则、自然法则，上乘；法，是方法、法理，中乘；术，是行为、方式，下乘。

针对产品战略的规划，要做到如下几点。

（1）要顺势而为，顺应 AI 时代的全球数字化转型形势，结合自身情况来做产品战略规划。

（2）要从本质驱动以客户为中心的产品战略，为客户创造价值。

（3）要采用结构化的框架思维来统筹，采用分级分层战术，集中优势资源，突破各个产品的难点。

（4）采用分类设计方法，针对 2B 和 2C 产品的不同模式和路径来推进。

（5）借力主流云平台和 AI 工具。互联网时代快速发展的十年，已经开源和开放了主流云产品和 AI 工具，深入盘点和分析其业务场景，实现物尽其用。

5.1 产品战略的价值理念

商业成功的本质是先义后利，要成就用户，为用户创造价值，最终才能得到利润。先义的"义"来自用户价值，这个用户价值就是由你的拳头产品提供的。就像你今天要开餐厅，必须要有招牌菜，没有招牌菜就不要开张。这个招牌菜就是你的拳头产品，就是传递独一无二的用户价值的载体。

所有平台的价值，最终都体现在产品上。所有的努力，都是为了让用户感受到产品内在的魂、产品的温度、产品的人格特质，让用户感到震撼。归根结底，产品战略的本质，就是要赢得用户的心。当你以用户价值为导向，真正站在用户的立场，真心实意想要为用户创造价值的时候，就会发现整个产品战略的重心发生了根本性的变化。

产品价值是由产品的功能、特性、品质、品种与样式组成的，并赋予其精神或意义所产生的价值。产品价值是由客户需要决定的，客户对产品有不同的需求，构成产品价值的要素及各种要素的相对重要程度也会有所不同。

人的需求是分层次的。产品被赋予价值是因为要满足用户的各种需求，所以产品也是分层次的。产品的价值塑造从基础向高层次可以分为三层：

功能价值、体验价值和精神价值。功能价值、体验价值和情感价值能够提升产品的价值感，从而满足客户在多场景下的个性化需求。

功能价值是指产品最基础的使用价值，满足人们最本质的需求。这是我们常见的产品价值，也是很多人做产品都能做到的层面。

体验价值是消费者直接能感受到的产品价值。要想打造一个成功的品牌，最好的方法就是创造独一无二的品牌体验。品牌建设不再只依靠广告投放这一环来建立高知名度，而是要靠全方位的品牌体验来形成强感知。比如，星巴克的设计师借助咖啡来进行表达，巧妙地将环境、建筑和人文联结一体，创造出了各种打动人心的场景。

情感价值是指一个人或事物产生的情感影响和满足程度。随着生活质量的提高，人们对产品价值的追求已大大超出了使用价值的要求，必须追加新的价值，这就是情感价值，让顾客找到心灵的寄托，也即所谓的"情感消费"。人们的情感消费体现着商品的情感价值。比如，抖音的短视频，就是为客户找到"看见更大的世界"的情感，通过用户画像和知识内容匹配，个性化推荐短视频内容，布局在热点、直播、短视频、团购、经验、商城等产品板块，让客户一站式体验产品带来的情感价值。

那么，如何创造产品的功能价值，提升产品的体验价值和情感价值呢？

最佳体验的产品就是人工智能产品，通过 AI 实现业务的智能语音、智能推荐、智能搜索、智能识别、智能检测、智能分析等行为，推动生产方式、生活方式的伟大变革，让计算机辅助人类完成生产、分配、交换、消费等重复性活动，帮助人类专注于规划、思考、决策和情感行为等。

2017 年，国务院发布《新一代人工智能发展规划》，人工智能作为新一轮产业变革的核心驱动力，将进一步释放历次科技革命和产业变革积蓄的巨大能量，并创造新的强大引擎，重构生产、分配、交换、消费等经济活动各环节。

2021 年 12 月 12 日，国务院下发的《"十四五"数字经济发展规划》指出：数字经济是继农业经济、工业经济之后的主要经济形态，是以数据资源为关键要素，以现代信息网络为主要载体，以信息通信技术融合应用、全要素数字化转型为重要推动力，促进公平与效率更加统一的新经济形态。

在数字化转型政策的引领下，各行各业都在积极推进实体经济和信息技术融合，通过数字资源利用，实现传统产业升级，重塑产品战略，变革商业模式。数据资源整合、信息技术融合实体经济、全要素数字化转型就是全球数字经济发展大势。

华为的全球战略顺势而为，它凭借着自身的努力和创新，以及政府的大力支持，在科技领域取得了举世瞩目的成就。华为自主研发的 5G 技术、高端智能手机以及云计算、人工智能等产品的突破，让全球都为之惊叹。

华为凭借卓越的研发团队和产品战略，开始撼动世界科技巨头的霸主地位，绝境突围，在十多个领域取得了世界瞩目的成就，成为美国十多个高科技企业的竞争对手。

华为自主研发的芯片技术，威胁到了高通和英伟达的市场份额。

华为在云计算领域的技术突破，让甲骨文和思科不得不重新评估自己的竞争力，并加快创新步伐。

华为在人工智能和云计算领域的技术突破，让谷歌感到自己的霸主地位不再稳固。

华为在人工智能和新能源领域的技术突破，使开智和伊顿不得不加快技术创新步伐，以应对华为的竞争。

华为在电动汽车领域的技术突破，使特斯拉不得不重新评估自己的竞争力，并加快创新步伐。

华为凭借创新产品和高效的销售策略，逐渐蚕食了苹果的市场份额。

华为鸿蒙操作系统的全球战略突破，让微软看到了自己的竞争对手。

📢 5.2 产品战略遵循"大道至简"

华为的数字化转型的本质就是通过 AI 技术重构企业的商业模式和战略，尤其是重塑产品战略，帮助客户成功。

1998 年，华为做了一次革命性的主动产品战略转型，从以技术为中心的产品战略转向了以客户为中心的产品战略。引进集成产品开发（integrated product development，IPD）后，华为通过了解市场、了解客户需求来做产品，真正根据客户需求的难易程度，根据一定的节奏来满足这些需求。华为是以奋斗者为本，以客户为中心，在战略服务市场的过程中，坚持"胜则举杯相庆，败则拼死相救"的客户服务理念。

2010 年，华为的手机产品战略规划启动，手机业务剥离出来，成为三大事业群之一，并确定了三个产品战略方向：面向高端，面向消费者，面向开放渠道。

任何行业的产品战略规划，都要学会感知该行业价值链的变化。如果不能快速地感知到变化，并用行动去应对这种变化，哪怕现在是第一，也会很快被大趋势所抛弃。

华为在产品战略规划中注重产品的品质和创新，不断推出符合市场需求的优质产品，以此提高品牌的知名度和美誉度。华为的品牌影响力也得到了认可。2019 年，《财富》杂志公布了全球 500 强排行榜，华为的营收排名进入前 50 强，位居第 61 位。

华为在产品战略规划中注重研发投入，持续加强对核心技术的研究，不断推出具有领先技术的产品。华为在 5G 技术、人工智能、云计算等领域的研究成果已经得到了国内外市场的认可。2019 年，华为的年度研发投入达到 1318 亿元，占公司营收的 14.1%。

华为的产品战略规划注重产品质量和市场需求，以此提高公司的盈利能力。华为在全球范围内拥有广泛的市场渠道和客户群体，其销售收入一直保持着快速增长的态势。华为在 2019 年的年度销售收入达到 8589 亿元，同比增长 19.1%。

华为产品战略的成功之道，在于产品战略的规划和实施路径上：在规划上，注重产品质量和市场需求，以此提高品牌影响力、增强研发实力和实现盈利增长；在实施路径上，注重市场调研和产品定位，注重研发投入、提高品牌影响力和强化渠道建设等方面。华为产品战略规划的成功实施，对企业的发展和竞争力提升具有重要意义。

📢 5.3 产品设计秉承"AI 驱动创新"

亚马逊始终坚持"以客户为中心"的产品战略和服务理念。无论是在产品选择、用户体验还是在售后服务上，亚马逊都致力于满足消费者的需求和期望。这种服务理念不仅赢得了消费者的信任和认可，也提高了亚马逊的品牌价值和市场竞争力。

（1）坚持创新的产品战略。无论是电子商务、内容产业、智能硬件还是物流服务，亚马逊都在不断尝试新的模式和技术。这种创新精神使亚马逊能够抓住市场变化和消费者需求的变化，从而保持领先地位。例如，亚马逊的 Kindle 电子书阅读器和 Alexa 智能音箱都是创新的代表。

（2）AI 技术驱动多元化产品战略。亚马逊以其多元化的产品策略而闻名，从图书到电子产品，从家居用品到服装，几乎无所不包。其产品策略的核心是满足消费者的多元化需求，为他们提供一站式的购物体验。为了实现多元化目标，亚马逊不断拓展其产品线，并利用大数据和人工智能技术，根据消费者的购物历史和浏览行为，为他们推荐最合适的产品。

1. 产品设计目标（以苹果为例）

洞悉人性、理解用户、产品定位是我们首先要做的事情，因为产品的需求从用户中产生。微信上所有的设计都是面向用户的。

那么，用户到底是什么？最本质的答案：用户是人！

产品经理是产品的创造者，是一个创造虚拟世界的人。乔布斯的设计哲学核心是优美、简约和极致。

（1）产品之优美，是产品设计和连接用户的第一个目标。优美，是乔布斯一贯追求的设计目标。他认为，美是人类情感的精华，是设计的灵魂，要把美学融入产品的每个细节中，体现在用户的体验和感受中。苹果的设计非常注重优美，产品的每一个细节都体现了苹果对于美感的追求。优美的思考定位，是让技术和艺术相融合。苹果的产品，注重将艺术元素融入产品设计，在色彩、线条、材质上都非常精致，通过对材料、色彩和形态的深入研究和应用，使产品具有高度的视觉吸引力，同时也更加符合用户的需求和心理感受。在硬件的技术设计方面，苹果的产品都采用优质材料，如铝合金、玻璃等，表面光洁、质感出众。在软件的技术设计方面，苹果注重字体、图标、界面等方面的美感，使产品更加符合人类视觉习惯。

（2）产品之简约，是产品设计和关注用户的第二个目标。乔布斯在设计上始终坚持简洁的原则，他曾说："设计就像是印章，印在每个人的心里。"因此，他崇尚的是"去繁就简"的设计理念，就是大道至简的哲学思想。一个简洁的设计，不仅要在视觉上产生美好的体验，更要符合人们的交互和使用习惯。苹果产品坚持使用黑白两色，是因为单一的色彩最能体现简约之美和设计的表现力。在硬件设计方面，苹果产品尽可能少地使用按钮和接口，使整体外观简洁。在软件设计方面，所有的操作都通过简单的手势、按钮、图标来完成。简约的思考定位，是将用户的需求和体验放在首位，根据用户的实际需求来设计产品，以确保产品的可用性和用户体验。设计师注重从用户角度出发，考虑用户在使用产品时的感受和需求，同时也不断地与用户沟通和反馈，以保持对用户的关注和理解。

（3）产品之极致，是产品设计和元素布局的第三个目标。极致，是乔布斯设计思想的重要组成部分。人们在使用苹果产品的时候，会感到其极致的设计和追求完美的理念。苹果产品给人们带来高品质的精神享受，让其他产品无法超越，因为苹果产品始终追求对生产过程的优化与极致，这是苹果产品的精神之魂。极致的追求源自对于人性的认识，这就是乔布斯的顶层思维。在硬件设计方面，苹果的产品布局清晰，按钮和接口位置也都非常合理，用户可以一目了然并轻松操作，有一种似曾相识的感觉。在软件设计方面，苹果注重可用性和易用性，尽可能减少用户的学习成本，使用户可以快速上手。极致设计的思考定位就是精益求精，设计师不断地追求更好的设计和更高的标准，力求做到极致的简洁、优美和直观。他们注重每一个细节和每一个元素，不断地优化设计和改进产品，使用户体验得到革命性的提升。

总而言之，优美、简约和极致是乔布斯的设计哲学的核心，使产品在功能、美观、使用上实现了完美的统一。这种追求完美的精神产物，赢得了用户的长久信任和追随。

2. 产品定位（以微信为例）

产品的定位是什么？产品是技术和艺术的结合；定位是满足用户心理诉求，通过多元化的功能来拓展价值，通过人性化的设计来满足体验，为满足用户的认同感设定目标，让产品成为和用户交流的媒介，实现人性化的持续演进。如图 5-1 所示，AI 中台产品的架构定位，以客户为中心，实现智能识别、智能语音、智能交互和内容审核等。

图 5-1 AI 中台产品架构

人是追求时尚的。推动微信普及的并不全是它的功能，虽然它的功能也很强，但是有一种偏向时尚的元素，这是一种很强大的力量。所以，我们做互联网产品不能太"工具化"，"工具化"看起来很实在，但它不能引起用户的连锁反应。特别是，互联网本身就是一个连锁反应的场所。

人是懒惰的。因为绝大多数的发明是懒惰催生的。核心是，产品设计中，如何加入解决懒惰的理念和思想？通过语音来导航，通过人脸来识别认证，通过微信来共享信息，通过协同办公来流转信息，通过数据看板来决策分析，通过摄像头来监控生产环境，通过云产品来管理服务器，通过中台来实现能力共用和数据资源共享。

人是不爱学习的。我们喜欢看电视剧、刷抖音、搞聚会、泛聊天，但主动学习的时候少，除非是为了一个目标而被动学习。因为，人性是懒惰的，娱乐不用动脑筋，不用思考，看起来很热闹，瞬间感受很美好。"马桶阅读"理论，即给用户的内容是在马桶上的时间看不完的。人没有学习知识的爱好，都是被动学习的。如果让用户很喜欢学习、很喜欢知识，那么这个产品设计的出发点就背道而驰了。

产品的目标是什么？解决用户问题，为用户做产品，而不是为老板、OKR 做产品，忘掉技术，千万不要堆砌技术参数自我满足，不要教育用户，要降低用户的学习成本。

产品经理的画像是什么？

是格格不入的文艺青年，追求艺术和极致的完美主义者，一个有判断力和决策力的领导者。他的职责是：思考到底应该怎样去创造；思考怎样才能像一个社会一样自己运作起来。学会洞察人性，了解群体的心理，这是做互联网产品设计的首要任务。怎样去对待群体？怎样把所有用户当成一个群体来看待？张小龙说，产品经理应该像上帝一样建立一个系统，并制定规则，让群体在系统中自我演化。

产品经理的素质是什么？

有强烈的求知欲，而非任务去驱动执行；辩驳，但不为自尊心而战；偏执，前提是你富于远见；试错，保持实验者的心态；自省，不断提升和改变认知。

3. 产品设计的核心要素

通过多元化的功能来拓展价值，通过人性化的设计来满足体验。多元化的功能就是简单实用的功能，能够相互赋能和关联，提升用户体验。人性化的设计就是满足用户的需求，找到突破点，按照人性化操作和业务流程来设计。具体设计考虑如下因素。

（1）要有突破点，通过技术实现差异化。

（2）确定用户需求。布局优先级和先后次序。

（3）先关注顶层设计。因为局部、细小之处的创新需要永不满足。

（4）功能好用。功能不在多，在于好用，一旦一个功能需要文字解释，那么这个功能的设计已经失败了。

（5）自上而下。从主系统和主数据开始，具备"总分总"的框架设计思维，先解决基本面，再实现面中的关键点，最后解决点状问题。系统是由独立的子系统连接而成的，一个功能不是简单的叠加，而是会影响整个系统。

4.怎样做好产品设计

从价值和体验出发，能持续解决客户痛点就是好产品。具体考虑如下因素。

（1）洞察人性。所有产品都需要先进行人性的研究，掌握用户心理，用户是懒惰的，要面向懒人做设计。让普通大众用户参与进来，找到功能背后的心理驱动力。

（2）关注体验。好的产品体验是什么？

（3）抓住需求本质。要找到用户心理诉求的本质。

（4）傻瓜心态。以大道至简的理念去使用产品。

（5）一个产品只有一个定位，一个定位只有一个主线功能，一个功能只做一件事情。勿将所有功能都罗列在主界面上，不要一开始就做一个大的变革。

（6）聚焦思维。如果核心功能没有活力，增加再多辅助功能都于事无补，新功能真的有助于提高用户活跃度吗？做之前问自己，新功能会破坏产品架构吗？每增加一个功能，都会带来长期的产品维护成本，要慎重。

（7）避免非产品思维。用户要什么就给什么，向竞争对手学习，重视非用户的意见，定义复杂的逻辑和形态，按规划行事。

5.怎样做好需求管理

产品需求的管理，是产品能否成功面世的核心要素。产品需求的管理包括需求挖掘、需求分析、需求分类、需求归档、需求级别、变更管理。按照场景不同，需求可以分为功能性需求和性能需求等。功能性需求，是指为了实现解决方案的某个环节或某个节点，所需要实现的功能。性能需求，是指产品所需要面向的用户数量的多少、产生数据量的大小、用户使用产品所提供的解决方案，以及效率要求等。

功能性需求方面，重点考虑如下因素。

（1）深挖用户需求。用户开始的需求可能只是假象，最困难的就是判断用户的需求是不是真实的。

（2）专注的设计。产品要好用和智能，而不是面面俱到。

（3）极致的设计。功能要解决问题，而不在于多，在产品方面要学会做减法。

性能需求方面，是指高并发、高可用和高性能的处理需求，具体考虑如下因素。

（1）高并发：指产品在短时间内同时处理大量的请求。当面临高并发时，需要考虑如何优化产品的架构、数据库设计、缓存、负载均衡等，以保证稳定性和响应速度。

（2）高可用：指产品能够在发生故障或异常的情况下继续提供服务。当产品面临高可用需求时，需要采取冗余设计、容灾备份、自动化运维等措施，以确保稳定性和可靠性。

（3）高性能：指产品能够快速响应用户请求，提供良好的用户体验。当产品面临高性能要求时，需要考虑如何优化系统的硬件配置、数据库设计、缓存、代码实现等方面，以提高性能和响应速度。

6.怎样做好产品运营

产品运营的目标是提升产品的用户体验和市场竞争力，实现产品的商业价值。产品运营包括产品策划、市场推广、用户运营、数据分析等方面的工作。产品运营需要与产品开发、市场营销、客户服务等部门紧密合作，协调各方资源，推动产品的持续优化和发展。产品运营的核心是用户体验管理、数据驱动决策、市场推广与用户增长、竞争分析与市场调研以及协调与沟通等方面。具体考虑如下因素。

（1）运营的本质，是通过跟用户交流和数据监测不断改进用户体验的过程。好的互联网产品是运营出来的，要亲自体验自己的产品。

（2）运营从刚需抓取，首先能在一个点上打动用户，多用好的产品，习惯决定意识。

（3）运行需要借助工具，它一定是一个靠持续改进、持续运营出来的产品。

（4）运营规则要简单，简单是一种审美观，虽然看起来很简单，但是要有一些方法或思考去达成这种简单。只有简单的规则，才可以演化出非常复杂的事情。

5.4 主流云产品遴选分析

20 世纪 80 年代，IBM（国际商业机器公司）找到微软来研制个人计算机的操作系统。比尔·盖茨面对几个月的任务挑战，借力而行，快速找到了一款类似产品——QDOS 操作系统，它是 8088 微处理器开发的 16 位系统，只需要 10 万美元就可以买到使用许可证，主体架构设计都可以借用，只需要做二次开发就可以，大大节省了设计软件的时间。1980 年 11 月 6 日，双方正式签订合同，IBM 公司用这个系统替换了 CP/M 操作系统，从此诞生了闻名遐迩的 "MS-DOS"。1981 年，MS-DOS 1.0 发行，作为 IBM PC 的操作系统进行捆绑发售，支持 16KB 内存及 160KB 的 5 寸软盘。从此，MS-DOS 成为当时个人计算机中最普遍使用的 DOS 操作系统之一，助力了微软公司的崛起。

ChatGPT 是一个风靡全球的聊天机器人，是 AI 技术的代表作之一。它是由 OpenAI 开发的语言模型，用于自然语言处理和文本生成任务。这个模型可以理解大量的自然语言输入，并产生符合上下文的输出。ChatGPT 被广泛应用于聊天机器人、智能客服、文章摘要等领域。OpenAI 最早宣布了其主要目标，就是制造"通用"机器人和使用自然语言的聊天机器人。2019年 4 月 25 日，OpenAI 发布了深度神经网络 MuseNet，这是划时代的里程碑事件。MuseNet 使用了与 OpenAI 的 GPT-2 语言模型 Sparse Transformer 相同的通用无监督技术。该变换器允许 MuseNet 根据给定的音符组预测下一个音符，每个输出位置都根据输入位置的子集计算权重。为了训练模型，研究人员收集了各种来源的训练数据。数据集包括 ClassicalArchives 和 BitMidi 捐赠的 MIDI 文件，还包括在线收藏的数据，包括爵士、流行、非洲、印度和阿拉伯风格。MuseNet 产品的核心技术是 Transformer。2017 年，Google 在一篇论文中首次描述 Transformer 是迄今为止发明的最新和最强大的模型类别之一，并将其称为 Transformer AI。Transformer 模型使用了自注意力机制，针对长序列和大规模数据，计算一个序列中不同位置之间的依赖关系，实现上下文感知，提取序列中每个向量的关联特征，相比于传统的递归神经网络（recurrent neural network，RNN）或卷积神经网络（convolutional neural network，CNN）等，它具有更高的并行性和计算效率。

纵观 AI 的发展史，新产品的诞生都依赖于 AI 技术的多年沉淀和发展。牛顿曾说："如果说我比别人看得更远些，那是因为我站在了巨人的肩上。""他山之石，可以攻玉"，在 AI 时代，数字化转型就是利用成熟的云计算和大数据产品，穿透个性化业务，在成熟技术上进行创新和开发迭代。因此，我们先来回顾云计算产品发展中具有划时代意义的里程碑。

2006 年 3 月，亚马逊（Amazon）推出弹性计算云 EC2（Elastic Compute Cloud）服务。

2006 年 8 月，Google 首席执行官埃里克·施密特，在搜索引擎大会上首次提出"云计算"的概念，这是云计算发展史上第一次正式地提出这一概念，具有革命性的历史意义。

2008 年，微软发布其公共云计算平台（Windows Azure Platform），由此拉开了微软的云计算大幕。

2009 年，全球的商用数据系统大多在使用 IBM 存储设备和小型机、Oracle 数据库和 EMC 存储设备，三者的角色分别是服务器提供商、数据库提供商和存储设备提供商，这三大件并称为 IOE。

2013 年，阿里"去 IOE 化"。阿里巴巴最后一台小型机下线，淘宝最后一个 Oracle 数据库下线。飞天 5K 完成了最后的稳定性测试，阿里云成为中国第一家拥有完整云计算能力的企业。

2018 年，阿里云升级为阿里云智能，包括机器智能计算平台、算法能力、数据库等将全面和阿里云服务器相结合，并向全社会服务。

云服务器产品包括计算类云产品、存储类云产品、中间件类云产品、媒体服务类云产品和企业服务类云产品。云服务器的选择要考察依托综合品牌实力、产品销量、用户口碑等，最重要的是大数据技术能力的选型，具体考量指标如下。

（1）价格。价格是选择云服务器时考虑的一个重要因素，不同的云服务器提供商价格差异较大，需要根据自己的需求和预算做出选择。

（2）性能。性能是选择云服务器的重要因素之一，包括 CPU、内存、存储等硬件配置，以及网络带宽、IOPS 等网络性能指标，选择云服务器时应根据自己的业务需求选择性能适中的云服务器。

（3）可用性。可用性是衡量云服务器服务质量的指标，不同云服务器提供商的可用性有所不同，选择云服务器时需选择可用性较高的云服务器。

（4）数据安全性。数据安全性是选择云服务器的重要因素之一，不同的云服务器提供商提供的数据安全性不同，选择云服务器时需选择数据安全性较高的云服务器。

（5）技术支持。技术支持是选择云服务器时需要考虑的因素之一，选择云服务器时需选择提供技术支持较好的云服务器提供商。

（6）地域选择。地域是选择云服务器时需要考虑的因素之一，选择距离用户较近的云服务器，可以提高访问速度，降低延迟。

（7）可扩展性。可扩展性是选择云服务器时需要考虑的因素之一，随着业务的扩展，需要随时增加服务器的硬件配置和计算资源，选择具有可扩展性的云服务器能够降低后期扩展成本。

1. 计算类云产品

首先，我们来了解一下计算类云产品。计算类云产品是指基于云计算平台提供的计算资源和服务，旨在满足用户在不同场景下的计算需求，通常包括虚拟机、容器、服务器实例、函数计算等。

虚拟机是一种在物理服务器上虚拟出来的独立计算环境，用户可以在虚拟机上安装和运行操作系统及应用程序，如同使用物理机一样。虚拟机提供了隔离性、可扩展性和灵活性，是云计算中最常见的计算资源之一。

容器则是一种轻量级的虚拟化技术，允许用户将应用程序及其依赖项打包到一个独立的、可移植的容器中，并在不同的环境中进行部署和运行。容器具有快速启动、资源占用少、易于管理等优势，因此在微服务架构和DevOps中得到了广泛应用。

服务器实例是云计算平台提供的预配置的计算资源，用户可以直接使用这些实例来部署和运行应用程序。服务器实例通常提供了不同的规格和配置选项，以满足不同用户的计算需求。

函数计算是一种无服务器计算模式，用户只需编写并上传代码函数，而无须管理服务器和基础设施。云计算平台会负责函数的执行和资源的分配，用户只需按需调用函数并支付相应的费用。函数计算适用于短生命周期、高并发的计算任务，如事件处理、数据处理等。

除了上述产品，还有一些其他的计算类云产品，如高性能计算（HPC）服务、分布式计算服务等。这些产品根据不同的需求和场景，提供不同的计算资源和服务方式。

计算类云产品的优势在于：它们提供了灵活、可扩展的计算资源和服务，用户可以根据需求动态调整计算资源的使用，无须购买和维护昂贵的物理硬件。此外，计算类云产品还提供了高可用性、安全性和自动化管理等功能，帮助用户简化计算资源的部署和管理。

（1）计算类云产品的优点如表 5-1 所示。

表 5-1　计算类云产品的优点

优　　点	优 点 分 析
超大规模和计算能力	云计算平台通常由大量的服务器组成，如 Google 云计算拥有超过 100 万台服务器，这些服务器共同为用户提供强大的计算能力。这种规模使用户能够处理大规模的计算任务，获得前所未有的计算能力
虚拟化	云计算支持用户在任何地点、使用任何设备获取服务。用户无须关心应用或服务运行的具体位置，只需要通过网络就可以获取所需的服务。这种虚拟化特性使用户能够更灵活地使用资源，提高资源利用率
高可靠性	云计算平台采用了多种技术和措施来保障服务的可靠性，如数据多副本容错、计算节点同构可互换等。这些措施使云计算服务比传统的本地计算机服务更加可靠，减少了因硬件故障或数据丢失导致的风险
弹性伸缩	云计算服务的规模可以根据用户的需求进行动态调整。当用户需求增加时，云计算平台可以自动扩展资源以满足需求；当需求减少时，平台也可以相应地减少资源，从而避免资源浪费。这种弹性伸缩的特性使云计算服务能够更好地适应不同用户的需求变化
资源共享和协同工作	云计算能够实现不同设备、用户间的数据与应用共享，使用户能够更方便地进行协同工作。同时，用户还可以对自己的数据设置访问权限，保障数据的安全性

（2）计算类云产品虽然提供了灵活、可扩展的计算资源和服务，但在实际使用中也存在一些缺点和限制，如表 5-2 所示。

表 5-2　计算类云产品的缺点

缺　　点	缺 点 分 析
性能不稳定	计算类云产品是基于虚拟化技术实现的，因此在某些情况下可能存在性能不稳定的问题。例如，虚拟机或容器的性能可能会受到宿主服务器性能的影响，导致应用程序的性能下降
存在安全风险	虽然云计算平台通常会提供安全措施来保护用户的计算资源，但仍然存在一定的安全风险。例如，数据泄露、DDoS 攻击等安全威胁可能会对计算资源造成损害

续表

缺　　　点	缺　点　分　析
依赖网络	计算类云产品需要依赖网络进行数据传输和通信，因此网络质量和稳定性对计算资源的使用影响较大。如果网络出现故障或延迟，可能会导致应用程序无法正常运行
成本问题	虽然计算类云产品提供了灵活、可扩展的计算资源，但如果不合理使用或管理不当，可能会导致成本过高。例如，用户可能会在不需要时购买过多的计算资源，或者在不使用时忘记释放资源，从而造成浪费
数据迁移问题	在使用计算类云产品时，用户可能需要迁移数据或应用程序到不同的云平台或不同的计算资源上。这可能会导致数据迁移的复杂性和成本增加，同时也可能面临数据兼容性和安全性的问题

所以，在选择计算类云产品时，企业需要综合考虑业务需求、性能、安全性、成本以及生态系统等方面；同时，也要充分认识到计算类云产品带来的业务价值，如提升效率、降低成本、增强安全等。通过合理的选型和充分利用云产品的价值，企业可以更好地应对市场竞争和业务挑战，如表 5-3 所示。

表 5-3　计算类云产品选型和价值评估表

类　　　型	产　品　名　称	核　心　功　能	核　心　价　值
计算类云产品	云服务器 ECS	弹性可伸缩的计算服务	降低 IT 成本，提升运维效率，使更专注于核心业务创新，实现计算资源的即开即用和弹性伸缩
	GPU 云服务器	提供 GPU 算力的弹性计算服务	服务于深度学习、科学计算、图形可视化、视频处理等多种应用场景，为 AI、图形、转码、加密等不同业务提供服务
	云虚拟主机	根据需求进行弹性扩展，根据网站流量的变化自动调整资源，确保网站的稳定和性能	支撑网站运行更稳定，并且使高并发访问响应速度大幅提升
	弹性加速计算实例 EAIS	支持将用户所需的 CPU 与 GPU 解耦	通过 ECS 实例 + EAIS 实例的组合搭建一款新型的 GPU 实例
	弹性伸缩	根据用户的业务需求和策略自动调整资源与服务	经济地自动调整弹性计算资源的管理服务

续表

类　　型	产品名称	核心功能	核心价值
计算类云产品	边缘计算	靠近物或数据源头的一侧，采用网络、计算、存储、应用核心能力为一体的开放平台，就近提供最近端服务	基于运营商边缘节点和网络构建，一站式提供"融合、开放、联动、弹性"的分布式算力资源，帮助用户业务下沉至运营商侧边缘
	视图计算	基于 AI 算法动态感知实时推送报警	提升园区／道路／工厂／楼宇等环境的安防与管控效率

2. 存储类云产品

存储类云产品是指基于云计算平台提供的存储服务，用于在云端存储、管理和访问数据。这些产品通常具有高可扩展性、高可用性、数据持久性和安全性等特点，能够满足不同用户和业务场景下的数据存储需求。

存储类云产品可以分为多种类型，包括对象存储、块存储、文件存储等。

对象存储（object storage）是一种用于存储非结构化数据的存储服务，它将数据以对象的形式进行存储，每个对象都包含数据本身、元数据以及唯一标识符。对象存储适合存储大量数据，如视频、图片、日志文件等，并且支持数据的高可扩展性和高可用性。

块存储（block storage）提供块级别的存储服务，类似于传统的硬盘驱动器。它通过将数据划分为固定大小的块进行存储，并提供块级别的访问和控制。块存储适合需要高性能、低延迟的数据访问场景，如数据库、虚拟机等。

文件存储（file storage）提供类似于传统网络文件系统的存储服务，用户可以通过文件协议（如 NFS、SMB/CIFS）在云端访问和管理文件。文件存储适合共享文件，存储配置文件、日志等场景。

除了上述三种常见的存储类云产品，还有一些其他的存储服务，如分布式文件系统、内容分发网络（CDN）等。这些产品根据不同的需求和场景，提供了不同的存储和访问数据的方式。

存储类云产品的优势在于它们能够提供弹性扩展、高可用性和数据持久性，用户可以根据需求动态调整存储容量和性能。此外，存储类云产品还提供了丰富的数据管理和保护功能，如数据备份、恢复、加密等，确保用户数据的安全性和可靠性。

（1）存储类云产品的优点如表 5-4 所示。

表 5-4　存储类云产品的优点

优　　点	优 点 分 析
高可扩展性	存储类云产品通常具有高度的可扩展性，可以根据业务需求动态调整存储容量，满足不断增长的数据存储需求
灵活性	云存储服务提供了灵活的存储选项，用户可以根据需要选择不同的存储类型和配置，以满足不同的应用场景
数据可靠性	云存储服务通常具有高度的数据可靠性，通过数据备份、冗余存储等技术保障数据的安全性和完整性
低成本	相对于传统的本地存储解决方案，存储类云产品通常具有更低的成本，因为用户只需要支付所使用的存储容量，而无须购买和维护昂贵的硬件设备

（2）存储类云产品的缺点如表 5-5 所示。

表 5-5　存储类云产品的缺点

缺　　点	缺 点 分 析
会出现性能问题	由于数据存储在云端，需要通过网络进行传输，因此可能会存在性能问题，如访问延迟、带宽限制等。这可能会影响应用程序的响应速度和用户体验
存在数据安全问题	尽管云存储服务提供了多种安全措施，如数据加密、访问控制等，但仍然存在数据泄露、非法访问等安全风险。用户需要关注服务提供商的安全实践和合规性，确保数据的安全性
依赖网络	与计算类云产品类似，存储类云产品也需要依赖网络进行数据传输和访问。如果网络出现故障或延迟，可能会导致数据无法及时访问或备份
数据迁移问题	与计算类云产品一样，存储类云产品也面临数据迁移的问题。用户可能需要将数据从一个云存储平台迁移到另一个平台，这可能会导致数据迁移的复杂性和成本增加

综上所述，存储类云产品具有高度的可扩展性、灵活性和成本优势，但同时也存在一些性能、安全性和依赖网络的问题。在选择存储类云产品时，用户需要综合考虑自己的业务需求和场景，选择适合自己的产品，并关注数据的安全性、合规性以及迁移问题。存储类云产品选型和价值评估如表 5-6 所示。

表 5-6 存储类云产品选型和价值评估表

类　型	产品名称	核心功能	核心价值
存储类云产品	块存储（EBS）	为云服务器 ECS 提供的低时延、持久性、高可靠的数据块级随机存储	可用区内自动复制用户的数据，防止意外硬件故障导致数据不可用，保护用户的业务免于硬件故障的威胁
	对象存储（OSS）	具有更高的可用性	分布式存储方式将文件分散存储在多个服务器上，避免了单点故障，从而提高了系统的可靠性和稳定性
	文件存储（NAS）	由硬件和嵌入式操作系统组成，提供了一个集中的存储解决方案	它是一个可共享访问、弹性扩展、高可靠、高性能的分布式文件系统
	表格存储（Tablestore）	面向海量结构化数据存储的多模型数据库	云自研的面向海量结构化数据存储的 Serverless NoSQL 多模型数据库
	数据库文件存储（DBFS）	云原生共享文件存储服务	针对数据库场景的云原生共享文件存储服务
	日志服务（SLS）	日志大数据解决方案	行业领先的日志大数据解决方案，一站式提供数据收集、清洗、分析、可视化和告警功能
	混合云备份服务（HBR）	备份即服务（BaaS）方案	简单易用且具成本效益的备份即服务（BaaS）方案

3. 网络与 CDN 类云产品

网络与 CDN 类云产品，主要指基于云计算平台提供的网络服务和内容分发网络服务。这些产品可帮助用户优化网络性能、提高内容分发效率，从而提供更好的用户体验。

网络类云产品包括虚拟专用网络（VPN）、负载均衡、网络安全组等。这些服务可以帮助用户构建和管理自己的网络架构，确保网络的安全性和稳定性。例如，VPN 服务可以在公共网络上建立加密通道，保护用户数据的传输安全；负载均衡服务可以将网络请求分发到多个服务器上，提高系统的可扩展性和可靠性。

内容分发网络（CDN）则是一种特殊的网络架构，通过将内容缓存在全球各地的边缘节点服务器上，用户可以从最近的节点获取所需内容，从而提高内容的访问速度和可用性。CDN 服务通常用于加速网站、应用、视频、游戏等内容的分发，提升用户体验。CDN 还可以减轻源服务器的负载压力，避免网络拥塞，确保内容在不同区域、不同场景下快速分发。

（1）网络与 CDN 类云产品的优点如表 5-7 所示。

表 5-7　网络与 CDN 类云产品的优点

优　　点	优 点 分 析
提高访问速度和性能	CDN 通过在全球各地部署服务器，将内容缓存到离用户最近的节点，从而大大减少了数据传输的延迟，提高了网站的访问速度和性能
增强可扩展性和可用性	CDN 能够自动根据访问量调整资源分配，实现自动扩展，从而确保网站在高流量时的稳定性和可用性
减轻源服务器负载	CDN 将大部分请求分散到各地的边缘服务器上，从而大大减轻了源服务器的负载压力，防止了因流量过大而导致的服务器崩溃
提供安全性	CDN 服务提供商通常具备专业的安全团队和防护措施，可以抵御 DDoS 攻击和其他网络威胁，保护用户数据的安全
优化用户体验	快速加载的网站和应用可以提高用户满意度和留存率，从而有助于提升业务成果

（2）网络与 CDN 类云产品的缺点如表 5-8 所示。

表 5-8　网络与 CDN 类云产品的缺点

缺　　点	缺 点 分 析
成本高	虽然 CDN 可以提高性能和可用性，但它也需要额外的成本投入。对于一些小型网站或初创企业，这可能会是一笔不小的开销
依赖第三方服务	使用 CDN 意味着将一部分流量和内容管理交给第三方服务提供商。这可能会引入一些依赖性，需要考虑提供商的可靠性和稳定性
数据隐私存在安全问题	虽然 CDN 服务提供商通常遵循严格的数据隐私政策，但用户数据仍然有可能在传输过程中被第三方截获或滥用。因此，对数据敏感的应用，需要特别关注数据安全问题
技术复杂性强	虽然 CDN 的集成和使用相对简单，但对于一些复杂的应用场景，如动态内容分发、缓存策略配置等，可能需要专业的技术支持和配置

综上所述，网络与 CDN 类云产品的优势在于它们能够提供灵活、可扩展的网络架构和内容分发方案，帮助用户快速响应市场需求，提高业务效率和用户满意度。选择适合自己需求的网络与 CDN 类云产品时，企业需要

综合考虑网络规模、访问量、内容类型等因素，并仔细阅读云服务提供商的产品文档和条款，以确保选择的产品能够满足自己的业务需求。网络与CDN 类云产品选型和价值评估如表 5-9 所示。

表 5-9　网络与 CDN 类云产品选型和价值评估表

类　型	产品名称	核心功能	核心价值
网络与CDN 类云产品	负载均衡 SLB	通过流量分发来提升应用系统的服务能力，通过消除单点故障来提升应用系统的可用性	负载均衡算法有两种：weighted round robin（WRR）和 weighted least connections（WLC）。WRR 使用加权轮询算法分配连接；WLC 通过一定的权值，将下一个连接分配给活动连接数少的服务器
	弹性公网 IP	独立的公网 IP 资源	可以与云专有网络 VPC 类型的 ECS、NAT 网关、ENI 网卡、私网负载均衡 SLB 绑定
	云数据传输	为云上流量提供统一计费和出账服务的开通型产品	云数据传输（cloud data transfer）是一种为云上流量提供统一计费和出账服务的开通型产品，可提供更灵活优惠的计费方式，帮助降低 IT 成本
	网络 VPC	可以构建出一个隔离的网络环境并自定义	帮助用户基于云构建出一个隔离的网络环境，并可以自定义 IP 地址范围、网段、路由表和网关等
	流量网关	构建一个公网流量的出入口	帮助用户在 VPC 环境下构建一个公网流量的出入口，通过自定义 SNAT、DNAT 规则灵活使用网络资源
	VPN 网关	一款基于 Internet，通过加密通道将企业数据中心、企业办公网络或 Internet 终端和云专有网络（VPC）安全可靠连接起来的服务	仅需要在互联网客户端加载证书并发起连接，互联网客户端便可与 VPC 互通
	智能接入网关	通过智能接入网关实现 Internet 就近加密接入	企业可通过智能接入网关实现 Internet 就近加密接入，获得更加智能、可靠、安全的上云体验

4.安全类云产品

安全类云产品是指基于云计算平台提供的安全防护和管理服务,旨在保护用户数据和业务免受各种网络威胁和攻击。通常包括防火墙、入侵检测系统(IDS)、数据加密服务、安全审计服务、漏洞扫描系统、恶意软件检测系统、数据库安全审计系统、威胁情报服务等。

防火墙用于防止未经授权的访问和通信,保护内部网络免受外部攻击。入侵检测系统则实时监控网络流量和系统行为,检测潜在的威胁和攻击,并发出警报。数据加密服务通过加密技术保护用户数据的机密性和完整性,防止数据泄露和被篡改。安全审计服务则记录和分析安全事件和日志,帮助管理员了解系统安全状况,发现潜在的安全漏洞。

此外,还有安全编排服务、安全托管服务、安全咨询服务等,为用户提供全面的安全管理和支持。这些服务可以帮助用户快速有效地部署和管理安全策略,提高系统的安全性和防护能力。

(1)安全类云产品的主要优点如表 5-10 所示。

表 5-10　安全类云产品的优点

优　　点	优 点 分 析
全面的安全保护	安全类云产品通常提供全面的安全保护,包括防火墙、入侵检测、数据加密、身份认证等多种安全功能,可以帮助企业构建完整的安全防护体系
专业的安全服务	安全类云产品由专业的安全团队提供支持和维护,他们具有丰富的安全经验和专业知识,可以及时发现和解决各种安全问题
灵活的可扩展性	安全类云产品通常具有灵活的可扩展性,可以根据企业的业务需求进行动态调整,满足不断变化的安全需求
降低安全成本	通过云化安全服务,企业无须购买和维护昂贵的硬件设备和软件系统,可以降低安全成本并提高安全效率

(2)安全类云产品的主要缺点如表 5-11 所示。

表 5-11　安全类云产品的缺点

缺　　点	缺 点 分 析
依赖云服务提供商	安全类云产品的安全性和可靠性在很大程度上取决于云服务提供商的服务质量和安全性。如果云服务提供商存在安全隐患或服务质量不佳,可能会对企业的安全造成威胁

续表

缺　　点	缺 点 分 析
数据传输存在风险	在使用安全类云产品时，企业需要将数据上传到云端进行处理和分析。这可能会增加数据传输的风险，如数据泄露、被篡改等
合规性问题	不同国家和地区对数据安全和个人隐私的法律法规不尽相同，企业在选择和使用安全类云产品时需要考虑合规性问题，确保遵守相关法律法规

综上所述，企业需要考虑自己的业务需求和场景、云服务提供商的信誉和服务质量、数据传输风险以及合规性等因素，选择适合自己的安全类云产品，并加强对云服务商的监管和评估，确保云安全服务的质量和安全性。安全类云产品选型和价值评估如表 5-12 所示。

表 5-12　安全类云产品选型和价值评估表

类　　型	产 品 名 称	核 心 功 能	核 心 价 值
安全类云产品	DDoS 防护	提供可管理的 DDoS 防护服务，自动快速地缓解网络攻击对业务造成的延迟增加、访问受限、业务中断等影响	在不影响正常业务的前提下，云安全中心会将可疑流量从原始网络路径中重定向到净化产品上，识别并剥离恶意流量，并将还原的合法流量回注到原始网络中转发给目标 ECS 实例
	Web 应用防火墙 WAF	对网站或者 App 的业务流量进行恶意特征识别及防护	会将正常、安全的流量回源到服务器，避免网站服务器被恶意入侵
	云防火墙	一款云原生的企业机构上云边界网络安全防护服务	可提供统一的互联网边界、内网 VPC 边界、主机边界流量管控防护
	云安全中心	一个实时识别、分析、预警安全威胁的统一安全管理系统	保护云上资产和本地主机并满足监管合规要求
	主机安全	为多云主机和线下 IDC 提供闭环能力	提供威胁检测、响应、溯源和自动化安全运营闭环能力
	漏洞管理	支持对常见漏洞扫描及一键修复	支持对常见 Linux 软件漏洞、Windows 系统漏洞、Web-CMS 漏洞、应用漏洞、应急漏洞的 5 种漏洞类型扫描，并支持 CVE 系统漏洞的一键修复

续表

类　　型	产品名称	核心功能	核心价值
安全类云产品	运维安全中心（堡垒机）	助力企业用户构建云上统一、安全、高效运维通道	保障云端运维工作权限可管控、操作可审计、合规可遵从
	数字证书管理服务（原 SS 证书）	提供数据 HTTPS 加密协议访问	为网站和移动应用（App）及小程序提供数据 HTTPS 加密协议访问，保障数据的安全
	加密服务	对原来为明文的文件或数据按某种算法进行处理，使其成为不可读的一段代码，通常称为"密文"	达到保护数据，不被非法窃取、阅读的目的
	密钥管理服务	提供安全合规的密钥托管和密码服务	帮助用户轻松使用密钥来加密保护敏感的数据资产，控制云上的分布式计算和存储环境
	数据安全中心（敏感数据保护）	为客户提供数据安全能力	数据安全中心 DSC 为客户提供敏感数据识别、分级分类、数据安全审计、数据脱敏、智能异常检测等数据安全能力
	安全管家服务	全方位安全技术和咨询服务	云安全管家服务是云安全专家基于云多年安全最佳实践经验为云上用户提供的全方位安全技术和咨询服务

5. 中间件类云产品

在云计算环境中，还有一个非常重要的角色，叫作中间件类云产品，它是指提供系统和应用软件之间连接的软件，便于软件各部件之间的沟通。该类产品帮助不同的云服务和应用程序协同工作，实现数据的共享和交换。

中间件类云产品通常包括消息队列、分布式缓存、API 网关、服务注册与发现、负载均衡等产品。这些产品提供了不同的功能，如解耦应用、提高系统可扩展性、确保数据一致性、提供统一的 API 接口、实现服务的高可用性等。通过使用中间件类云产品，开发者可以更加高效地构建和管理云应用，降低系统复杂性，提高系统的可靠性和性能。

常见的中间件类云产品包括阿里云的消息队列 MQ、分布式应用服务 EDAS、性能测试 PTS 等，以及腾讯云的微服务产品 TSF Serverless、TSF Mesh 等。这些产品基于不同的技术和架构，为开发者提供了丰富的选择，以满足不同场景和需求下的中间件需求。

（1）中间件类云产品的主要优点如表 5-13 所示。

表 5-13　中间件类云产品的优点

优　　点	优 点 分 析
简化开发过程	中间件类云产品通常提供丰富的 API 和工具，使开发者能够更快速地构建和部署应用程序，无须关注底层技术的细节
提高系统性能	通过优化资源分配和管理，中间件类云产品可以提高应用程序的性能和响应速度，从而提升用户体验
增强系统可靠性	这类产品通常具有负载均衡、容错处理等功能，可以确保应用程序在高并发、大规模数据处理等场景下稳定运行
降低运维成本	中间件类云产品能够自动化处理许多运维任务，如监控、日志收集、故障排查等，从而降低企业的运维成本

（2）中间件类云产品的主要缺点如表 5-14 所示。

表 5-14　中间件类云产品的缺点

缺　　点	缺 点 分 析
依赖性强	中间件类云产品通常与特定的云计算平台或框架绑定，因此可能会存在一定的依赖性。如果企业更换云计算平台或框架，可能需要重新选择和配置中间件产品
学习成本较高	对于一些复杂的中间件产品，开发者可能需要花费一定的时间来学习和掌握其使用方法和最佳实践
定制化程度有限	虽然中间件类云产品提供了许多通用功能，但在某些特定场景下，可能无法满足企业的定制化需求。此时，企业可能需要自行开发或定制中间件产品

综上所述，不同的中间件类云产品具有不同的特点和适用场景。因此，在选择和使用中间件产品时，企业需要结合自身业务需求和技术栈进行综合考虑，以选择最适合自己的产品；同时，也需要关注产品的更新迭代和安全性等方面的问题，以确保系统的稳定运行和数据安全。中间件类云产品选型和价值评估如表 5-15 所示。

表 5-15　中间件类云产品选型和价值评估表

类　型	产品名称	核　心　功　能	核　心　价　值
中间件类云产品	企业级分布式应用服务 EDAS	支持部署于 Kubernetes/ECS，无侵入支持 Java、Go、Python、PHP、.NetCore 等多语言应用的发布运行和服务治理	EDAS 提供了一系列的功能，帮助企业实现微服务架构转型，构建稳定、高效的云原生应用
	微服务架构转型	EDAS 提供了全面的微服务架构支持	帮助企业完成从单体应用到微服务的转型，同时提供丰富的微服务治理能力
	流量管理	EDAS 支持灵活的流量管理策略	包括流量切换、流量限制等功能，保障了应用的稳定运行
	熔断保护	EDAS 提供了熔断保护机制	可以自动对故障服务进行隔离，保护系统的稳定性
	运维监控	EDAS 提供了全方位的运维监控功能	包括应用性能监控、系统性能监控、业务指标监控等，帮助企业实时掌握应用状态
	微服务引擎 MSE	面向业界主流开源微服务生态的一站式微服务平台	提供注册 & 配置中心全托管、云原生网关和无侵入的开源增强服务治理能力
	服务网格 ASM	兼容 Istio	支持多个 Kubernetes 集群统一流量管理，为容器和虚拟机应用服务提供一致性的通信控制
	应用高可用服务 AHAS	目前主要提供应用架构探测感知	主要提供流量防护、故障演练、多活容灾、开关预案四大核心能力
	云消息队列 RocketMQ 版	基于 Apache RocketMQ 构建的分布式消息中间件	云消息队列 RocketMQ 版（原 ONS）是云基于 Apache RocketMQ 构建的低延迟、高并发、高可用、高可靠的分布式消息中间件
	云消息队列 Kafka 版	Kafka 是一种高吞吐量的分布式发布订阅消息系统（消息引擎系统），它可以处理消费者在网站中的所有动作流数据	Kafka 的目的是通过 Hadoop 的并行加载机制来统一线上和离线的消息处理，也是为了通过集群来提供实时的消息

续表

类 型	产品名称	核心功能	核心价值
中间件类云产品	云消息队列 RabbitMQ 版	支持 AMQP 协议，完全兼容 RabbitMQ 开源生态以及多语言客户端	打造分布式、高吞吐、低延迟、高可扩展的云消息服务
	消息服务 MNS	传递数据、通知消息，构建松耦合系统	帮助应用开发者在他们应用的分布式组件上自由地传递数据、通知消息，构建松耦合系统
	性能测试	面向分布式和云化的设计	有别于传统工具的繁复，PTS 以互联网化的交互，面向分布式和云化的设计，更适合当前的主流技术架构

6. 数据库类云产品

数据库类云产品是指基于云计算平台提供的数据库服务。这些产品通常允许用户通过云服务提供商的界面或 API 轻松地创建、配置和管理数据库实例，而无须自己购买和维护硬件设备。

（1）数据库类云产品的优点如表 5-16 所示。

表 5-16 数据库类云产品的优点

优 点	优 点 分 析
弹性伸缩	用户可以根据需要快速增加或减少数据库实例的资源，以满足应用程序的性能需求
高可用性	云数据库产品通常具有内置的高可用性特性，如自动备份、故障转移和数据恢复，以确保数据的可靠性和业务的连续性
安全性高	云数据库产品提供了一系列安全功能，如数据加密、访问控制、安全审计等，以保护用户的数据安全
易用性强	用户可以通过云服务提供商提供的图形化界面或 API 来管理数据库，无须具备专业的数据库管理技能。常见的数据库类云产品包括云数据库 MySQL、云数据库 PostgreSQL、云数据库 MongoDB 等，它们分别基于不同的数据库技术构建，以满足不同应用程序的需求

（2）数据库类云产品的缺点如表 5-17 所示。

综上所述，在选择数据库类云产品时，企业需要综合考虑自己的业务需求和场景、云服务提供商的信誉和服务质量、数据安全性以及迁移成本等因素；同时，也需要关注云数据库的性能问题，并采取相应的优化措施来提高性能。数据库类云产品选型和价值评估如表 5-18 所示。

表 5-17　数据库类云产品的缺点

缺　　点	缺 点 分 析
存在性能问题	由于数据存储在云端，需要通过网络进行传输，因此可能会存在性能问题，如访问延迟、带宽限制等。对于需要高性能的场景，可能需要考虑使用本地数据库或者优化网络配置来提高性能
存在数据安全性问题	虽然云数据库提供了多种安全措施，如数据加密、访问控制等，但仍然存在数据泄露、非法访问等安全风险。用户需要关注服务提供商的安全实践和合规性，确保数据的安全性
依赖云服务提供商	使用云数据库意味着将数据和业务逻辑交给云服务提供商管理，这可能会引发一些依赖性和风险。如果云服务提供商出现故障或安全问题，可能会对企业的业务造成影响
数据迁移时会有问题	当企业决定更换云数据库服务提供商或者将数据迁移回本地数据库时，可能会面临数据迁移的复杂性和成本增加的问题

表 5-18　数据库类云产品选型和价值评估表

类　　型	产 品 名 称	核 心 功 能	核 心 价 值
数据库类云产品	云原生数据库 PolarDB MySQL 版	具有多主多写、多活容灾、HTAP 特性	交易性能最高可达开源数据库的 6 倍，分析性能最高可达开源数据库的 400 倍，TCO 低于自建数据库 50%
	云原生数据库 PolarDB PostgreSQL 版	为用户提供快速弹性、高性能、海量存储、安全可靠的数据库服务	支持云自研 Ganos 多维多模时空信息引擎及开源 PostGIS 地理信息引擎
	云数据库 RDS MySQL 版	开源软件组合 LAMP	作为开源软件组合 LAMP(Linux + Apache + MySQL + Perl/PHP/ Python) 中的重要一环，广泛应用于各类应用场景
	云数据库 Redis 版	Redis 是一个高性能的 key-value 数据库	Redis 支持主从同步，数据可以从主服务器向任意数量的从服务器上同步，从服务器可以是关联其他从服务器的主服务器
	云原生内存数据库 Tair	云原生内存数据库 Tair 是云自研数据库	兼容 Redis 的同时提供更多数据结构和企业级能力，包括全球多活、任意时间点恢复和透明加密等

续表

类　　型	产　品　名　称	核　心　功　能	核　心　价　值
数据库类云产品	云数据库 MongoDB 版	MongoDB 是一个介于关系数据库和非关系数据库之间的产品，是非关系数据库当中功能最丰富、最像关系数据库的	MongoDB 最大的特点是它支持的查询语言非常强大，其语法有点类似于面向对象的查询语言，几乎可以实现类似关系数据库单表查询的绝大部分功能，而且支持对数据建立索引
	云数据库专属集群 MyBase	云数据库专属集群是云专为大中型企业用户定制优化的解决方案	目前支持 MySQL、PostgreSQL、Redis 数据库
	云原生数据仓库 AnalyticDB MySQL	一种支持高并发低延时查询的新一代云原生数据仓库	高度兼容 MySQL 协议以及 SQL 语法标准
	数据库备份 DBS	保护与备份服务	数据库备份（database backup，DBS）是为数据库提供连续数据保护、低成本的备份服务

7.大数据计算类云产品

大数据计算类云产品是指基于云计算平台提供的大数据处理和分析服务。这些产品通常用于处理海量数据，提供高性能计算和存储能力，以满足用户的数据分析、数据挖掘、机器学习等需求。

（1）大数据计算类云产品的特点如表 5-19 所示。

表 5-19　大数据计算类云产品的特点

特　　点	特　点　描　述
大规模并行处理	利用分布式计算技术，将海量数据分散到多个计算节点上并行处理，以提高计算效率
弹性伸缩	根据处理任务的需求，动态调整计算资源，以满足不同规模和复杂度的数据处理任务
数据存储和管理	提供高性能的分布式存储系统，用于存储和管理海量数据，支持高并发、低延迟的数据访问
数据分析和挖掘	提供多种数据分析和挖掘算法，帮助用户发现数据中的规律和模式，为决策提供支持。常见的大数据计算类云产品包括 MaxComputer（原 ODPS）、ADS（海量数据实时高并发在线分析云计算服务）等

（2）大数据计算类云产品基于不同的技术和架构，提供了丰富的数据

处理和分析功能，帮助用户快速处理和分析海量数据，挖掘数据价值，主要优点如表 5-20 所示。

表 5-20　大数据计算类云产品的优点

优　点	优 点 描 述
强大的弹性扩展能力	大数据计算类云产品通常具备强大的弹性扩展能力，可以根据业务需求快速增加或减少计算资源，满足不断变化的数据处理需求
高效的数据处理	通过采用分布式计算框架和优化的数据处理算法，大数据计算类云产品能够高效处理和分析海量数据，提取出有价值的信息
丰富的数据分析工具	大数据计算类云产品通常提供多种数据分析工具，如数据挖掘、机器学习、可视化等，帮助用户更好地理解和利用数据
降低 IT 成本	使用大数据计算类云产品可以降低企业的 IT 成本，因为无须购买和维护昂贵的硬件设备和软件系统。同时，按需付费的模式也使成本更加可控

（3）大数据计算类云产品的缺点如表 5-21 所示。

表 5-21　大数据计算类云产品的缺点

缺　点	缺 点 描 述
数据安全性欠佳	由于数据存储在云端，可能会存在数据泄露、非法访问等安全风险。用户需要关注服务提供商的安全实践和合规性，确保数据的安全性
数据隐私性欠佳	在使用大数据计算类云产品时，用户的数据可能会被存储在提供商的数据中心，这可能会引发数据隐私的问题。企业需要确保提供商遵守相关法律法规，并采取适当的加密和访问控制措施来保护数据隐私
依赖云服务提供商	使用大数据计算类云产品意味着将数据和业务逻辑交给云服务提供商管理，这可能会引发一些依赖性和风险。如果云服务提供商出现故障或安全问题，可能会对企业的业务造成影响
技术复杂性	大数据计算类云产品通常涉及复杂的技术架构和算法，需要专业的技术人员进行配置和管理。这可能会增加企业的技术负担和成本

综上所述，企业在选择大数据计算类云产品时，需要综合考虑自己的业务需求和场景、云服务提供商的信誉和服务质量、数据安全性、隐私性以及技术复杂性等因素。同时，企业也需要关注云产品的性能、稳定性和可扩展性等方面的表现，以确保云产品能够满足企业的实际需求。大数据计算类云产品选型和价值评估如表 5-22 所示。

表 5-22　大数据计算类云产品选型和价值评估表

类 型	产 品 名 称	核 心 功 能	核 心 价 值
大数据计算类云产品	云原生大数据计算服务 MaxCompute	面向分析的大数据计算服务	经济并高效地分析、处理海量数据
	实时计算 Flink 版	云基于 Apache Flink 构建的企业级、高性能实时大数据处理系统	完全兼容开源 Flink API，提供丰富的企业级增值功能
	检索分析服务 Elasticsearch 版	兼容开源 Elasticsearch 的功能，以及 Security、Machine Learning、Graph、APM 等商业功能	致力于数据分析、数据搜索等场景服务
	图计算服务 Graph Compute	新一代一站式图数据管理和分析平台	可帮助客户轻松构建海量关系数据的图应用服务
	开源大数据平台 E-MapReduce	生态大数据 PaaS 产品	云 E-MapReduce（EMR）是构建在云服务器 ECS 上的开源 Hadoop、Spark、HBase、Hive、Flink 生态大数据 PaaS 产品
	数据湖构建 Data Lake Formation	数据湖是一个集中式存储库	可存储任意规模结构化和非结构化数据，支持大数据和 AI 计算
	数据可视化 DataV	它是云产品中的一款数据可视化应用搭建工具	让更多的人看到数据可视化的魅力，帮助非专业的工程师通过图形化的界面轻松搭建专业水准的可视化应用
	数据可视化分析平台 Quick BI	无缝对接各类云上数据库和自建数据库	大幅提升数据分析和报表开发效率，零代码鼠标拖曳式操作交互，让业务人员轻松实现海量数据可视化分析
	大数据开发治理平台 DataWorks	DataWorks 基于 MaxCompute/EMR 等大数据计算引擎	为客户提供专业高效、安全可靠的一站式大数据开发与治理平台
	数据总线 DataHub	提供流式数据的发布（publish）和订阅（subscribe）功能	可以轻松构建基于流式数据的分析和应用

续表

类　　型	产品名称	核　心　功　能	核　心　价　值
大数据计算类云产品	数据集成（Data Integration）	数据集成是对外提供的可跨异构数据存储系统的、可靠、安全、低成本、可弹性扩展的数据同步平台	基于数据集成的智慧工厂产品设计
	智能数据建设与治理 Dataphin	它是 OneData 数据治理方法论内部实践的云化输出，一站式提供数据采、建、管、用全生命周期的大数据能力	助力企业显著提升数据治理

8. 人工智能与机器学习类云产品

人工智能与机器学习类云产品是指基于云计算平台提供的人工智能和机器学习服务。这些产品利用人工智能技术，帮助用户构建、训练和部署机器学习模型，以实现自动化决策、智能分析、预测等功能。

（1）人工智能与机器学习类云产品的主要特点如表 5-23 所示。

表 5-23　人工智能与机器学习类云产品的特点

特　　点	特　点　描　述
易用性	提供图形化界面或 API，使用户无须具备深厚的机器学习背景，也能轻松创建、训练和部署机器学习模型
弹性伸缩	根据计算需求，动态调整计算资源，以满足不同规模和复杂度的机器学习任务
数据处理	提供数据预处理、特征工程等功能，帮助用户准备适用于机器学习的数据集
模型管理	支持模型的版本控制、性能监控和调优，确保模型的稳定性和性能
部署与集成	提供多种部署选项，如云端部署、边缘计算等，以便用户将机器学习模型集成到实际业务场景中

（2）人工智能与机器学习类云产品的优点如表 5-24 所示。

表 5-24　人工智能与机器学习类云产品的优点

优　　点	优　点　分　析
高效性和准确性	人工智能与机器学习类云产品通常采用先进的算法和模型，能够高效处理和分析数据，提高决策的准确性和效率

续表

优 点	优 点 分 析
灵活性和可扩展性	云平台提供了弹性扩展的计算资源，用户可以根据业务需求快速增加或减少计算资源，满足不断变化的任务需求
丰富的算法和模型库	人工智能与机器学习类云产品通常提供丰富的算法和模型库，涵盖了各种应用场景，方便用户选择和使用
降低技术门槛	通过云服务提供商提供的算法、模型和工具，用户无须具备深厚的人工智能和机器学习技术背景，也能快速构建和部署人工智能应用

（3）人工智能与机器学习类云产品的缺点如表 5-25 所示。

表 5-25　人工智能与机器学习类云产品的缺点

缺 点	缺 点 分 析
数据安全性欠佳	人工智能与机器学习类云产品涉及大量数据的传输和存储，可能存在数据泄露、非法访问等安全风险。用户需要关注服务提供商的安全实践和合规性，确保数据的安全性
数据隐私性欠佳	在使用人工智能与机器学习类云产品时，用户的数据可能会被存储在提供商的数据中心，这可能会引发数据隐私的问题。企业需要确保提供商遵守相关法律法规，并采取适当的加密和访问控制措施来保护数据隐私
依赖云服务提供商	使用人工智能与机器学习类云产品意味着将数据和业务逻辑交给云服务提供商管理，这可能会引发一些依赖性和风险。如果云服务提供商出现故障或安全问题，可能会对企业的业务造成影响
技术复杂性	虽然云服务提供商提供了丰富的算法和模型库，但对于一些特定的应用场景，用户可能需要进行模型调优或定制开发，这需要具备相应的技术能力和经验

综上所述，在选择人工智能与机器学习类云产品时，企业需要综合考虑自己的业务需求和场景、云服务提供商的信誉和服务质量、数据安全性、隐私性以及技术复杂性等因素。同时，也需要关注产品的性能、稳定性和可扩展性等方面的表现，以确保能够满足企业的实际需求。

常见的人工智能与机器学习类云产品包括阿里云发布的图像搜索、智能语音自学习平台以及机器翻译等。这些产品基于深度学习和大规模机器学习技术，通过图像识别、语音交互等技术，为不同行业的用户提供业界领先的人工智能解决方案。人工智能与机器学习类云产品选型和价值评估如表 5-26 所示。

表 5-26 人工智能与机器学习类云产品选型和价值评估表

类 型	产品名称	核 心 功 能	核 心 价 值
人工智能与机器学习类云产品	机器学习平台	云原生机器学习平台	云机器学习平台面向企业客户及开发者，提供轻量化、高性价比的云原生机器学习平台
	模型在线服务	模型在线服务平台	支持用户将模型一键部署为在线推理服务或 AI-Web 应用
	智算服务	面向大规模深度学习及融合智算场景的 PaaS 平台产品	支持公有云 Serverless 版、单租版以及混合云产品形态
	智能数据标注	多种数据类型的标注以及多模态的混合标注	这是一款智能化数据标注平台，支持图像、文本、视频、音频等多种数据类型的标注以及多模态的混合标注
	智能推荐	基于决策分析的数字政府业务架构设计	基于领先的大数据和人工智能技术，结合在电商、内容、新闻等多个行业领域的积累，为全球企业及开发者提供个性化推荐服务
	智能开放搜索	通过集成智能查询语义理解、机器学习排序算法等	旨在为企业提供高搜索质量的一站式内容智能搜索服务
	文字识别 OCR	可以将图片中的文字信息转换为可编辑文本	云根据客户的业务场景和需求，将产品分为十大类，以满足各种客户的图片识别需求
	视觉智能开放平台	拥有达摩院图像、视频、3D 视觉等领域科学家和工程师沉淀的视觉 AI 能力	为用户提供具备实战价值的一站式视觉 AI 服务
	人脸人体	基于图像或视频中的人脸检测、分析/比对技术，以及人体检测技术	提供人脸/人体的检测定位、人脸属性识别和人脸比对等独立模块
	图像搜索	以深度学习和机器视觉技术为核心	帮助用户在自建图库中实现相同或相似图片搜索的以图搜图服务
	NLP 基础服务	为各类企业及开发者提供的用于文本分析及挖掘的核心工具	已经广泛应用在电商、文化娱乐、金融、物流等行业客户的多项业务中
	NLP 自学习平台	NLP 定制化算法能力	支持文本实体抽取、文本分类、关键短语抽取、情感分析、关系抽取、商品评价解析、简历抽取和智能合同审查等 NLP 定制化算法能力

续表

类 型	产品名称	核 心 功 能	核 心 价 值
人工智能与机器学习类云产品	机器翻译	语言解决方案	依托先进的自然语言处理技术和海量的数据优势，为企业或开发者提供多语言、多场景、多模态的语言解决方案
	实时语音识别	对不限时长的音频流做实时识别，达到"边说边出文字"的效果	内置智能断句，提供时间戳。可用于多种场景
	语音合成	高拟真度、灵活配置的语音合成产品，打通人机交互的闭环	让应用逼真发声，多种音色可供选择，并提供调节语速、语调、音量等功能
	语音本地化部署方案	支持语音识别、语音合成、语言模型自学习工具的本地化部署	帮助企业在自己的数据中心零时差使用智能语音服务
	虚拟数字人	整合技术方案	虚拟数字人是一项将人工智能技术应用于业务场景的整合技术方案
	交通云控平台	基于城市大脑开放平台与大数据一体化计算平台	智能出行引擎的数据融合、控制优化、实时预警三大模块，实现交通行业数据的闭环流转
	工业大脑	工业大脑是基于云大数据的一体化计算平台	为解决工业制造业的核心问题而打造的数据智能产品
	自动驾驶云开发平台	自动驾驶云开发平台	它是面向自动驾驶企业在云端供应的开发工具体系，让自动驾驶企业更高效、高性价比地利用公有云

9. 媒体服务类云产品

媒体服务类云产品是指基于云计算平台所提供的媒体处理、分发、存储和分析等服务。这些产品主要服务于媒体行业，包括广播电视、影视制作、新闻出版、广告营销等领域，帮助用户实现媒体内容的数字化、网络化和智能化处理。

媒体服务类云产品通常包括媒体处理服务、媒体分发服务、媒体存储服务、媒体分析服务等。媒体处理服务可以对音视频内容进行转码、剪辑、合成、特效处理等，以满足不同终端和场景的需求。媒体分发服务则通过CDN 等技术实现媒体内容的高效分发和传输，确保用户能够快速、稳定地访问媒体资源。媒体存储服务提供海量、安全、可靠的媒体内容存储解决方案，支持多种存储协议和访问方式。媒体分析服务则利用人工智能和大数据技术对媒体内容进行分析和挖掘，提供用户行为分析、内容推荐、广告效果评估等服务。

（1）媒体服务类云产品的主要优点如表 5-27 所示。

表 5-27　媒体服务类云产品的优点

优　点	优 点 分 析
高效处理能力	媒体服务类云产品通常采用高性能的计算资源和专业的算法，快速处理大量的媒体数据，提高处理效率
弹性扩展	云平台提供了弹性扩展的能力，用户可以根据业务需求快速增加或减少计算资源，满足不断变化的媒体处理需求
丰富的功能	媒体服务类云产品通常提供多种媒体处理功能，如视频编解码、图像识别、音频分析等，方便用户进行多媒体内容的处理和分析
降低技术门槛	通过云服务提供商提供的媒体处理服务，用户无须具备深厚的媒体处理技术背景，也能快速构建和部署媒体应用

（2）媒体服务类云产品的主要缺点如表 5-28 所示。

表 5-28　媒体服务类云产品的缺点

缺　点	缺 点 分 析
数据安全性欠佳	媒体数据通常包含敏感信息，如个人隐私、商业机密等。在云端处理这些数据可能存在数据泄露、非法访问等安全风险。用户需要关注服务提供商的安全实践和合规性，确保数据的安全性
数据隐私性欠佳	媒体数据通常具有隐私性，如人脸图像、语音信息等。在使用媒体服务类云产品时，用户的数据可能会被存储在提供商的数据中心，这可能会引发数据隐私的问题。企业需要确保提供商遵守相关法律法规，并采取适当的加密和访问控制措施来保护数据隐私
依赖云服务提供商	使用媒体服务类云产品意味着将数据和业务逻辑交给云服务提供商管理，这可能会引发一些依赖性和风险。如果云服务提供商出现故障或安全问题，可能会对企业的业务造成影响
处理质量欠佳	尽管大多数媒体服务类云产品都提供了高质量的处理效果，但不同提供商之间的处理质量可能存在差异。用户需要根据自己的需求选择适合的提供商，并进行必要的测试和验证

综上所述，在选择媒体服务类云产品时，企业需要综合考虑自己的业务需求和场景、云服务提供商的信誉和服务质量、数据安全性、隐私性以

及处理质量等因素。同时，也需要关注产品的性能、稳定性和可扩展性等方面的表现，以确保能够满足企业的实际需求。在选型原则上，要能充分发挥其优势：一是提供高效、灵活、可扩展的媒体处理、分发、存储和分析服务，帮助媒体企业降低成本、提高效率、优化用户体验；二是能提供丰富的 API 和 SDK，方便用户进行集成和定制开发。媒体服务类云产品选型和价值评估如表 5-29 所示。

表 5-29　媒体服务类云产品选型和价值评估表

类　　型	产品名称	核 心 功 能	核 心 价 值
媒体服务类云产品	视频直播	音视频直播平台	视频直播是基于领先的内容接入与分发网络和大规模分布式实时视频处理技术（含窄带高清 TM）打造的音视频直播平台
	视频点播	一体的一站式音视频点播解决方案	集视频采集、编辑、上传、媒体资源管理、自动化转码处理（窄带高清 TM）、视频审核分析、分发加速于一体的一站式音视频点播解决方案
	云导播台	依托云强大的视频直播、媒体处理和视频 AI 等技术	融合图文包装、实时抠像、多语言翻译等能力，对传统导播服务进行云端创新
	音视频通信	依托核心音视频编解码、信道传输、网络调度技术	提供高可用、高品质、超低延时的音视频通信服务
	智能媒体服务	集媒体汇聚、媒资管理、媒体处理、生产和消费于一体的全链路媒体服务平台	提供专业、高效、灵活、智能的媒体服务能力

5.5　大模型之文心一言

1. 产品介绍

文心一言（ERNIE Bot）是百度全新一代知识增强大语言模型，能够与人对话互动、回答问题、协助创作，高效便捷地帮助人们获取信息、知识和灵感。文心一言从数万亿数据和数千亿知识中融合学习，得到预训练大模型。在此基础上，采用有监督精调、人类反馈强化学习、提示等技术，具备知识增强、检索增强和对话增强的技术优势。

2023 年 10 月 17 日，百度在世界大会上，正式发布文心大模型 4.0。李彦宏表示，这是迄今为止最强大的文心大模型，实现了基础模型的全面升级，在理解、生成、逻辑和记忆能力上都有着显著提升，综合能力"与 GPT-4 相比毫不逊色"。文心大模型 4.0 的理解、生成、逻辑、记忆四大能力都有显著提升，其中理解和生成能力的提升幅度相近，而逻辑和记忆能力的提升则更大，逻辑的提升幅度达到理解的近 3 倍，记忆的提升幅度也达到了理解的 2 倍多。

在理解能力上，在公积金异地贷款政策的案例中，文心一言展示了对前后乱序、模糊意图、潜台词等复杂提示词的理解力，例如"在北京工作"等同于"在北京缴纳公积金"。

在生成能力上，文心一言展示了如何在短短几分钟内，根据一张素材图片，迅速生成一组广告海报、五条广告文案以及一条营销视频。基于这一系列能力，百度已经推出了 AIGC 营销创意平台——擎舵，让"一个人就成为一支 AI 营销队伍"。

在解数学题、总结知识点等场景上，文心一言展示了大模型的逻辑能力。

在记忆力测试上，文心一言展示了数千字的小说撰写和角色、情节设置，体现了大模型的超强大脑的记忆能力。

2. 核心能力

文心大模型 4.0，在多个关键技术方向上有创新突破，具体如下。

（1）在模型训练上：在万卡算力上运行飞桨平台，通过集群基础设施和调度系统、飞桨框架的软硬协同优化，支持了大模型的稳定高效训练。

（2）一体化训练平台：建设了多维数据体系，形成了数据挖掘、分析、合成、标注、评估闭环，充分释放数据价值，大幅提升模型效果。

（3）模型校准：基于有监督精调、偏好学习、强化学习等技术进行多阶段对齐，保证模型更好地与人类的判断和选择对齐。

（4）速度提升：可再生训练技术通过增量式的参数调优，有效节省了训练资源和时间，加快了模型迭代速度。

（5）知识点增强：文心大模型 4.0 在输入和输出阶段都进行知识点增强。首先，对用户输入的问题进行理解，并拆解出回答问题所需的知识点，然后在搜索引擎、知识图谱、数据库中查找准确知识，再把这些找到的知识组装进 prompt 送入大模型，准确率好，效率也高。其次，对大模型的输出进行反思，从生成结果中拆解出知识点，然后利用搜索引擎、知识图谱、数据库以及大模型本身进行确认，进而对有差错的点进行修正。

在强大的基础大模型的基础上，百度进一步研制了智能体机制，包括理解、规划、反思和进化，能够做到可靠执行、自我进化，并在一定程度上将思考过程白盒化，让机器像人一样思考和行动，自主完成复杂任务，在环境中持续学习实现自主进化。

3. 应用场景

文心一言是新一代知识增强大语言模型，能够与人对话互动、回答问题、协助创作，高效便捷地帮助人们获取信息、知识和灵感。文心一言从数万亿数据和数千亿知识中融合学习，得到预训练大模型，在此基础上采用有监督精调、人类反馈强化学习、提示等技术，具备知识增强、检索增强和对话增强的技术优势。

文心一言向广大用户提供对话交互、内容创作、知识推理、多模态生成等模型能力，辅助用户工作、学习，满足用户生活中的各类需求。同时百度上线了一系列的 AI 模型，帮助用户更便捷、深入地使用文心一言大语言模型，具体如表 5-30 所示。

表 5-30　文心一言的 AI 模型说明

AI 模型	具 体 说 明
一言百宝箱	用户可在一言百宝箱搜索、浏览不同职业和场景的优质指令词，学习指令撰写技巧，使用符合自身需求的指令；用户还可以查看当日热门指令，收藏高频使用的指令
问题推荐	用户可以在文心一言官网首页点击问题推荐模块，快速了解模型能力；此外，模型会根据用户的问题，自动生成推荐问题，帮助用户进一步发掘和满足需求
对话管理	用户可以对文心一言的回答进行复制、分享，还可以对历史对话进行置顶、修改标题等操作；此外，模型也会自动摘要历史对话的标题，帮助用户快速定位过往对话
文学创作	文心一言根据对话问题将知名科幻小说《三体》的核心内容进行了总结，并提出了五个续写《三体》的建议角度，体现出对话问答、总结分析、内容创作生成的综合能力
商业文案创作	文心一言顺利完成了给公司起名、写 Slogan、写新闻稿的创作任务。在连续三次内容创作生成中，文心一言既能准确理解人类意图，又能清晰地表达，这是基于庞大数据规模而发生的"智能涌现"
数理逻辑推算	文心一言还具备了一定的思维能力，能够学会数学推演及逻辑推理等相对复杂任务，面对"鸡兔同笼"这类锻炼人类逻辑思维的经典题目，文心一言能理解题意，并有正确的解题思路，进而像学生做题一样，按正确的步骤，一步步算出正确答案
中文理解	作为扎根于中国市场的大语言模型，文心一言具备中文领域最先进的自然语言处理能力，在中文语言和中国文化上有更好的表现。在现场展示中，文心一言正确解释了成语"洛阳纸贵"的含义、"洛阳纸贵"对应的经济学理论，还用"洛阳纸贵"四个字创作了一首藏头诗
多模态生成	百度创始人、董事长兼首席执行官李彦宏现场展示了文心一言生成文本、图片、音频和视频的能力。文心一言甚至能够生成四川话等方言语音

4.产品优势

百度在搜索、人工智能领域深耕 20 多年。自 2010 年起百度开始全面布局人工智能，是全球为数不多、进行全栈布局的人工智能公司。从昆仑芯片、飞桨深度学习平台、文心大模型到应用四层架构中，百度在技术栈的各层都有领先业界的关键自研技术，实现了层与层反馈、端到端优化，大幅提升效率。文心一言的关键技术包括有监督精调、人类反馈的强化学习、提示、知识增强、检索增强和对话增强。文心一言的产品优势如表 5-31 所示。

表 5-31 文心一言的产品优势说明

产 品 优 势	具 体 说 明
NLP 和深度学习算法	使用先进的自然语言处理技术和深度学习算法,可以分析文章的内容、结构和语言风格,提供更加自然、优雅的语言表达。这样,即使用户不是专业写手,也可以轻松写出高质量的文章
多样化的模板和写作场景	提供了丰富多样的写作模板,从商务邮件到短信、简历、论文等各种写作场景,都可以满足不同人群和不同写作需求。选择不同的模板,可以让用户的写作更加高效和精准
多维度的文本分析和优化	可以帮助用户进行多维度的文本分析和优化,包括语法、逻辑、流畅性、关键词等方面,让文章更加清晰、连贯、有重点。同时,还可以提供多种优化建议和改进方案,让用户的写作更加高效和精准
多平台支持和云端同步	支持多平台使用,包括 PC 端、移动端和网页端等,无论身处何时何地都可以随时随地使用。同时,百度文心一言还支持云端同步,让用户的写作记录可以在不同设备之间自动同步,更加方便管理和使用
个性化定制和扩展功能	百度文心一言提供了多种个性化定制和扩展功能,可以根据用户的写作需求和习惯进行自定义设置。比如,用户可以选择喜欢的字体、背景色、配色方案等。此外,百度文心一言还支持多种输出格式,包括 txt、pdf、docx 等,可以方便地导出并进行后续编辑
知识增强	主要有"知识内化"和"知识外用"两种方式。 (1)知识内化是从大规模知识和无标注数据中基于语义单元学习,利用知识构造训练数据,把知识学习到模型参数中; (2)知识外用则是引入外部多源异构知识,做知识推理、提示构建等
检索增强	来自以语义理解与语义匹配为核心技术的新一代搜索架构。通过引入搜索结果,可以为大模型提供时效性强、准确率高的参考信息
对话增强	基于对话技术和应用积累,文心一言具备记忆机制、上下文理解和对话规划能力,从而更好实现对话的连贯性、合理性和逻辑性

📢 5.6 大模型之 Sora

1. 产品介绍

Sora 是 OpenAI 发布的一个文生视频模型,可以根据文字描述生成现实世界视频内容。它能够根据用户输入的文本描述,生成长达 1 分钟的高质量视频，这些视频不仅视觉质量高，而且与用户的文本提示高度一致。

Sora 的核心功能是文本到视频（text-to-video）生成，即根据用户提供的文本描述，生成对应的视频内容。这项任务要求模型理解文本语义，并将其转换为视觉表达，具有广泛的创作和应用价值，可用于内容制作、教育和娱乐领域。

Sora 的几个技术特点如下。

（1）60 秒超长长度：Sora 生成视频长度能达到分钟级别，是关键性技术突破。主流的 RunWay、Pika 以及 Stability 的 SAD 等，能生产的视频最长不过十几秒。

（2）超强语义理解：根据 OpenAI 模型分析文字中的各种细节，包括人物的动作、表情、对话等，并能够将这些信息转化为视频内容。

（3）多镜头切换：一句提示语，在 1 分钟的镜头里，实现了多角度的镜头切换而且物体一致。

（4）更丰富的视觉细节：生成的视频视觉细节丰富，物体纹理清晰，色彩逼真，整体视频质量更高。相比之下，其他模型生成的视频通常显得模糊、细节不足、色彩不那么鲜艳。例如，在生成的"女人眨眼睛"的视频中，Sora 对女性眼部的特写十分到位，从眉毛、睫毛、眼皮褶皱、眼袋、卧蚕和细纹的细节来看，已经达到以假乱真的效果。

Sora 的工作原理是一个结合了扩散模型和大语言模型技术的视频生成系统，其涵盖了多种视觉数据类型和分辨率。这种模型的推出，标志着 OpenAI 在视频生成领域取得了革命性的进步，为文本到视频的转换提供了一种全新的方法。具体原理如下。

（1）扩散型变换器模型。Sora 通过扩散型变换器模型（diffusion transformer）来处理视频的输入数据。扩散型变换器模型通过学习输入数据的分布，然后将这些分布映射到低维空间，从而实现对视频的压缩和重构。这种模型架构使 Sora 能够在不需要额外训练的基础上生成不同的分辨率、时长和宽高比的视频。

（2）视频压缩网络。Sora 使用了视频压缩网络，以进一步压缩输入的视频或图片，使其成为一个低维度的表示形式。这个过程通过空间时间补丁（spatial and temporal patches）来分解视频或图片，意味着 Sora 将时间和空间信息结合起来，以减少对视频动态内容的表示。这种压缩不仅减少了数据量，还有助于提高模型的训练效率和可扩展性。

（3）解码器模型。Sora 设计了一个解码器模型，将生成的低维潜数据（潜在表示）转换到像素空间，以便进行进一步的处理和应用。在这个过程中，Sora 利用压缩后的潜空间进行训练，并用于生成视频。这种设计确保了 Sora 模型能够生成高质量的视频，同时保持了模型的灵活性和可扩展性。

2. 应用领域

OpenAI 的 Sora 文生视频模型自发布以来，引起了广泛关注和讨论。Sora 模型能够根据文本描述生成长达 60 秒的视频，这一技术突破不仅展示了 AI 在视频内容创作领域的潜力，也预示着未来视频制作和消费方式的重大变革。

在内容创作与媒体行业，极大地改变了内容创作的方式。视频制作人员可以更快速、更低成本地创作出高质量的视频内容，从而提高工作效率。对于广告业、电影预告片和短视频行业，Sora 可能会带来巨大的颠覆。它能够生成逼真的视频，减少对真人演员和导演的依赖，降低制作成本。在音乐和娱乐行业，Sora 可以用于制作音乐视频，节省制作成本并提高创意表达的可能性。

在教育与培训行业，Sora 可以用于创建教学视频，帮助学生更好地理解复杂的概念和历史智慧，提供更加生动和互动的学习体验。在企业培训中，Sora 可以生成定制化的教学视频，提高培训材料的吸引力和效果。

在职业发展机会上，Sora 可能会改变视频制作、剪辑、动画设计等职业的工作方式，减少对传统视频制作技能的需求，同时创造新的职业机会，如 AI 视频内容策划和编辑。

在技术伦理与法律问题上，Sora 生成的视频可能会引发关于版权、隐私和数据安全的问题。如何确保 AI 生成的内容不侵犯他人权益，成为一个亟待解决的问题。

在行业竞争与创新上，Sora 的发布可能会加剧视频生成领域的竞争，推动相关技术的发展和创新。企业需要不断适应新技术，探索如何将 AI 融入现有业务流程，以保持竞争力。

📢 5.7　大模型之 ChatGPT

1.产品介绍

ChatGPT（chat generative pre-trained transformer）是美国 OpenAI 研发的聊天机器人程序。OpenAI 总部位于美国旧金山，由埃隆·马斯克、萨姆·奥尔特曼及其他投资者在 2015 年共同创立，目标是开发造福全人类的 AI 技术。OpenAI 因推出 GPT 系列自然语言处理模型而闻名。

2018 年，OpenAI 就开始发布生成式预训练语言模型 GPT（generative pre-trained transformer），可用于生成文章、代码、机器翻译、问答等各类内容。

2022 年 11 月 30 日发布的 GPT 能够通过理解和学习人类的语言来进行对话，还能根据聊天的上下文进行互动，真正像人类一样来聊天交流。ChatGPT 的核心技术是基于 GPT 模型的自然语言处理算法，符合人类的语言特点。同时，ChatGPT 聊天机器人具有非常高的灵活性和可定制性，可以根据客户的需求进行智能定制以及技术支持，并提供面向多平台的部署方案，包括网页、微信、App 等。

ChatGPT 在语义理解的深度和广度上有了前所未有的突破，具体优点如表 5-32 所示。

表 5-32　ChatGPT 的优势分析

优　点	具　体　说　明
多功能性	ChatGPT 可以用于多种任务，包括问答、对话、翻译等。它的广泛应用使用户可以通过一个模型完成多个任务

续表

优　　点	具 体 说 明
创造力	ChatGPT 具备一定的创造力，可以生成文本、故事情节等内容，对于一些创意类任务非常有用
知识广度	ChatGPT 训练自大量的文本数据，因此在一些常见领域具备丰富的知识，可以回答各种问题
上下文理解	ChatGPT 能够理解上下文信息，并基于之前的对话进行响应，使对话更加连贯和有逻辑

ChatGPT 在某些情况下仍然存在诸多不足，具体缺点如表 5-33 所示。

表 5-33　ChatGPT 的缺点分析

缺　　点	具 体 说 明
语义理解限制	尽管 ChatGPT 能够理解上下文，但在某些情况下仍然存在理解限制，特别是当问题含糊不清或需要深入推理时
偏差和错误	由于 ChatGPT 是通过大规模训练数据学习而来，它可能会反映出数据中的偏差和错误。这可能导致模型生成不准确或有偏颇的回答
缺乏主动性	ChatGPT 通常只是被动地回应用户的输入，缺乏主动提问和引导对话的能力。这可能导致对话过于依赖用户的指导，而无法自行探索和深入讨论
难以解释	ChatGPT 是一个黑盒模型，很难解释其生成结果的原因和推理过程。这可能使人们难以理解模型如何得出某些答案或建议

2. 产品能力

GPT 的发展历程，经历了 GPT-1、GPT-2 以及 GPT-3 的升级。

2018 年 6 月，GPT-1 发布，使用的是 Transformer 的 decoder 架构和任务微调的形式。

2019 年 2 月，GPT-2 发布，优化了网络架构，使用了 10 倍大小的网络规模和 8 倍大小的预训练数据，并且去除了特定任务微调的形式，从而获取 prompt learning 的能力。

2021 年，GPT-3 发布，聚焦于更优的架构、更大的规模（100 倍）、更大的数据量（1000 倍），真正训练出了一个超级 GPT-3。

按照官方介绍，GPT-2 参数量为 15 亿，GPT-3 参数量达到了 175B（1750 亿参数的 OPT-175B），有 350 ~ 500GB 的显存需求，如果使用 FP16 加载该模型，需要至少 5 块 A100（80GB）才能够加载完成。而如果要从头开始训练，至少需要 1000 块 A100 才能够在可接受的时间（几个月）里训练出该模型。

GPT-3.5 是根据输入语句，根据语言 / 语料概率来自动生成回答的每一个字（词语）。从数学或机器学习的角度来看，语言模型是对词语序列的概率相关性分布的建模，即利用已经说过的语句（语句可以视为数学中的向量）作为输入条件，预测下一个时刻不同语句甚至语言集合出现的概率分布。

ChatGPT 使用来自人类反馈的强化学习进行训练，这种方法通过人类干预来增强机器学习以获得更好的效果。在训练过程中，人类训练者扮演着用户和人工智能助手的角色，并通过近端策略优化算法进行微调。ChatGPT 具有更强的性能和海量参数，它包含了更多的主题数据，能够处理更多小众主题。

ChatGPT 的卓越表现来自多项核心算法的支持和配合，包括作为其实现基础的 Transformer 模型、Prompt/Instruction Tuning 算法、思维链（COT）能力以及基于人类反馈的强化学习（RLHF）算法。

3. 核心技术

（1）Prompt/Instruction Tuning 算法。提示学习（Prompt Learning）是一个 NLP 界最近兴起的学科，能够通过在输入中添加一个提示词（prompt），使预训练模型的性能大幅提高。

Prompt Tuning 和 Fine Tuning 都是对预训练模型进行微调的方法。Fine Tuning 是调整语言模型，让任务和语言模型靠得更近；Prompt Tuning 可调整任务格式，让任务和语言模型靠得更近。

提出 Prompt Tuning 的初衷是，语言模型（language models，LM）越来越大，降低 Fine Tuning 的训练模型微调成本。Fine Tuning 的本质是改变预训练模型的 weights。LM 有基于大量训练数据的天然的迁移学习能力，但要在新领域获得较好的性能，使用 Fine Tuning，就要求重新多次训练预训练模型，导致内存消耗。

提示学习（Prompt Learning）是指对输入文本信息按照特定模板进行处理，把任务重构成一个更能充分利用预训练语言模型处理的形式。用 Prompt 的根本方法是：自然语言指令（task description）＋ 任务 demo（example）＋带 "__" 的任务。

Prompt Tuning 的本质是改变任务格式，从而迎合大模型的性能。换句话说，Prompt Tuning 的前提是预训练模型的性能已经非常好了，我们只需要在推断的时候进行任务格式转换即可获得很好的性能。

相较于提示学习（Prompt Learning），指令精调（Instruction Tuning）是提示学习的加强版。Instruction Tuning 和 Prompt Learning 的本质目标是一样的，即通过编辑输入来深挖模型自身所蕴含的潜在知识，进而更好地完成下游任务。它们的不同点在于，Prompt Learning 是去激发语言模型的补全能力，比如给出上半句生成下半句，或者做完形填空，都还是像在做 language model 任务。而 Instruction Tuning 则是激发语言模型的理解能力，通过给出更明显的指令 / 指示，让模型去理解并做出正确的动作。研究表明，当 "指令" 任务的种类达到一定量级后，大模型甚至可以在没有见过的零样本（zero-shot）任务上有较好的处理能力。因此，指令学习可以帮助语言模型训练更深层次的语言理解能力，以及处理各种不同任务的零样本学习能力。OpenAI 提出的 InstructGPT 模型使用的就是指令学习的思想，ChatGPT 沿袭了 InstructGPT 的方法。

（2）思维链（chain of thought，CoT）。在解决数学应用题时，涉及复杂任务的推理过程，通常会将问题分解为多个中间步骤，并逐步求解，进而给出最终的答案。鉴于此，谷歌工程师 Jason Wei 等提出了思维链，通过在小样本提示学习的示例中插入一系列中间推理步骤，有效提升了大规模语言模型的推理能力。

思维链提示学习有几个特点。

第一，阶段任务匹配计算资源。在思维链的加持下，模型可以将需要进行多步推理的问题分解为一系列的中间步骤，这可以将额外的计算资源分配到需要推理的问题上。

第二，可解释的窗口。思维链为模型的推理行为提供了一个可解释的窗口，使通过调试推理路径来探测黑盒语言模型成为可能。

第三，推理解决 LM 任务。它不仅可以用于数学应用题求解、常识推理和符号操作等任务，而且可能适用任何需要通过语言解决的问题。

第四，简单易用。它可以非常容易地融入语境学习（in-context learning），从而诱导大语言模型展现出推理能力。

（3）基于人类反馈的强化学习。RLHF（reinforcement learning with human feedback）这一概念最早是在 2008 年 *Training an Agent Manually via Evaluative Reinforcement* 一文中被提及的。

RLHF 是 ChatGPT/InstrcutGPT 实现与人类意图对齐，即按照人类指令尽可能生成无负面影响结果的重要技术。

RLHF 的训练过程分为以下三个阶段。

第一阶段：训练监督策略模型。

ChatGPT 之所以展现出非常优秀的文本理解能力，其中重要的原因是其拥有一个强大的基座模型。为了获得这种基座模型，需要在大规模无标注文本数据上进行预训练，目前被广泛使用的预训练数据集主要包括 BooksCorpus、Wikipedia、Common Crawl、ROOT 等。

GPT-3.5 本身很难理解人类不同类型指令所蕴含的不同意图，也很难判断生成内容是不是高质量的结果。为了让 GPT-3.5 初步具备理解指令的意图，首先会在数据集中随机抽取问题，由人类标注者给出高质量答案，然后用这些人工标注好的数据来微调 GPT-3.5 模型（获得 SFT 模型，Supervised Fine Tuning）。目前的 SFT 模型，在遵循指令 / 对话方面已经优于 GPT-3，但不一定符合人类偏好。

第二阶段：训练奖励模型（reward model，RM）。

这个阶段主要是通过人工标注训练数据来训练回报模型。在数据集中随机抽取问题，使用第一阶段生成的模型，对于每个问题生成多个不同的回答。人类标注者对这些结果综合考虑给出排名顺序。这一过程类似于教练和辅导。

最后，使用这个排序结果数据来训练奖励模型。对多个排序结果，进行两两组合，形成多个训练数据对。RM 模型接受一个输入，给出评价回答质量的分数。这样，对于一对训练数据调节参数，使得高质量回答的打分比低质量的打分要高。

第三阶段：采用近端策略优化（proximal policy optimization，PPO）强化学习来优化策略。

OpenAI 在 2017 年提出了 PPO 算法。PPO 的核心思路在于将 Policy Gradient 中 on-policy 的训练过程转化为 off-policy，即将在线学习转化为离线学习。这个转化过程被称为 Importance Sampling。它是在第二阶段训练好的奖励模型的基础上，通过奖励打分来更新预训练模型参数。在数据集中随机抽取问题，使用 PPO 模型生成回答，并用上一阶段训练好的 RM 模型给出质量分数。把回报分数依次传递，由此产生策略梯度，通过强化学习的方式以更新 PPO 模型参数。

数字化转型之
技术战略

对业务领域进行流程化、数字化变革的目标只有两个：一是多打粮食，实现流程更短更快、促进业务有效增长；二是增加土壤肥力，提升基础平台服务能力和实现企业敏捷。

——任正非

📢 6.1 数字化转型的技术蓝图

企业数字化转型要经历三个阶段，分别是信息化、数字化和智能化阶段。

信息化阶段，是企业数字化转型的起点。在这个阶段，企业将传统的纸质流程转化为电子化的流程管理。主要关注的是生产制造、物料转移、事务处理、资金流动和客户交互等流程的电子化。目标是提升企业流程管理的效率，实现无纸化办公。然而，在信息化阶段，企业的系统往往是离散的，数据也呈碎片化的状态。因此，信息化阶段的重点是构建一个高效的流程管理体系，以提高企业的运营效率和响应能力。

数字化阶段，是重塑商业模式和优化业务管理。当企业的信息化达到一定程度之后，随着业务的快速发展，原有的流程和系统已经无法满足企业的管理需求。此时，企业开始转向数字化阶段，从流程管理转向业务管理。企业对业务进行细粒度的拆分、分析和优化，以便更好地管理、分析和改善制造流程、业务流程和用户旅程等。数字化转型的核心在于数字对商业的重塑，这个过程通常伴随着组织结构的调整，以赋能企业的商业模式创新和突破。在这一阶段，企业信息化呈现出系统平台化、数据集约化和模型化的特点。

智能化阶段，是利用人工智能提升效率和创新力。随着企业拥有大量数据和人工智能技术的快速发展，智能化成为企业数字化转型的必然趋势。在智能化阶段，企业利用人工智能算法和模型，从数据中高效地提取业务知识。各种系统和应用变得越来越智能，能够自学习知识并创造新的知识。智能化的核心思想，是利用人工智能算法和模型解放生产力，寻找新的商机。此阶段企业的主要特点是系统自动化、数据模型化和智能化。

企业数字化转型是一个持续演进的过程，每个阶段都具有不同的重点和挑战。在这个数字化时代，企业必须借助 AI 科技，积极推动数字化转型，才能在激烈的市场竞争中立于不败之地。通过理解信息化、数字化和智能化的优势和应用场景，企业可以更好地规划和执行数字化转型的技术策略，支撑好营销、运营和产品策略。

企业数字化转型不仅是时代发展的要求，也是企业持续发展的关键。通过信息化、数字化和智能化的阶段性转变，企业能够提升运营效率、优化业务流程、加强数据管理和分析能力，从而实现商业模式的创新和突破。

下面，我们来阐述企业架构和云平台的架构设计。

1. 企业架构

架构是指在软件工程中，确定一种结构、组件、接口和关系的过程。它是一个基础框架，决定了内部各个部分之间的关系和交互方式。架构通常由一组设计原则、模式和约束条件组成，旨在帮助开发人员创建高质量、可靠且易于维护的软件。

从技术战略视角看，架构可以分为三种类型：软件架构、硬件架构和企业架构。软件架构是指软件的整体结构，包括各个组件之间的关系以及整体运行方式；硬件架构是指计算机中各个硬件设备之间的关系；企业架构则是指企业内部各个部门之间的关系，以及企业与外部环境之间的关系。

从业务战略视角看，架构类型分为业务架构、数据架构、应用架构和技术架构。业务架构聚焦在业务战略治理组织和关键业务流程上。数据架构关注组织的各类逻辑和物流数据资产，以及数据管理资源的结构。应用架构着重描述被部署的单个应用系统之间的交互，以及它们与组织核心业务流程之间关系的蓝图。技术架构是支持业务数据和应用架构的实施的基础，它包括必要的逻辑、软硬件能力。具体而言，技术架构涵盖了 IT 基础设施、中间件、网络通信以及部署处理的相关标准等。

数字化转型愿景是 5 至 10 年的战略规划，而企业架构蓝图是衔接战略与产品实施的桥梁，因此通过分层分级进行系统化的顶层设计，是产品和业务达成共识的路线图。因此，架构蓝图需要体现业务与数字技术的双向驱动：一方面，从业务和场景的思维入手，匹配数据和系统；另一方面，通过数据和技术来赋能业务，提升用户体验和运营效率。

Gartner 对企业架构的定义是：将企业战略转化为企业变革的需求、原则及蓝图，并通过持续提升流程和管控流程来推动企业变革，促进企业战略的实现。

企业架构的目的是形成一个连贯而全面的组织蓝图，它具有长远视野，描绘了整个组织的全景，该蓝图与众多要素相关联。同时，企业架构也是一种路线图，可以指导组织逐步规划和维护业务目标，并通过技术来支持它们。

企业框架在研发阶段的主要工作及设计要素如下。

（1）在需求分析阶段，软件架构设计主要负责梳理非功能性系统需求，比如软件的高可维护性、高性能、高复用性、高可靠性、有效性和可测试性等。另外，架构设计还要定期分析客户不断变化的核心需求，严格把关和确核开发团队所提出的设计。

（2）在总体设计阶段，架构师的关注点是开发团队的技术能力和开发模式；AI 技术引领业务设计是第一思维，能借助主流的云平台的成熟产品，引入中间件和核心组件，穿透业务，实现降本增效。

（3）在软件概要和详细设计阶段，架构师负责对整个软件体系结构、关键构件、接口和开发政策的设计。

（4）在代码编码阶段，架构师成为详细设计者和代码编写者的老师，并且要经常性地组织一些技术研讨会、技术培训班等来提升团队的技术能力。

（5）在软件测试交付阶段，架构师跟踪关注性能需求，同时开始为下一版本的产品是否应该增加新的功能模块进行决策。

企业框架在研发阶段，一是要保证服务之间高内聚、低耦合，二是要遵守可读性、可扩展、可用性和可维护性等软件设计原则，如表 6-1 所示。

表 6-1 企业架构的设计原则

原则名称	定 义	优势分析
开闭原则	一个软件实体，如类、模块和函数，应该对扩展开放，对修改关闭；强调用抽象构建框架，用实现扩展细节	提高软件系统的可复用性和可维护性
依赖倒置原则	高层模块不应该依赖底层模块，二者都应该依赖其抽象；抽象不应该依赖细节，细节应该依赖抽象；针对接口编程，不要针对实现编程	可以减少类间的耦合性，提高系统稳定性，提高代码可读性和可维护性，可降低修改程序所造成的危险
单一职责原则	不要存在多于一个导致类变更的原因，一个类、接口、方法只负责一项职责	降低类的复杂度，提高类的可读性，提高系统的可维护性，降低变更引起的风险
接口隔离原则	用多个专门的接口，而不是使用单一的总接口，客户端不应该依赖它不需要的接口。注意：一个类对应一个类的依赖应该建立在最小的接口上；建立单一接口，不要建立庞大臃肿的接口；尽量细化接口，接口中的方法尽量少；注意适度原则	符合我们常说的"高内聚、低耦合"的设计思想，从而使类具有很好的可读性、可扩展性和可维护性
迪米特法则	一个对象应该对其他对象保持最少的了解，又叫最少知道原则；尽量降低类与类之间的耦合	降低类之间的耦合
里氏替换原则	如果对每一个类型为 T1 的对象 A，都有类型为 T2 的对象 B，使得以 T1 定义的所有程序 P 在所有的对象 A 都替换成 B 时，程序 P 的行为没有发生变化，那么类型 T2 是类型 T1 的子类。引申意义：子类可以扩展父类的方法，但不能改变父类原有的功能	约束继承泛滥、开闭原则的一种体现；加强程序的健壮性，同时变更时也可以做到非常好的兼容性，提高程序的维护性、扩展性；降低需求变更时引入的风险
合成复用原则	尽量使用对象组合、聚合，而不是继承关系达到软件复用的目的。聚合 has-a 和组合 contains-a	可以使系统更加灵活，降低类与类之间的耦合度，一个类的变化对其他类造成的影响相对较少

2. 云平台架构设计

数字化云平台建设，要解决三个核心问题：一是建设业务和数据中台，打破数据孤岛，确保数据共享和数据安全；二是实现数字化运营和决策，为一线市场提供最佳体验的产品和服务；三是借助云原生平台和微服务架构，提供可持续迭代的基础能力，为后续服务和产品扩展奠定坚实基础。

如图 6-1 所示，以华为数字云平台架构蓝图为例，平台架构蓝图共包括五层，各层级之间相互支撑、相互依赖和相互赋能。

图 6-1　华为数字云平台架构蓝图

第一层是客户连接层。面向企业和消费者，聚焦在用户体验和开放能力上。

第二层是一线产品层。面向市场和客户的主业务层，支撑营销、交付、运维、渠道和销售的核心业务。该层级的产品设计关键是借助最先进的 AI 技术来增强用户体验和满意度。

第三层是业务中台层。布局了十朵垂直业务云，包括研发云、营销云、项目服务云、运维云、渠道云、供应链云、采购云、财务云、人力资源云、公共能力云。每一朵云都基于微服务设计数据和业务能力，向上可以灵活组合来支撑主业务层，向下按需调取数据底座的数据服务。在产品化之前，企业都在以项目为中心，并没有更多资源把能力沉淀成产品和平台。此时，很难形成资源共享和能力共用，一直出现"重复造轮子"的行为，形成烟囱式架构，造成研发资源浪费和数据能力内耗。

第四层是数据底座层。统一管理结构化和非结构化数据，打通数据供应通道，确保数据一致性和完整性，保障数据安全可控，这一层的核心是数据中台和数据仓库的建设。

第五层是 IT 平台。应用的构建、运行和管理都基于 IT 平台的云环境，应用充分利用和发挥云平台的弹性优势与分布式特点。上云的关键，是在利用云的能力和保护企业数据安全之间找到平衡点。一是企业在享受资源弹性和敏捷服务的同时，保证企业的核心数据在内网存储关联，更好地保证设计安全。二是通过混合云的模式，本地部署的核心服务和公用云的服务叠加，实现用户视角的一朵云。IT 平台建设有以下几个关键要素。

（1）微服务架构。IT 系统分为多个高内聚、低耦合、独立自治的服务，服务是采用无状态设计的，服务之间只能通过接口进行通信。

（2）弹性伸缩。服务可以基于规则和容量，按需水平伸缩。

（3）高可用。系统的任意服务实例失效，系统能快速发现、隔离并自动从故障中恢复，不影响系统整体的可用性。

（4）多租户。支撑多租户隔离，每个租户只能访问操作与自己相关的资源，不能访问、操作其他租户的任何资源。

（5）自动化运维。系统能够自动化部署、升级、扩容或者缩容，并能实现自动化监控、告警、故障定位和故障自愈等。

📢 6.2 个性化的 AI 推荐

1. 原理

基于大数据和 AI 技术，提供全流程一站式推荐平台，协助企业构建个性化推荐应用，提升企业应用的点击率、留存率和永久体验。目前，客户体验非常好的是抖音短视频产品。抖音短视频的推荐机制是一种基于用户个性化兴趣和行为的算法模型，通过分析用户的观看历史、点赞、评论、分享等行为数据，以及用户的个人信息和关注列表等信息，为用户推荐最符合其兴趣和偏好的短视频内容。下面将详细介绍抖音短视频的推荐理念。

通过用户的个人信息、关注列表和行为数据等，建立用户的画像和兴趣模型。用户画像包括用户的年龄、性别、地理位置、职业等基本信息，而兴趣模型则是通过分析用户的观看历史、点赞、评论、分享等行为数据，对用户的兴趣和偏好进行建模，如图 6-2 所示。

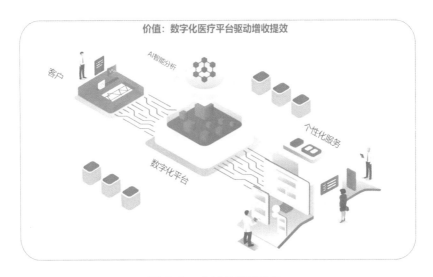

图 6-2　个性化推荐服务

（1）内容特征和标签。对短视频的内容，进行关键特征提取和标签标注。内容特征包括视频的主题、风格、时长、音乐、剪辑手法等；而标签则是对视频的内容进行分类和描述，例如美食、旅行、音乐、搞笑、科技、历史等。通过对内容特征和标签的提取和打标，可以更好地理解和分析视频的内容。

（2）协同过滤的推荐思想。抖音采用协同过滤和推荐算法来实现个性化推荐。协同过滤是一种基于用户行为的推荐算法，通过分析用户的行为数据，找到与其兴趣相似的其他用户，然后将这些用户喜欢的视频推荐给当前用户。推荐算法则是通过分析用户的兴趣模型和内容特征，结合协同过滤的结果，为用户推荐最符合其兴趣和偏好的短视频；这是基于用户相似原理，利用用户的历史喜好信息计算用户之间的距离，然后利用目标用户的最近邻居用户对商品评价的加权评价值来预测目标用户对特定商品的喜好程度，从而根据这一喜好程度来对目标用户进行推荐。

（3）实时推荐算法。抖音的推荐系统是实时排序和个性化推荐的。实时排序是指系统会根据用户的行为和兴趣模型，对当前可推荐的短视频进行排序，将最符合用户兴趣的视频展示在前面。个性化推荐则是指系统会根据用户的个人信息和行为数据，为不同用户提供不同的推荐结果，以满足用户的个性化需求。

2. 案例之一：短视频

抖音的推荐系统注重多样性和新颖性。多样性是指系统会尽量避免将相似的视频连续推荐给用户，以保证用户在观看过程中能够接触到不同类型和风格的视频。新颖性则是指系统会不断地更新和推荐新的短视频内容，以保持用户的兴趣和参与度。实现多样性和新颖性的最佳算法，是深度学习的序列推荐，指的是给定特定用户在 T 时刻之前的历史行为序列，为其推荐下一个或者下一组用户所感兴趣的物品。

首先，是用户兴趣的动态变化特性。在不同时刻，用户的个人兴趣会产生变化与迁移，这就使建模方法需要对动态性进行适应性的建模。

其次，是在用户行为序列内，不同物品之间存在的依赖关系。例如，"购买手机"与"搜索手机贴膜"往往存在前后依赖关系。

最后，是上下文建模。序列推荐场景中往往存在特殊的上下文关系。例如，用户在不同的使用场景中会对推荐结果产生不同的反馈行为，使得序列推荐往往需要考虑上下文信息。

抖音的推荐系统会根据用户的反馈和数据分析，不断优化和调整推荐结果。用户的反馈包括点赞、评论、分享等，系统会根据这些反馈数据，对推荐算法进行调整和优化，以提高推荐的准确性和用户的满意度。

抖音短视频的推荐原理，是一种基于用户个性化兴趣和行为的算法模型，即通过用户画像和兴趣模型、内容特征和标签、协同过滤和推荐算法、实时排序和个性化推荐、多样性和新颖性、用户反馈和数据分析等多个环节，为用户推荐最符合其兴趣和偏好的短视频内容。这一推荐机制不仅提高了用户的观看体验，也为内容创作者提供了更多的曝光和机会。

3.案例之二：体检项目推荐

深度学习的推荐，是用深度学习技术替代传统的推荐算法，使用多层感知器、卷积神经网络、循环神经网络、递归神经网络等对数据进行加工、处理、提取特征。基于深度学习，通过组合低层特征形成更加稠密的高层语义抽象，从而自动发现数据的分布式特征表示，解决了传统机器学习中需要人工设计特征的难题。

基于深度学习推荐的优势，对多种类型的输入数据提取特征并训练模型，可以实现多元化的推荐，但是要想得到更好的推荐效果，就需要更长的时间来训练模型。

个性化体检项目推荐算法如图 6-3 所示。在体检套餐设计中，深度学习可以提取超声和 CT 图像数据特征，再通过用户画像，匹配体检数据库中的结构化数据特征，从而增强多维和多模态数据特征，实现模型的泛化能力。为了增强业务场景的适用性，可以增加医学规则，比如体检项目之间的映射、关联、过滤、去重、排序和互斥等规则。

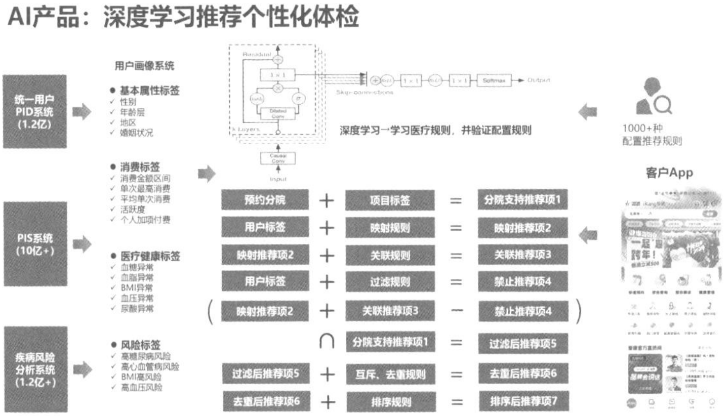

图 6-3　个性化体检项目推荐算法

个性化体检项目推荐的流程如表 6-2 所示。

表 6-2　个性化体检项目推荐的流程

流　程	算 法 处 理
数据准备	用户基础数据、体检报告、问卷系统、用户消费记录、体检项目等
数据治理	构建用户画像、用户标签，体检报告结构化，异常指标库建设，推荐项目标签，医学规则建立（借助权威杂志和专家知识库建设）
深度学习算法	设计深度神经网络架构，其中包含嵌入层、多个隐藏层以及激活函数。这些网络层的组合可以根据具体任务的复杂性进行调整。①排序策略：推荐系统的特征工程可从原始数据中分析历史用户画像、物品画像，自动学习特征信息以供 AI 模型训练。内置了多种排序算法，可根据业务需求选择适当的算法进行训练，使推荐结果以更合适的顺序呈现。②过滤规则：推荐系统提供黑名单、白名单、特定行为等过滤功能，可根据具体业务设置过滤规则，提升安全性和用户体验
损失函数	定义适当的损失函数，用于衡量模型输出与实际用户行为之间的差异。通常在推荐系统中，使用二元交叉熵（binary cross entropy）或均方误差（mean squared error）等损失函数
模型训练	利用历史行为数据对模型进行训练。通过优化算法（如随机梯度下降）来最小化损失函数，更新模型参数
召回候选物品	在训练完成后，可以利用模型为用户生成候选项目列表。这些项目可以根据模型输出的分数排序，然后作为后续推荐阶段的候选集合

6.3　可复用的微服务

1. 微服务架构

架构蓝图中，垂直业务云都采用了微服务架构设计。微服务是一种最主流的分布式架构。分布式架构是指将一个大型系统分解成多个独立的子系统，并将这些子系统分布在不同的计算机节点上，通过网络协议相互通信，形成一个整体的系统。这种架构风格可以提高系统的可扩展性、可靠性和可用性。常见的分布式架构包括 SOA（面向服务的架构）、RPC（远程过程调用）、消息队列、分布式缓存等。分布式架构适合处理数据量大、高并发和高可用性的场景，比如电商、社交网络、金融交易等。在分布式结构中，每个子系统被称为"服务"。这些子系统能够独立运行在 web 容器中，它们之间通过 RPC 方式通信。

微服务是一种面向服务的架构（SOA）风格。其中，应用程序被构建为多个不同的小型服务的集合，而不是单个应用程序。与单个程序不同，微服务可以同时运行多个独立的应用程序，而这些独立的应用程序可以使用不同的编码语言或编程语言来创建。庞大而又复杂的应用程序可以由多个可自行执行的简单而又独立的程序组成。这些较小的程序组合在一起，可以提供庞大的单程序所具备的所有功能。

微服务架构是一种基于分布式架构的新型软件架构风格，它将一个大型系统拆分成多个小型、轻量级的服务。每个服务都可以独立部署、扩展和维护。不同服务之间通过 API 进行通信，可以采用不同的编程语言和技术栈实现。微服务架构的特点是灵活性高、可扩展性好、维护成本低、快速迭代和部署。微服务架构适合处理快速变化、多样化的业务需求，比如在线教育、物联网、大数据分析等。

微服务目标是基于云化的基础设置与云原生技术，对应用进行拆分与解耦，优化应用开发部署流程，实现缩短应用交付周期，简化服务治理与运维，提升服务运行效率与质量。微服务有很多优势，主要源于以下几个核心特征。

（1）轻量化。将复杂的应用解耦成"小而自治"的服务。"微"可以体现在应用的代码行数、开发时间、业务功能单元、团队大小、部署资源需求等方面。

（2）松耦合。微服务之间的关系是松散的，业务上下文独立，运行环境与代码也相互隔离，边界清晰，互不干扰。各服务实现单一功能，可以独立地开发测试、部署、运行与更新。

（3）跨平台。服务之间通过 HTTP 或 REST API 进行通信，可以采用异构的编程语言、框架或工具（Java、Go、Python、Ruby、NodeJS 等），同时与应用运行平台无关（容器应用、VM 应用或传统应用）。

（4）云原生。微服务本身属于云原生技术，同时也借助其他云原生技术（容器、Serverless、云存储、云网络、云监控等），得到更好的发展与应用。

（5）DevOps 与 CICD。微服务通过采用自动化部署、DevOps、CICD 持续集成和交付，不断缩短应用交付周期，提升服务运维效率与运行质量，持续构建演进式架构。

微服务框架通过组件化的方式提供微服务的开发部署、服务注册发现、服务治理与服务运维等能力。主流的微服务框架有开源的 Spring Cloud、Dubbo 与 Service Mesh 等，各大云厂商也基于开源的微服务框架，集成相关的云服务，实现企业级的微服务框架，如云 EDAS、腾讯云 TSF、华为云 CSE 等。根据蓝图架构需要，设置微服务拆分原则如图 6-4 所示。

图 6-4 微服务拆分原则

（1）基于业务功能或者业务逻辑拆分。这是最常见的拆分策略之一。按业务功能进行垂直拆分，比如电商场景中的订单服务、商品服务、价格服务等；按照业务逻辑定义业务行为，如电商场景中的下单、支付、配送、状态刷新、信息共享等关联操作处理流程。

（2）基于完整的业务场景拆分。从业务场景出发，对相关的模型、关系和行为进行拆分，比如，按商品服务定义商品模型、特性及其相关操作。

（3）基于数据模型拆分。确定数据模型及其依赖关系，按数据关联紧密、一致性要求较高、数据访问或数据安全要求的关联性进行拆分。定义如何获取、处理和存储业务数据。根据数据的特征，评估使用关系型数据库、非关系型数据库、文件存储、对象存储等。

（4）基于性能拆分。基于服务可复用性、资源使用、交付频率、可伸缩性等进行拆分。

（5）基于资源定义拆分。服务端响应请求时的资源对外的表现内容与格式。业务模型将业务领域中的实体抽象成资源表述，如订单表述为订单号、订单价格与订单时间等。表现格式指内容展现格式，如 XML、JSON 等。

（6）基于服务组合拆分。单体应用中的不同模块交互，通过内存级别的调用即可完成。而微服务分布式部署在不同的节点上，服务间需要跨网络通信，需要考虑使用同步通信还是异步通信，采用哪种通信协议。微服务通信可分为基于请求/响应的同步通信和基于消息/事件的异步通信。对于不同系统，微服务的实现与通信机制差别很大，导致服务之间的组合差异较大。表 6-3 所示是一些常用的服务组合模式。

表 6-3　常见的服务组合模式

模　式　名　称	说　　明
链式调用模式	业务功能按数据流动拆分为多个服务，服务之间形成串联链式请求响应。不能并发，调用链太长时，影响性能和可靠性，不适合服务间传递数据量太大以及对调用可靠性要求过高的场景
聚合器模式	某服务需要调用多个服务，进行多个功能整合，通过边缘服务（edge service）或 BFF（backend for frontend）、API 网关等机制实现。适合对业务集中控制、需要并发处理的场景。在需要保障数据强一致性、跨服务联合查询时面临挑战
基于消息的异步模式	通过消息/事件异步通信机制实现服务聚合。适合对性能和即时响应要求较高、处理任务相对独立的场景。不适合任务间有顺序依赖关系、可靠性与数据一致性要求较高的场景
事件溯源模式	采用以事件为中心保存业务实体，实体状态变化时，通过 API 发布事件到事件仓库，并传递到订阅者。适合需要准确的审计日志、支持系统状态重建的场景，不适合要求数据强一致的系统
物化视图模式	不同微服务有不同的数据存储机制，导致跨服务的数据关联查询效率低下，可以通过提前生成物化视图，作为缓存的方式来实现。不适合数据变化频繁、对数据一致性要求较高的场景
CQRS 更新和查询职责分离模式	数据读写分离。适合数据读写请求差异大、需要分开优化的场景。不适合业务逻辑与数据读写规则比较简单的场景

2.Spring Cloud 架构

微服务是一种分布式架构，其中以 Spring Cloud 最为主流，它为开发人员提供了快速构建分布式系统中的一些常见模式工具（例如配置管理、服务发现、断路器、智能路由、微代理、控制总线）。分布式系统的协调导致了样板模式，使用 Spring Cloud 的开发人员可以快速地支持实现这些模式的服务和应用程序。它们将在任何分布式环境中运行良好，包括开发人员自己的笔记本式计算机、裸机数据中心，以及 Cloud Foundry 等托管平台。

Spring Cloud 提供了一套基于 Spring Boot 快速构建的分布式系统 / 微服务的通用工具集合。通过 Spring Boot 对多个成熟的微服务框架再封装，屏蔽掉复杂的配置和实现原理，给开发者提供了一套简单易懂、易部署维护的微服务 / 云原生应用开发工具。利用 Spring Boot 可以简化微服务开发与治理，实现微服务一键启动和部署。Spring Cloud 提供各种轻量化、互相解耦、可以快速启用的组件来实现各种功能，如配置管理、服务发现、断路器、智能路由、微代理、控制总线、一次性令牌、全局锁、领导层选举、分布式会话、群集状态等。微服务拆分过程需要综合考虑各种因素，不断迭代优化。

Dubbo、Spring Cloud、Spring Cloud 和 Spring Cloud Alibaba 都是用于构建分布式系统的开源框架。图 6-5 所示为微服务主流分布式平台，对比如下。

图 6-5　微服务主流分布式平台架构图

Dubbo 是一个高性能的分布式服务框架，由阿里巴巴开发。它基于传统的服务治理理念，提供了服务注册、发现、路由、负载均衡、容错等功能。

Dubbo 的核心特点是高性能和低延迟的 RPC 调用，适用于大规模的微服务架构。Dubbo 提供了对多种协议（如 Dubbo 协议、REST 协议）和注册中心（如 ZooKeeper、Consul）的支持。

Spring Cloud 是一个由 Pivotal 开发的微服务框架，构建在 Spring Framework 之上，使构建分布式系统更加便捷。如图 6-6 所示，它提供了一系列的组件和模块，用于实现服务注册与发现、负载均衡、断路器、配置管理、消息总线等功能。Spring Cloud 采用了 Spring Boot 作为底层的开发框架，提供了更简洁、快速搭建分布式系统的解决方案。

图 6-6　微服务的核心能力

Spring Cloud Alibaba 是 Spring Cloud 与 Alibaba 开放平台合作的结果，提供了一些在云原生应用开发中常用的解决方案。它主要基于 Spring Cloud 框架，结合了一些 Alibaba 技术栈，如 Nacos（服务注册与发现）、Sentinel（流量控制和熔断降级）、RocketMQ（消息驱动）等。Spring Cloud Alibaba 旨在提供云原生应用开发的全栈解决方案。主流框架结构如表 6-4 所示。

表 6-4　Spring Cloud 架构的核心模块

模 块 分 类	微服务框架的模块	模 块 说 明
认证类	cloud-ui	前端框架
	cloud-gateway	网关模块
	cloud-auth	认证中心
	cloud-api	API 接口

续表

模 块 分 类	微服务框架的模块	模 块 说 明
通用模块	cloud-common	通用模块
	cloud-common-core	核心模块
	cloud-common-datascope	权限范围
	cloud-api-system	系统接口
	cloud-common-datasource	多数据源
	cloud-common-log	日志记录
	cloud-common-redis	缓存服务
	cloud-common-security	安全模块
	cloud-common-swagger	系统接口
业务模块	cloud-modules	业务模块
	cloud-system	系统模块
	cloud-gen	代码生成
	cloud-job	定时任务
	cloud-file	文件服务
	cloud-visual	图形化管理模块
	cloud-visual-monitor	监控中心
依赖注入	pom.xml	公共依赖
	build	构建相关
	bin	执行脚本
	public	公共文件
静态资源	favicon.ico	favicon 图标
	index.html	html 模板
	assets	主题字体等静态资源
前端工具类	components	全局公用组件
	src	源代码
	api	所有请求
	directive	全局指令
	layout	布局
	router	路由
	store	全局 store 管理
	utils	全局公用方法

续表

模 块 分 类	微服务框架的模块	模 块 说 明
前端页面	views	视图
	App.vue	入口页面
	main.js	入口、加载组件、初始化等
	permission.js	权限管理
前端配置	settings.js	系统配置
	.editorconfig	编码格式
	.env.development	开发环境配置
	.env.production	生产环境配置
	.env.staging	测试环境配置
	.eslintignore	忽略语法检查
	.eslintrc.js	配置代码格式化
	babel.config.js	Babel 编译器配置文件
	package.json	依赖包或者库
	vue.config.js	前端框架配置项

Spring Cloud 是一系列框架的有序集合。它利用 Spring Boot 的开发便利性巧妙地简化了分布式系统基础设施的开发。如图 6-7 所示，包括服务发现注册、配置中心、消息总线、负载均衡、断路器等，都可以用 Spring Boot 的开发风格做到一键启动和部署。Spring Cloud 并没有"重复制造轮子"，它只是将比较成熟、经得起实际考验的服务框架组合起来，通过 Spring Boot 风格进行再封装，屏蔽掉了复杂的配置和实现原理，最终给开发者留出了一套简单易懂、易部署和易维护的分布式系统开发工具包。

Spring Cloud 的五大组件包括：Eureka，服务治理（服务注册与发现）；Ribbon，软件负载均衡算法；Hystrix，断路器；Zuul，网关路由，具备 API 网关、路由、负载均衡等多种作用；Config，配置管理。

（1）服务治理。Spring Cloud 是一个基于 Spring Boot 实现的云应用开发工具，也是微服务系统架构的一站式解决方案。它为基于 JVM 的云应用开发中的服务发现注册、配置中心、消息总线、负载均衡、断路器、数据监控等操作提供了一种简单的开发方式。通俗地讲，Spring Cloud 就是用于构建微服务开发和治理的框架集合。

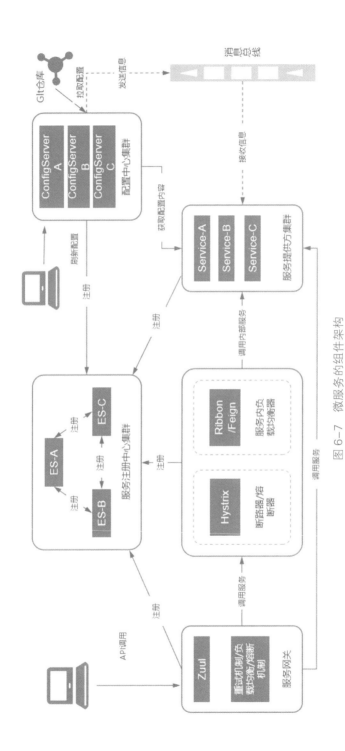

图 6-7　微服务的组件架构

服务发现是指在微服务架构中，通过服务注册中心来查询和发现可用的服务实例。在传统的单体应用中，服务的调用通常是通过硬编码的方式实现的；而在微服务架构中，由于服务实例的数量和位置可能会动态变化，因此需要一种机制来动态地发现和调用服务。Spring Cloud 提供了多个服务发现的实现，例如 Eureka、Consul 和 Zookeeper。服务发现的基本流程如下。

服务注册：当一个服务实例启动时，它会向服务注册中心注册自己的信息，包括服务名称、IP 地址、端口号等。注册后，服务注册中心会维护一个服务注册表，记录所有已注册的服务实例。

服务查询：当需要调用某个服务时，服务消费者可以通过服务注册中心查询到该服务的可用实例信息。服务消费者可以根据需要的负载均衡策略，选择一个合适的服务实例进行调用。

服务调用：服务消费者通过获取到的服务实例信息，可以直接向服务提供者发送请求，进行服务调用。服务消费者可以通过负载均衡、容错机制等手段，提高系统的可用性和稳定性。

服务发现的优势在于提供了一种动态、灵活的方式来实现服务调用。通过服务发现，服务消费者不需要知道服务提供者的具体位置和数量，只需通过服务名称进行查询即可。服务发现还可以实现负载均衡、自动容错等功能，从而提高系统的性能和可靠性。

下面举一个电商项目案例。有四个微服务，分别是订单服务（支付和未支付状态）、库存服务（扣减完成，未扣减）、仓储服务、积分服务（增加积分，未增加积分）。

业务流程如下。①订单服务：创建一共订单后，支付成功的订单状态就改成"已经支付"。②库存服务：扣减相对应的商品库。③仓储服务：通知仓储中心，进行发货。④积分服务：给用户这次购物加相对应的积分。

在电商项目中，这个订单服务要调用库存服务、仓储服务或积分服务。那么，怎么查询服务地址呢？

① Spring Cloud 的 Eureka 是服务架构的注册中心，专门负责服务的注

册和发现。

②库存服务、仓储服务、积分服务都有一个 Eureka Client 组件，这个服务将信息注册到 Eureka Server 中，通俗讲就是告诉 Eureka Server，自己在哪台机器上、监听哪个端口；而 Eureka 是一个注册中心，里面有一个注册表，保存了各个服务器的机器和端口。

③订单服务里面有一个 Eureka Client 组件。Eureka Client 组件会询问：库存在哪台服务器上？监听的端口是哪个？仓储服务呢？积分服务呢？然后，你就可以把这些相关信息从 Eureka Server 的注册表中拉取到本地缓存起来。

④如果订单服务想要调用库存服务，可以找本地 Eureka Client 下的库存服务在哪台机器上，监听对应端口，收到响应后，紧接着就可以发送一个请求过去，调用库存服务扣减库存的对应接口。

在电商项目中，订单服务查询地址后，如何调用库存等服务呢？

①不需要调用端写 HttpClient 的硬编程，没有底层的建立连接、构造请求、解析响应的代码，直接用注解定义一个 FeignClient 接口，然后调用那个接口即可。Feign Client 会在底层根据注解指定的服务建立连接、构造请求、发起请求、获取响应、解析响应等。

② Feign 的一个机制就是使用了动态代理。首先，如果你对某个接口定义了 @FeignClient 注解，Feign 就会针对这个接口创建一个动态代理，如果调用那个接口，本质就是调用 Feign 创建的动态代理。Feign 的动态代理会根据你在接口上的 @RequestMapping 等注解，动态构造出你要请求的服务的地址。最后，针对这个地址，发起请求、解析响应。

（2）软件负载均衡算法。负载均衡，是一种避免服务器过载技术，用于多个计算机节点资源中，以达到最优化资源使用、最大化吞吐率、最小化响应时间，同时避免过载的目的。在分布式微服务架构中，往往有多个服务的提供者将服务注册在多个注册中心，当消费者需要使用服务时，决定由哪一个注册中心所在的服务提供者提供服务就是负载均衡。

Spring Cloud Ribbon 是基于 Netflix Ribbon 实现的一套客户端负载均衡的工具。简言之，Ribbon 是 Netflix 发布的开源项目，主要功能是提供客户端的软件负载均衡算法和服务调用。Ribbon 客户端组件提供了一系列完善的配置项，如连接超时、重试等。简单来说，就是在配置文件中列出所有的机器，Ribbon 会自动帮助用户基于某种规则（如简单轮询、随机连接等）去连接这些机器。我们很容易使用 Ribbon 实现自定义的负载均衡算法。

Spring Cloud Feign 是一个声明式的伪 Http 客户端，它使调用远程服务就像调用本地服务一样简单，只需要创建一个接口并添加一个注解即可。Nacos 很好地兼容了 Feign，Feign 默认集成了 Ribbon，所以在 Nacos 下使用 Eegin 默认就实现了负载均衡的效果。

在电商项目中，如何调用库存服务的哪个具体机器（库存集群服务）？

①库存服务上面部署了多台机器，那么 Feign 是怎么知道请求哪台服务器的呢？ Ribbon 服务就是解决这个问题的，作用是负载均衡，帮助在每一次请求的时候选择一台机器，均匀地把请求发送到各台机器上。Ribbon 的负载均衡默认使用的是 Round Robin 轮询算法。什么是轮询算法？如果订单服务对库存发起十次请求，先让其请求第一台机器，然后是第二台机器、第三台机器，接着循环到第十台机器。

② Ribbon 是和 Feign 以及 Eureka 紧密协作，完成工作的，具体如下。首先 Ribbon 会从 Eureka Client 中获取对应的服务注册表，也就知道了所有的服务都部署在哪台机器上、在监听哪些端口，然后 Ribbon 就可以使用默认的 Round Robin 算法，从中选择一台机器。接着，Feigin 会针对这台机器构造发送请求。

（3）熔断器。微服务系统中因为一个服务出现故障，而导致故障沿着服务调用而疯狂蔓延，进而导致整个微服务系统瘫痪，这就是"雪崩效应"。为了防止此类事件发生，微服务架构引入了"熔断器"，实现服务容错和保护措施。在微服务架构中，当有些微服务出现网络问题或服务故障时，熔断器会向服务调用方返回一个符合预期的、可处理的降级响应（FallBack），而不是让用户长时间地等待或者抛出用户无法处理的异常，这保证了服务提供方不会对系统资源进行长时间的、不必要的占用，避免了故障在微服务系统中蔓延，从而防止雪崩效应的产生。

Spring Cloud Hystrix 是基于 Netflix 公司的开源组件 Hystrix 实现的。它提供熔断器功能，能够有效阻止分布式服务系统中出现联动故障，以提高微服务系统的弹性。Spring Cloud Hystrix 具有服务降级、服务熔断、线程隔离、请求缓存、请求合并以及实时故障监控等强大功能。

电商项目中，在高并发情况下，一个服务挂起，导致调用它的服务全部挂掉，造成雪崩效应怎么办？

①系统在高并发的情况下，大量请求涌过来的时候，订单服务的 100 个线程会卡在积分服务处，导致订单服务没有一个线程可以处理请求，此时若再有其他的请求发生，会发现订单服务挂掉，不响应任何请求。这种问题就是微服务架构中令人棘手的服务器雪崩问题。多个服务互相调用，如果不做任何保护的话，某一个服务挂掉就会引起连锁反应，导致别的服务一起挂掉。比如，积分服务挂了，会导致订单服务的线程全部卡在请求处，瞬间导致订单服务挂掉，随后其他请求订单服务会全部卡住，无法响应。

②假设订单服务调用库存服务、仓储服务的这两个线程池都是正常工作的，那么这两个服务不会受到任何影响。这个时候如果别人请求订单服务，订单服务还可以正常调用，进行库存服务扣减，并调用仓储服务通知发货。如果积分服务挂了，我们就直接对积分服务进行熔断。

③熔断 Hystix 是 Netflix 开源的一个延迟和容错库，用于隔离访问远程服务，防止出现级联失败。服务器支持的线程和并发数有限，请求一直阻塞，会导致服务器资源耗尽，从而导致所有其他服务都不可用，形成雪崩效应。Hystrix 为每个依赖服务调用分配一个小的线程池，如果线程池已满，调用将被立即拒绝，默认不采用排队，加速失败判定时间。用户的请求将不再直接访问服务，而是通过线程池中的空闲线程来访问服务，如果线程池已满，或者请求超时，则会进行降级处理。

④每次调用积分服务，管理员就在数据库里记录一条消息——某用户增加了多少积分。这样等积分服务恢复了，管理员可以根据这些记录手动添加积分。这个过程就是降级。

（4）微服务的网关。当微服务越来越多的时候，网关就起到了统筹全局的作用，可以指挥所有的微服务。一般微服务架构中都会设计一个网关在里面，如 Android、iOS、PC 前端、微信小程序、H5 等，无须关心后端有多少个服务，只要有一个网关，所有请求都会往网关走，网关会根据请求中的一些特征，将请求转发给后端的各个服务。解决的问题如下。

①统一入口。为全部微服务提供唯一入口点，网关起到将外部和内部隔离的作用，保障了后台服务的安全性。

②鉴权认证。识别每个请求的权限，拒绝不符合要求的请求。

③动态路由。将请求动态地路由到不同的后端集群中。

④松耦合。减少客户端与服务的耦合，服务可以独立发展，通过网关层来做映射。

（5）微服务的配置。微服务意味着要将单体应用中的业务拆分成一个个子服务，每个服务的粒度相对较小，因此系统中会出现大量的服务。由于每个服务都需要必要的配置信息才能运行，所以一套集中式的、动态的配置管理设施是必不可少的。

Spring Cloud Config 为微服务架构中的微服务提供集中化的外部配置支持，配置服务器为各个不同微服务应用的所有环境提供了一个中心化的外部配置。

Spring Cloud Config 分为服务端和客户端两部分。服务端也称为分布式配置中心，它是一个独立的微服务应用，用来连接配置服务器并为客户端提供获取配置信息，加密/解密信息等访问接口。客户端就是我们的其他微服务，在启动的时候从配置中心获取和加载配置信息，配置服务器默认采用 git 来存储配置信息，这样就有助于对环境配置进行版本管理，并且可以通过 git 客户端工具来方便地管理和访问配置内容。

网络中有几百个服务，如何统一配置并查询呢？ Config 的作用是提供一个分布式配置管理工具，它可以集中管理微服务系统的配置文件，为微服务系统提供外部化的配置支持，主要功能如表 6-5 所示。

表 6-5　微服务系统提供外部化的配置

功　　能	功　能　描　述
集中管理配置文件	Spring Cloud Config 可以将各个微服务系统的配置文件集中管理，以便于维护和更新
配置文件的版本控制	Spring Cloud Config 支持 Git、SVN、本地文件系统等多种配置存储方式，可以轻松实现配置文件的版本控制
动态刷新配置	Spring Cloud Config 支持动态刷新配置，即在不重启应用的情况下，实时更新配置文件，保证配置文件的实时性和一致性
安全性管理	Spring Cloud Config 提供了多种安全认证方式，如基于用户名和密码的认证、基于公钥和密钥的认证等，可以保证配置文件的安全性
高可用性和可扩展性	Spring Cloud Config 支持多节点部署，通过服务注册和发现机制实现负载均衡和故障转移，保证了配置中心的高可用性和可扩展性

6.4　可共享的数据中台

1. 理念

在数据和 AI 时代，用户才是商业战场的中心，为了快速响应用户的需求，借助平台化的力量可以事半功倍。不断快速响应、探索、挖掘、引领用户的需求，才是企业得以生存和持续发展的关键因素。

当前，数据体量、产业规模以及云计算高速发展所推动的基础设施成本都已不再是问题，大数据能否创造真实的商业价值和回报是大数据企业真正关心的核心问题。

数据中台建设的基础还是数据仓库和数据中心，并且在数仓模型的设计上也是一脉相承。同时，数据中台的出现，解决了数据开发和应用开发之间，由于开发速度不匹配而出现的响应力跟不上的问题，从而能够帮助企业快速地实现数字化转型。

2015 年，马云决定对阿里巴巴的组织和系统架构进行整体调整，建立产品技术和数据能力的强大中台,构建"大中台,小前台"的组织和业务体制,以解决企业在发展过程中,由于数据激增与业务的扩大而出现的统计口径不一致、重复开发、指标开发需求响应慢、数据质量低、数据成本高等问题。通过一系列数据工具(元数据中心、数据指标中心、数仓模型中心、数据资产中心 - 资产质量 / 治理 / 安全、数据服务中心等),可以规范数据供应链的各个环节。

数据中台就是基于计算与存储底座,提供标准统一、可连接萃取的数据平台,包括数据采集与研发、数据连接与萃取、数据资产管理及统一数据服务,服务于上层业务。其三项核心能力分别为:OneModel 负责统一数据构建及管理,OneID 负责将核心商业要素资产化,OneService 负责向上提供统一的数据服务。数据中台的核心能力是数据能力的抽象、共享与复用,其对数据中台的定义看似差异巨大,但仔细分析即可发现:抽象是为了达成 OneModel,共享则是为了 OneID,复用才能让 OneService 更有意义。

2. 价值

数据中台的建设对于企业的数字化转型具有重要意义。首先,数据中台可以提供稳定、高效、安全的数据支持和服务,为企业的数字化转型提供坚实的基础。其次,数据中台可以避免重复建设各种数据中心,减少浪费和重复劳动,提高数据管理的效率和质量。此外,数据中台还可以实现数据的集中管理和服务,使企业可以更好地实现数据的共享和整合,打破数据孤岛。数据中台的价值包括如下几个方面。

(1)提高数据治理水平。数据中台的建设使企业可以将所有数据进行集中管理,通过数据治理手段,保证数据的完整性、准确性和一致性。这样可以避免不同数据中心之间出现数据不一致的情况,提高数据的质量和一致性。

(2)提升数据服务效率。数据中台提供各种数据服务接口,使业务系统可以方便地获取所需的数据,实现快速的数据分析和业务决策。这样可以避免业务系统和数据之间耦合度过高，提高数据服务的效率和质量。

（3）统一数据中心建设。数据中台的建设可以避免重复建设各种数据中心，减少浪费和重复劳动。企业可以将所有的数据资源和服务整合到一个统一的平台上，实现数据的集中管理和服务。这样可以避免不同数据中心之间的数据难以共享和整合，形成数据孤岛。

（4）推进数字化转型。数据中台的建设可以推动企业的数字化转型和升级。在数字化时代，企业需要处理的数据量越来越大，数据的类型也越来越复杂。同时，企业也需要将数据进行更加深入的分析和挖掘，以支持更加精准的决策和业务创新。因此，建设一个稳定、高效、安全的数据中台，可以为企业提供更好的数据支持和服务，推动企业的数字化转型和升级。

3. 建设要求

（1）技术中台的建设要求。技术中台的建设要求如表 6-6 所示。

表 6-6　技术中台的建设要求

要　　求	要　求　说　明
服务可复用	对应用服务、样本、模型和算法进行标准化管理及服务封装，可复用程度高，提高了开发效率
服务统一化	统一的服务接口规范，支持服务自主对接，降低了对接难度
一键部署	针对模型部署难的问题，可实现一键部署上线，缩短了上线周期
资源管控	统一资源管理，包括计算资源、存储资源等，支持资源弹性调度，降低了企业的研发成本

（2）数据中台的建设要求。数据中台作为一种新的技术架构和方法，以业务能力为中心，最大限度地利用现有系统的潜力实现对各种资源的有效整合，对全域数据统一管理、加工、分发，为上层业务应用提供基础平台服务，支持业务快速孵化。数据中台建设的核心目标是提供区域业务数据服务，从不同渠道和业务场景采集、整合、加工和处理数据，实现高效、精准和智能的决策分析。技术中台架构如图 1-9 所示。

数据中台的建设要求如表 6-7 所示。

表 6-7   数据中台的建设要求

建 设 要 求	详 细 说 明
统一数据湖设计	包含数据源接入、加工、存储、主题等方面的功能模块，包括基础设施平台；先构建数据源，通过数据规范来提升数据质量，形成不同业务单元的数据湖，汇聚海量的业务系统数据，形成清洁和完整的业务数据湖
统一数据治理	支持人工智能等各种技术，基于主题建设数据治理；数据治理以数据消费和数据主题为前提，比如，我们做订单中台，构建订单的多维度统计报表，需要对订单的应用场景和业务流程做精细化梳理。数据主题是建立并对接渠道平台，支撑数据消费
统一数据服务	用于统一管理数据应用及服务，包括运营中心和监控体系；数据服务包括客户标签和产品标签等，这些标签是算法和报表的基础，更是数据模型构建的基础，需要标注和提取
统一数据分析模型	能够为企业提供价值增值服务，包括数据开发、应用集成、用户洞察、BI/AI 分析等。构建数据模型，需要专业知识库。比如，构建疾病数据模型分析，需要对医疗图像的专业有深入理解，尤其是标注规则，才能建立权威的数据模型库，一般是联合医疗团队来建设规则库

（3）AI 中台的建设要求。提供 2B 和 2C 的服务和数字化的产品。数字化运营产品建设，涵盖数据管理、数据标注、模型开发、部署上线到运营管理的全生命周期，实现样本、模型和算法的整合、复用和流程化管理，解决企业在智能应用开发过程中的数据管控、样本标注协同、敏捷开发、产品测试、运营迭代等问题，支撑智能应用快速研发和高效部署。数据中台需要深度集成人工智能和数据分析技术，使数据中台能够为业务部门提供更智能的数据洞察、预测和优化建议。

4. 一站式数据平台

DataWorks 作为一站式大数据开发治理平台，构建了从数据集成、数据开发、数据服务到应用开发的全链路解决方案。在整个大数据链路中，数据服务将数仓、数据库和数据应用进行串联，形成了一座数据与应用之间的桥梁。数据服务通过将数据封装成数据 API 的方式，可以为个人、团队及企业提供全面的数据开放及共享能力。借助这个平台，用户能够统一管理面向内外部的 API 服务。数据服务提供了向下对接数据源、向上支撑业务应用的有效连接。

如图 6-8 所示，DataWorks 在产品架构上，涵盖数据源、数据集成、湖仓融合的数据治理、数据地图、存储层、统一开发和运维、数据分析与应用。

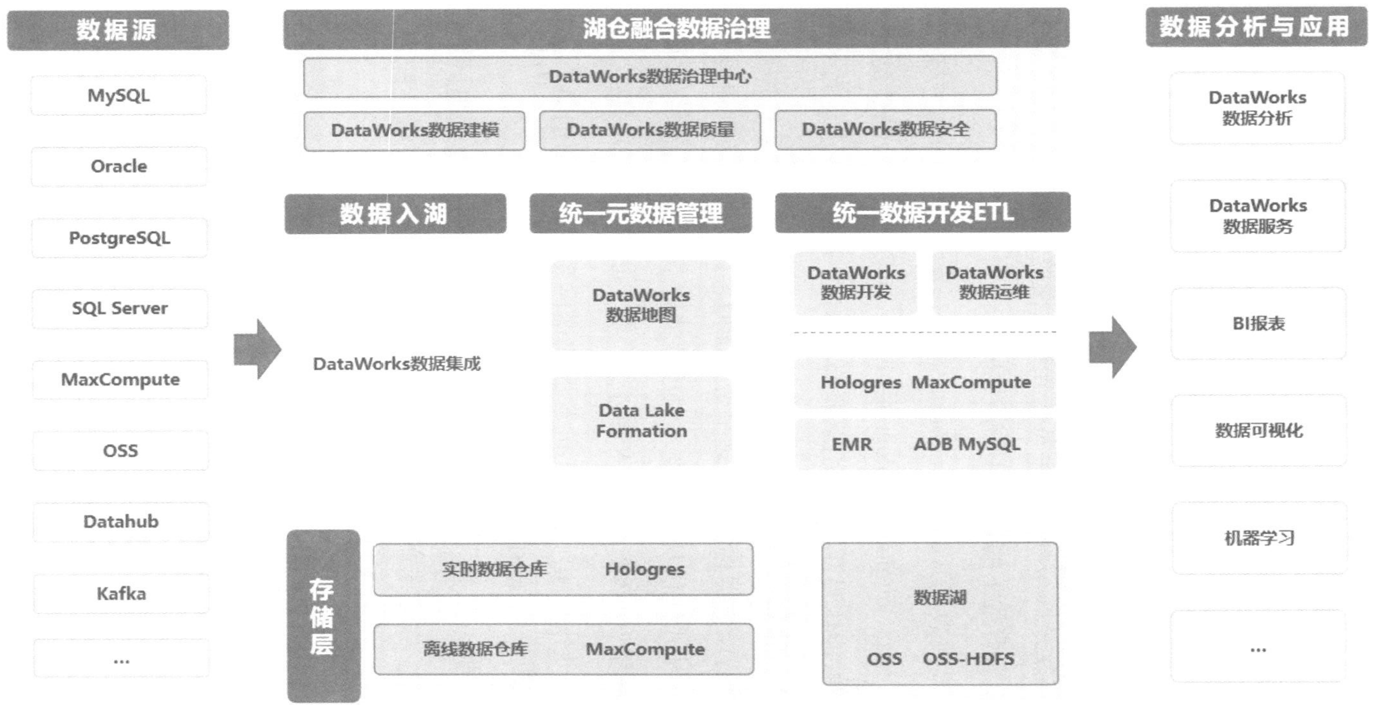

图 6-8　DataWorks 的产品架构

产品的核心功能如下。

（1）智能数据建模。遵循数据中台建模方法论，以维度建模为基础，从数仓规划、数据标准、维度建模、数据指标四个方面，以业务视角对业务的数据进行诠释，让数据仓库的建设向规范化、可持续发展方向演进。

（2）全域数据集成。DataWorks 数据集成作为大数据平台上下云的核心枢纽，将不同系统的数据相互打通，实现数据自由离线或实时流动，并致力于提供复杂网络环境下丰富的异构数据源之间高速稳定的数据移动能力，繁杂业务背景下的数据同步解决方案。

（3）高效数据开发。DataWorks 数据开发（DataStudio）与运维中心面向各引擎（MaxCompute、Hologres、EMR、CDP 等）提供可视化开发的主界面，赋予智能代码开发、多引擎混编工作流、规范化任务发布的强大能力，轻松构建离线数仓、实时数仓与即席分析系统，保证数据生产的高效与稳定。Dataphin 是智能数据构建与管理平台，面向各行各业大数据建设、管理及应用诉求，一站式提供从数据接入到数据消费全链路的智能数据构建与管理的大数据能力，包括产品、技术和方法论等，助力打造标准统一、融会贯通、资产化、服务化、闭环自优化的智能数据体系，以驱动创新。首先，在数据规范定义上，结构化地构建统计指标等，消除数据二义性。其次，可视化地构建逻辑表模型，分钟级自动化代码生成数据仓库代码，全托管生产数据。最后，标签生产融入业务经验，基于内置算法可视化配置，快速构建企业全域数据资产。

（4）主动数据治理。DataWorks 数据治理包含数据治理中心、数据质量、数据地图等多个产品，覆盖事前、事中、事后的数据生命周期，通过数据治理健康分、质量规则、数据大血缘等能力，将书面的数据治理规范落地成平台化的产品能力，让数据治理不再是一个"阶段性项目"，而是一个"可持续的运营项目"。在线批处理、流处理和机器学习等多引擎任务开发，构建复杂的调度依赖，提供开发、生产环境隔离的研发模式。数据治理中心可自动发现平台使用过程中数据存储、任务计算、代码开发、数据质量及安全等维度存在的问题，并通过健康分量化评估，从全局、工作空间、个人等多个视角，以治理报告及排行榜呈现治理成果，帮助高效达成治理目标；同时，提供任务资源消耗明细、费用预估等功能，帮助用户有效控制各类资源费用。

（5）全面数据安全。DataWorks 数据安全能力融合了蚂蚁集团数据保护伞，具备金融级数据安全与合规能力，覆盖数据全生命周期安全管理过程，帮助客户从数据采集、传输、存储、处理、交换等多方面构建数据安全治理体系，满足诸如互联网、金融、制造、政企行业的数据安全管理要求。

（6）快速赋能行业增长。在互联网行业，支持弹性伸缩，成本下降，简化纷繁复杂的多种大数据技术架构；在游戏行业，实现游戏行业全链路分析，支持实时决策及调整；在金融行业，构建客群标签画像，直观描述群体特征，减少重复营销成本，提高 ROI；在新零售行业，实现业务数据化，通过全域数据中台构建数智底座，实现数据业务化，通过数据综合治理驱动业务增长；在内容咨询行业，提高推荐点击率转化，加速 AI 业务落地及发展；在数字政府方面，与生态结合，通过产品的高度成熟化，将理论与实践相结合，推动政府治理精细化、服务便捷化、响应敏捷化、民生普惠化；在电力行业，建设电力云，形成"IT 资源服务中心"和"数据服务中心"，实现运营"两级协同"，满足公司泛在电力物联网建设需求。

📢 6.5 安全信任的区块链

2021 年，《工业和信息化部 中央网络安全和信息化委员会办公室关于加快推动区块链技术应用和产业发展的指导意见》明确提出："区块链是新一代信息技术的重要组成部分，是分布式网络、加密技术、智能合约等多种技术集成的新型数据库软件，通过数据透明、不易篡改、可追溯，有望解决网络空间的信任和安全问题，推动互联网从传递信息向传递价值变革，重构信息产业体系。""到 2025 年，区块链产业综合实力达到世界先进水平，产业初具规模。区块链应用渗透到经济社会多个领域，在产品溯源、数据流通、供应链管理等领域培育一批知名产品，形成场景化示范应用。"

党的二十大报告提出，要"加快发展数字经济，促进数字经济和实体经济深度融合，打造具有国际竞争力的数字产业集群"。区块链技术有助于促进数据共享、优化业务流程、降低运营成本、提升协同效率、建设可信体系，是支撑数字经济发展的战略性技术，对贯彻新发展理念、构建新发展格局、推动高质量发展具有重要作用。

区块链技术是一种基于去中心化、分布式、不可篡改的数据存储和传输技术，其应用场景广泛，涉及数字货币、供应链管理、智能合约、数字身份验证、物联网等多个领域。

1. 原理

2008 年，一个名叫中本聪的作者发布了一份名为《比特币：一种点对点的电子现金系统》的白皮书。这份白皮书描述了一种新型的数字货币，它的核心是一种去中心化的记账技术，即区块链。比特币的诞生标志着区块链的开端。

其工作原理可概况为，区块链由一系列称为"区块"的数据组成，这些区块按照时间顺序连接在一起，形成一个不可篡改的链条。每个区块包含一些交易数据，类似于我们在传统账本上记录的交易。但不同的是，这些区块不存储在单一的中心服务器上，而是分布在全球范围内的许多计算机上，这些计算机被称为"节点"。

为了将交易添加到区块链上，需要进行一种被称为"共识机制"的过程，其中节点必须达成一致意见，验证和记录新的交易。一旦交易被添加到区块链上，它就不可更改，因此区块链具有高度的安全性和透明性。

区块链的去中心化是其最重要的特点之一。与传统的银行或金融机构不同，区块链没有一个中心机构来进行控制或管理。这意味着任何人都可以参与区块链网络，查看交易记录，而不需要信任中介。这种去中心化使交易更加安全，减少了欺诈的可能性。

总之，区块链是一个数字账本系统，由一系列连接的区块组成，每个区块包含交易数据。去中心化和安全性使其成为一种革命性的技术，可能会改变金融、供应链管理、投票系统等各个领域。

区块链的工作方式相当复杂，这里我们尝试用简单的方式来解释。首先，区块链是去中心化的，意味着没有一个中心控制机构，每个人都可以参与并验证交易。其次，区块链使用加密技术来保护数据的安全性，确保信息不被篡改。最后，区块链的共识机制使网络中的参与者可以就交易达成一致意见，从而确保交易的有效性。区块链采用分布式的存储架构，其数据完整地保存在区块链网络的所有节点上。形象的比喻就是，把一份档案复印了无数份，保存到世界的不同地方。任何想要篡改记录的人，都必须修改每一个节点的记录，在节点足够多的情况下，这种篡改是无法实现的，这就是区块链防篡改的奥秘。

区块链由一个一个的块链接而成，那么后一个块是怎么生成的呢？要想把记录加入区块链，就必须满足区块链规定的要求，找到符合标准的块，这一过程俗称为挖矿。因为挖矿的人很多，为了解决区块链同步以及伪造链攻击，必须增加挖矿难度，增加难度的方法叫作工作量证明（Proof of Work，PoW）算法。这一算法将一次简单运算变成了数亿次的重复运算，大幅增加了运算难度。

挖矿的过程是重复和运气的叠加，最先挖出此区块的矿工，将告知所有节点，并让此区块上链，矿工将得到奖励（即各种数字货币），所有的矿工重新开始计算下一个区块。显卡非常擅长重复简单的运算，因此深受矿工喜爱，导致高端显卡的价格水涨船高。

当然，这里还要说明一点，PoW 算法甚至挖矿过程并不是必需的，PoW 算法是共识算法的一种，其他共识算法也可以用于区块链。

在技术演进上，当前国际主流公有链节点规模在万级左右，去中心化程度较高，主要聚焦在扩展性、兼容性、能耗等方面进行技术优化。国外典型联盟链开源项目如 Hyperledger Fabric、Corda 等，技术积累相对成熟，代码迭代速率自 2021 年以来逐渐放缓。国内联盟链充分融合国外开源项目优势，架构、共识和性能持续优化。

在技术创新上，国外以 Web 3.0 为导向加速公有链技术创新，引领了智能合约、数字身份、隐私保护等多个领域的技术走向。联盟链以可信协作业务需求持续推动技术升级。

在技术开源上，截至 2022 年 9 月，开源项目托管平台 Github 上的流行区块链项目（关注度大于 300）数量达到 761 项，其中 38% 与加密货币相关。

联盟链技术聚焦业务场景需求不断优化，发展速度相对放缓。

2. 价值

从狭义讲，区块链是一种按照时间顺序将数据区块以顺序相连的方式组合成的链式数据结构，并以密码学方式保证的不可篡改和不可伪造的分布式账本。从广义讲，区块链技术是利用块链式数据结构来验证和存储数据、利用分布式节点共识算法来生成和更新数据、利用密码学的方式保证数据传输和访问的安全性、利用由自动化脚本代码组成的智能合约来编程和操作数据的一种全新的分布式基础架构与计算范式。

区块链不仅仅是一种技术，它还有许多潜在的应用领域。我们将研究区块链与数字货币（如比特币）的关系，以及它如何改变金融行业。此外，区块链还可以用于改进供应链管理和加强身份验证安全性。区块链有许多优势，如降低交易成本、提高透明度和减少欺诈。其可以解决如下具体问题。

（1）公司间信任问题。交易双方由于并非完全信任，在合同约定执行、交易过程中物权转移、资金转移方面会存在信任问题。

（2）延迟财务结算。由于内部交易对账需要耗用大量的人力和时间，对账的差异很可能引起账务结账延迟、报表出具延迟。

（3）效率低下和高成本。内部对账过程冗长，需大量财务人员和工作时间，而且对账结果并不理想，监管更不容易。

（4）数据无法共享。集团下各公司间财务数据分布于不同类型的 ERP中，不同系统间没有集成，各系统间不互通。

（5）与监管方之间缺乏信任。跨国集团公司必须保留多年的记录（通常为 10 年或更长时间），并向外部审计师 / 当局证明数据来源和未被篡改。

（6）重复问题。公司间转移定价及复杂的交易业务问题可能造成税基侵蚀和利润转移（BEPS），故存在报表重述的风险。

3. 阿里云区块链服务

阿里云区块链服务（blockchain as a service，BaaS）是一种基于主流技术的区块链平台服务，由蚂蚁区块链团队提供技术支持。它可以帮助用户快速构建更稳定、安全的生产级区块链环境，大幅减少在区块链部署、运维、管理、应用开发等方面的挑战，使用户更专注于核心业务创新，并实现业务快速上链。

阿里云区块链服务的产品价值如下。

（1）多种区块链技术引擎支持。支持主流开源区块链技术 Hyperledger Fabric、企业以太坊 Quorum，以及具备核心技术能力的金融级别技术蚂蚁区块链，满足多种用户需求。

（2）蚂蚁区块链。它是蚂蚁自主研发的高性能、全球部署、极强隐私保护的金融级联盟区块链技术。

（3）Hyperledger Fabric。它是由 Linux 基金会托管的开源企业级区块链技术，是开放式、标准化的区块链技术生态的代表。

（4）企业以太坊 Quorum。它是摩根大通（J.P. Morgan）基于以太坊开发的面向企业场景、符合 EEA（Enterprise Ethereum Alliance）规范的开源企业级区块链技术。

（5）一键式部署。阿里云区块链服务帮助用户一键式快速创建和部署生产级区块链环境，提供图形化的区块链管理运维能力，实现参与企业和业务的动态添加，简化区块链的部署流程和应用配置。

（6）隔离性。基于阿里云区块链服务创建的联盟链网络，建立在云计算多租户隔离（包括计算、存储、网络等资源的隔离）的基础之上，保证了区块链业务参与方的独立性和自治性。

（7）跨地域。业务参与方可分布于不同的地域，实现跨地域联盟网络的建立。例如，联盟链网络中的各方（运营方和参与方）可以分别部署于三个不同的城市。

阿里的区块链产品架构，自下而上包括云资源、平台服务层、中间层，支撑各行业的交易业务。其中核心概念是分布式账本、智能合约、联盟链，如图 6-9 所示。

分布式账本是区块链的核心组成部分，它记录了所有的交易和数据，具有去中心化、不可篡改、透明等特性。分布式账本是一种在网络成员之间共享、复制和同步的数据库，可记录网络参与者之间的交易，比如资产或数据的交换。这种共享账本消除了调解不同账本的时间和开支。区块链分布式账本架构可以解决的行业痛点如下。

（1）提高数据安全性。传统的中心化数据库容易受到黑客攻击，导致数据泄露。而区块链的分布式账本技术将数据分散存储在全网的各个节点上，使黑客难以攻破。同时，加密技术也确保了数据的隐私性。

（2）防止数据被篡改。区块链的不可篡改特性使账本数据无法被随意修改，从而确保了数据的真实性和可靠性。这对于需要记录大量交易的场景，如金融、物流等，具有极高的应用价值。

（3）提升透明度和信任度。区块链的分布式账本技术可以实时监控和查看所有交易记录，使交易过程更加透明和公正。这有助于建立消费者和商家之间的信任关系，降低交易成本。

（4）去中心化。区块链的分布式账本技术无须中心化机构进行管理，大大降低了因中心化机构失误或恶意行为带来的风险。同时，这也降低了交易成本，提高了交易效率。

（5）高效协作。区块链的分布式账本技术使不同的组织或个人可以在没有第三方干预的情况下进行高效协作，大大提高了工作效率。

智能合约，由跨法学领域的计算机科学家及密码学家 Nick Szabo 于 1994 年提出。该合约是在计算机层面上确定不可变的多方交易协议。不同于传统合约，它通常在满足某些特定条件后可自动执行。

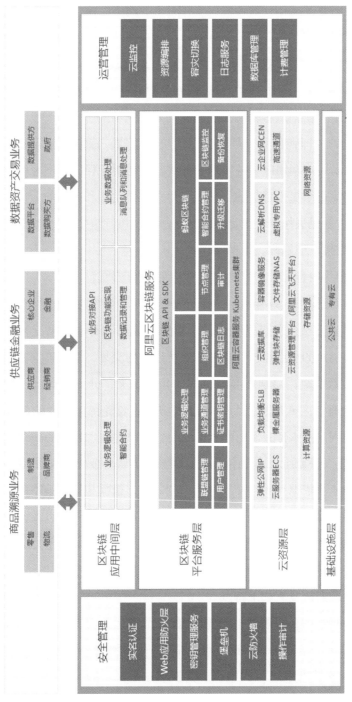

图 6-9　阿里区块链产品架构

特点之一是受无信任软件协议安排处理，而不需要受信任实体的批准。特点之二是规则和交易数据公开透明，不会存在任何虚假或者隐藏交易，从而建立了公平公正的游戏规则，并在一定程度上赋能区块链技术"公开透明、不可篡改"的特性。同时，因为签订智能合约的各方不需要相互了解或信任，只要代码公平公正，黑客将无法利用漏洞来操纵结果。

智能合约，即链代码，是运行在区块链上的、特定条件下自动执行的代码逻辑，是用户利用区块链实现业务逻辑的重要途径。基于区块链特点，智能合约的运行结果是可信的，其结果是无法被伪造和篡改的。

（1）过程无法作弊。满足条件自动触发，执行结果独立验证。

（2）结果不能修改。数据保存在区块链。

（3）合约内容可靠。智能合约内容保存在区块链中。

（4）隐私保护。只有指定的参与方可以获取合约内容和数据。

联盟链，指参与节点是特定某个群体的成员和有限的第三方，记账人由联盟内部指定的节点担任，其他节点可以参与交易，部分第三方可以进行限定访问。区块链网络从参与者范围的角度定义，分为公有链、联盟链和私有链。公有链人人均可参与，如以太坊；联盟链将参与者的范围限制在联盟成员范围内；私有链则是单个组织或个人私有的。Hyperledger Fabric 2.0 属于联盟链。在 Fabric 区块链网络中，联盟成员认可彼此的身份、权限配置、责任划分，成员依据相同的交易逻辑产生数据，依据相同的策略认可交易。

联盟链的主要参与节点是银行、保险、证券、商业协会以及各类企业。核心价值为：不同节点（机构）通过联盟链建立信任和合作关系，可以更好地实现不同机构间的数据交流；适合机构间清算结算，用于节省对账和清算成本。联盟链具有如下特点。

（1）可控性强。联盟链中只要大部分节点达成共识，即可更改区块数据。节点包括记账节点和共识节点。记账节点是维护账本的网络节点，一个或多个 peer 节点组成 peer 组织。共识节点是区块链网络中参与交易的节点。一是采用通道机制，可以将区块链网络中的账本数据进行隔离和保密，主要用于实现联盟链中业务的隔离，每个通道可视为一条子链，并且对应一套账本。同一个区块链网络，不同通道之间的账本数据不可见。二是采用业务链机制，可以将区块链网络中的账本数据进行隔离和保密，主要用于实现联盟链中业务的隔离，对应一套账本。同一个区块链网络，不同业务链之间的账本数据不可见。三是采用组织机制，在通道 / 业务链中一般包含若干成员（组织），若两个区块链网络实体的身份证书能够追溯到同一个根 CA，则认为这两个实体属于同一组织。

（2）部分去中心化。某种程度上联盟链只属于联盟成员所有，节点数量有限，容易达成共识。采用分布式共识机制，系统中多数独立参与者对某个交易 / 操作的有效性达成一致。包括对双方交易的验证达成一致、对任何交易的其他合法性（比如业务逻辑合法性）的验证达成一致、对合法数据是否写入现有账本达成一致。

（3）交易速度快。因节点数量有限，容易达成共识。采用哈希（Hash）算法。一段数字内容的 Hash 值可以用于验证数据的完整性。数字内容的微小修改都会引起 Hash 值的巨大变化。合格的 Hash 算法很容易由数字得到 Hash 值，却几乎不可能通过 Hash 值反算出原数字内容。

（4）数据不默认公开。联盟链的数据只能面向联盟里的机构及用户。

4. 应用效果

目前，公司之间发生业务往来后，双方公司分别在自己的业务系统中记录。一定期间内不同类型双方往来，需由双方业务人员分别发起确认，待共同确认成功后，自动记入各自的 ERP 系统中。这种方式虽然投入很大的物力、财力，却难以成功平账。物流信息的滞后也会导致物流和结算经常出现不一致的现象，容易出现对账差异。

建立供应链物流区块链平台，采购方和供应商 ERP 系统均可接入，采购协议及账款支付由智能合约实现，将贸易流、物流、信息流及时上链，通过区块链的共享账本，交易情况、客户信息变更、物流执行情况、物流承运商的运输履约能力都可实时地在全链条各环节上反映出来。这样既保证了链上数据的真实性、协同性，也从此消除了双方的对账工作，并可消除业务争端，提升相互间的信任。总之，物流和交易信息保存在多方共识的区块链上，可保证业务真实可信，消除对账，确保账实一致，财务实时结算，业务透明可信，便于监管和追溯，可提升行业服务质量，促进行业健康发展。

基于区块链服务，同时结合物联网技术，构建由生产商、仓储、物流商和客户作为参与方组成的协作联盟，实现货物从生产、仓储、干线物流、经销商、本地物流到客户全流程信息的可信记录，从而解决信息孤岛、信息流转不畅、信息缺乏透明度等行业问题。

数字化转型之
组织战略

管理就是界定企业的使命，并激励和组织人力资源去实现这个使命。界定使命是企业家的任务，而激励与组织人力资源是领导力的范畴，二者的结合就是管理。

——德鲁克《管理：任务、责任、实践》

📢 7.1 组织战略的变革理念

华为对数字化转型的定义，即通过新一代数字技术的深入运用，构建一个全感知、全链接、全场景、全智能的数字世界，进而优化再造物理世界的业务，对传统管理模式、业务模式、商业模式进行创新和重塑，最终实现业务成功。

对传统管理模式、业务模式、商业模式进行创新和重塑，是非常大的挑战。一是服务客户复杂，需要实现对供应商、渠道合作伙伴、企业客户、消费者、员工五类用户需求的及时响应。二是全球化协同难，华为的业务延伸到了全球190多个国家，因此调动全球十几万员工的协同作战，是一个很大的难题。三是应用系统关联多，华为的应用包含了1000多个应用以及全球多个数据中心，因此对其进行整合也是非常困难的。

任正非在2014年《"班长的战争"对华为的启示和挑战》汇报会上的讲话，就明确提出了"班长的战争"不是班长一个人的战争，其核心是在组织和系统的支持下实现任务式指挥，是一种组织的整体性的改变。

对应组织改变，华为摸索、积累出了一套应用数字化技术实现业务成功的战略框架与战术工具，对业务可持续创新发展的最佳实践进行了总结，提炼了具有通用性和普适性的关键点与要素，具体如下。

（1）整体战略：将数字化转型定位为组织整体战略，进行全局谋划。

（2）保障条件：通过组织策略激发组织活力，通过文化转型创造转型氛围。

（3）核心原则：将核心原则贯穿到转型全过程，保证转型始终在正确的轨道上。

（4）关键行动：通过四个关键行动控制转型的关键过程。

组织策略是总体战略的保障条件，数字化转型需要强有力的组织来支撑，需要明确转型的责任主体，制定合理的组织业务目标，配套考核和激励机制，优化组织间的协作流程。更重要的是，成立专业的数字化转型团队，协调业务和技术部门，建立数字世界与物理世界间的协同运作机制，统筹推进数字化转型落地。

组织文化是数字化转型成功与否的关键要素，要不断培养转型文化理念，激发个体活力，为员工营造良好的转型环境，形成数字化转型的动力源泉。在组织内部培育数字文化、变革文化和创新文化，支撑组织的数字化转型。

（1）数字文化：积极拥抱数字化，通过数据来改变传统的管理思路和模式，习惯用数据说话、用数据决策、用数据管理、用数据创新。

（2）变革文化：勇于探索、拥抱变化、自我颠覆、持续变革。

（3）创新文化：崇尚创新、宽容失败、支持冒险，更积极和主动。

数字化转型团队，必须具备顶层设计的组织能力。制定转型的总体框架与发展目标，是全局有效协同的必要基础。顶层设计可以明确长期目标，实现战略解码，在组织内统一思想、统一目标、统一语言、统一行动，解决数字化转型的整体性、协作性和可持续性问题。从过程上看，数字化转型的顶层设计主要包括价值发现、蓝图制定和路径规划三大阶段。

快速实现业务价值，是数字化转型顶层设计的核心。价值发现通过综合评估企业现状、分析业务需求、对标业界实践等，发现转型的业务价值，找准转型突破口，其主要工作包括现状与问题调研、业务需求理解、业界最佳实践对标、技术发展趋势分析以及转型价值发现等。

蓝图制定为数字化转型制定总目标，指引转型的总方向，使转型成为全局性共识。其主要工作包括愿景描绘、转型目标设定、转型蓝图制定、转型架构设计、技术路线选择、制定转型举措，以及组织与文化变革等。制定转型蓝图是这一阶段的核心工作：一方面要保证转型目标有效落地，具备可实施性；另一方面要保证转型在未来可演进、可持续发展。

路径规划的主要任务是识别转型约束条件与资源需求，制定切实可行的实施规划，确保目标达成。其主要工作过程包括约束条件分析、资源需求分析、实施路径规划以及实施任务分解等。

1. 战略是组织行动纲领

凡事预则立，不预则废。科学预见对战略布局具有重要的指引作用。毛泽东曾言："预见就是预先看到前途趋势。"他又说："没有预见就没有领导，没有领导就没有胜利。因此，可以说没有预见就没有一切。"

战略是组织的行动纲领，是行为指南。企业经营战略是企业及其所有企业员工的行动纲领。企业如果没有战略，就好像没有舵的轮船，没有方向。美国 90% 以上的企业家认为："最占时间、最为重要、最为困难的事就是制定战略规划。"

爱默生说："每年我都花一半的时间在战略规划上，雷打不动。"

研究结果表明，85% 倒闭的大企业是由管理者的重大决策失误造成的。

2. 组织策略多元化

（1）矩阵式组织。矩阵式组织的设置，利大于弊。其弊端是权力比较分散，责任不太清晰，沟通成本较高；优势是体现双重管理需求，使经营效率与资源共享效率相平衡，使业务增长和能力发展相平衡，同时也减少了组织分化、小团队控制下属机构的风险。从经营角度看，矩阵式是与产品、服务品类多样而客户较为集中的业务特征相吻合的。

在组织架构上，华为的通信管道板块、消费者板块、企业服务板块都采取矩阵式管理，即价值链管理模式。价值链的特点是负责端对端价值活动的发动者、牵引者、协调者，要对价值链的总绩效负责。华为市场板块也采用矩阵式。办事处是一个平台，负责统筹资源、协调运行、指挥市场开发项目和活动等公共管理职能；各业务线负责市场开拓和客户管理。

矩阵式对应的管理模式是复杂式管理，对于企业文化的一致性和管理人员的综合素质要求高。矩阵式有可能牺牲效率，要与产品特点相匹配。目标是提高其对市场的反应速度和总体经营效率。新孵化出来的项目和业务，先不放在矩阵体系里，使其相对独立地发展。

（2）流程型组织。流程型组织中的流程，反映的是价值创造活动本身的应有逻辑，解决做正确的事和正确地做事的问题，是组织内部以分工为基础的协作和连接机制。流程作为一种权力，是对垂直纵向权力的替代。正因为如此，许多企业在向流程型组织转变时困难重重，很重要的原因就是高管具有直接行使权力的习惯和路径依赖。

华为是通过流程来控制组织的，而不是权力。任正非说："我没有什么权力，公司里只有一种权力，那就是流程权力。流程是运行规范和制度，是铁打的营盘，不依赖和取决于某个个人。流程型组织，就是所有职位、所有人按流程指令操作的组织。高铁从北京开到广州，按运行图行驶就行了。每件工作，流程规定该怎么办，就怎么办。"

矩阵式和流程型相关联，矩阵式组织要靠流程来支撑运行。流程和 IT 是不可分的（华为的 IT 和流程管理在同一个部门），流程的 IT 化是企业数字化建设的基础性内容。所谓数字化组织在很大程度上就是数字驱动流程运行的组织；所谓数字化转型是指流程指令自动生成，工作标准和要求以数据方式呈现。

流程不仅是一种权力，同时也是一种责任。每项流程都要有流程责任人。华为对流程责任人是有考核的，考核的内容是端对端流程总的绩效产出。华为著名的 DSTE（流程战略）、IPD（集成产品开发）等，已经成为很多行业的标准。很多消费型企业之所以不能完全照搬华为的 IPD 流程，一是因为能力达不到，二是因为竞争环境不同。但是，它们可以借鉴华为 IPD 的框架和逻辑，尤其要学习 IPD 的精髓，如需求分析、市场验证、产品技术平行开发、产品平台化等。

（3）项目型组织。华为在研发领域大量采取项目制的组织方式，成立跨部门的小组完成特定的开发任务，对一些未来突围或尝试的业务采取平台型组织。平台具有赋能属性，对新业务、新项目提供支持。华为项目型组织的本质是：激发组织活力，改善运作效率，增加项目盈利，提升客户满意度。

从 2007 年开始，华为不断地推进项目型组织的建设。构建授权体系和资源管理，解决"各级功能人员资源板结、权责利不对等、授权不充分、决策层级多、运作效率低、一线呼唤炮火困难、资源到位不及时、能力不足"等痛点，实现"打好仗、选好人、分好钱"的目的。基于此，2015 年华为明确"从以功能型组织为中心，向以项目型组织为中心转变"。2016 年，华为提出，"让听得到炮火的人能呼唤到炮火"，实施大平台支持精兵作战的战略，并逐步开始将管理权和指挥权分离。过去 20 年，华为一直是集中的管理模式，决策都是从总部发出，下面直接执行。而面向未来，将出现越来越多的不确定性，可能不再是上面决策、下面执行，问题就可以得到解决。新形势要求企业考虑去中心化，让各个层级承担更大的挑战，应对更多的风险，因此提出了大平台支持一线精兵作战。可以看出，华为公司强调的大平台下的精兵作战，就是通过授权使指挥权向前移，减少决策的层级，实现一线"战区主战"的自主作战；同时通过服务、资源、能力云化，构建能力中心和数据共享中心，打破地域限制，提供平台化的支撑，构建平台化的管理体系。

一线的精兵团队，其实就是项目型组织，核心就是推进项目型组织的建设，同时大平台要能广泛地适应各类项目作战的需求。项目型组织必须对应平台型组织。如果没有平台型组织的支撑，项目型组织就是一个伪命题。

华为的组织主要分为功能型组织、委员会组织和项目型组织。目前，华为公司内部的重心是在不断地完善项目型组织，主要分为交付项目、销售项目、营销项目、基建项目、变革项目和研发项目六大类。

围绕着这六大类不同的项目形态，华为从组织的定义、授权管理、资源的调度与使用、评价与激励、IT 支撑这五个方面打造项目型组织。下面分别介绍。

第一，组织的定义。主要是基于不同项目形态下的组织形态，包括项目的分级、生成、变更、关闭，以及典型场景下的组织标准模型和汇报关系及项目的目标管理。组织的定义会直接影响项目型组织运作的模式，如在 2B 模式和 2C 模式下，项目型组织的定义差异性就非常大。

第二，授权管理。主要是指基于人、财、事上对项目经理的授权，也就是权力进项目。它还包括项目经理的选拔、考核、发展与要求，以及对项目组织成员的管理机制，等等。

第三，资源的调度与使用。因为项目中所有的人力成本、预算分配等都要纳入项目的预核算中，所以叫作"机关资源池化、资源市场化"，指的就是资源的定价、上架以及使用等一系列的设定，包括项目经理如何调动资源、对资源部门的员工复用率等这些考核 KPI 的设置。

第四，评价与激励。评价与激励包括项目奖的来源、分配和发放，评价与激励的主要导向是加大进项目人员和平台人员的奖金差距，营造人人都想进项目的氛围，这里面也包括了项目组成员的考核内容。

第五，IT 的支撑。要实现项目型组织与平台资源间的分摊与结算，就必须要借助类似于工时系统、运营可视化系统这些工具，而每个公司的系统各有特点。

基于以上五点，打造项目型组织要注意以下三个关键要素。

第一，项目型组织需要领导力。

在功能型组织中，部门主管强调职务影响力，是通过集权和管控进行指挥和控制的。功能型组织之间相互独立，各自都有明确的 KPI，通过基于功能型组织的考核、激励系统，进行人员的评价与激励。有别于此，项目型组织强调的不是职务的影响，而是通过授权、服务进行沟通和协调。项目型组织与功能型组织配合协同，基于客户与市场导向、基于项目型组织的考核激励体系来进行人员的评价与激励。在这种模式下，项目经理的权力虽然是组织授予的，但项目经理更需要打造领导力，这种领导力不因职级、职位变动而改变。换言之，这个项目经理在，团队的信心就在，项目就能成功。项目经理的品牌会影响整个项目团队，感召大家迈向成功。

第二，项目型组织需要资源的调配。

通过建立资源买卖机制，保证人钱分离，使经营单元有钱无人，资源部门有人无钱，资源买卖通过资源部门养兵、项目经理用兵、依靠市场机制实现调兵，从而打破了人员在功能部门的板结。如何合理地定价、上架、调配、结算，是成功的关键。华为公司内部在研发领域能够通过工时系统实现资源部门与经营部门基于项目的结算，对于一些共享资源中心，例如人力资源、法务、财务等，这些部门可以通过公摊的方式进入项目。

第三，项目 HR（人力资源）的转型。

在项目型组织中，人力资源是一个非常关键的角色。相信很多人都知道华为人力资源的 V-cross 模型，它包括战略伙伴、HR 解决方案集成者、HR 流程运作者、关系管理者、变革推动者、核心价值观传承的驱动者六个角色认知。某种意义上，华为公司这几年也在反思这种角色模型的弊端，主要因为在这种角色模型下，HR 的流程和业务的流程是没有办法无缝对接、实现握手的。现在华为内部提出了项目 HR 的角色，从 V-cross 模型进行了一个转变，基于以上提到项目型组织的五个关键点，向责权管理、资源管理、评价管理的"人"字模型转身，为项目型组织拉队伍、评人才、分奖金，并提供 HR 的运营。

3. 领导力

在数据时代，企业家和企业高管所需要的思维意识和核心能力素质究竟是什么？是一种"度"，即对方向的判断、分寸的拿捏、火候的控制、时机的把握、节奏的掌控和管理艺术的最佳发挥。这个"度"具体又体现在道德感召、跨界思维、竞合意识、开放包容和真实领导五个方面。

这五个要素，除了对企业家和高管们应对外部环境和相关关系的要求，更多则是处理企业内部复杂要素的领导和驾驭能力。进言之，"领导力"要求企业家从自我深刻变革开始，最终带领企业从优秀走向卓越。

如何培养领导力？接下来我们从以下七个维度详细阐述。

第一领导力：目标导向。

第二领导力：战略意图。

第三领导力：创新变革。

第四领导力：经营管理。

第五领导力：知人善用。

第六领导力：思维破局。

第七领导力：以终为始。

7.2 第一领导力：目标导向

1. 历史智慧

鳌拜出身于将门，叔父是开国元勋费英东。鳌拜赫赫战功，是清朝皇帝皇太极最信任的武将，被皇太极赐号巴图鲁。其主要贡献有：用武力逼迫多尔衮放弃皇位，当摄政王，让顺治继位。顺治皇帝亲政后，对鳌拜和索尼进行重用。之后，康熙皇帝 8 岁登基，至 14 岁亲政期间，鳌拜权倾朝野，滥杀重臣，专权跋扈，手握兵权。14 岁的康熙亲政的第一天，鳌拜当面打死苏克萨哈，康熙只能视而不见，虽然气愤，但只能恭维鳌拜。之后，康熙重用发小索额图，培养摔跤的少年 10 多名，擒拿鳌拜，饶恕家族。

智慧总结：少年大志，目标导向，委曲求全谋发展。

2. 学习标杆

雷军出生于 1969 年，毕业于武汉大学计算机系。在大学期间，他便对计算机技术和电子产品有了浓厚的兴趣，并开始从事研究和开发工作。1992 年，雷军加入金山公司，成为这个著名的软件公司的创始团队成员之一。1998 年，雷军开始担任金山公司总经理。2010 年，雷军联合另外几位创始人成立了小米科技。2013 年，创办仅三年的小米手机出货量达到中国第一、世界第三的水平。小米智能家居产品线丰富，从智能照明、智能安防、智能家电到智能影音，覆盖了家庭生活的方方面面。通过连接互联网，这些智能家居设备可以实现远程控制和自动化控制，让人们的生活更加便捷和智能化。在小米手机的研发过程中，雷军遭遇了无数次的挫折和困难。但他坚信，只有做出让用户感动的产品才能在竞争激烈的市场中脱颖而出。正是这种坚韧不拔的精神，引领小米手机在短短几年内就成为全球知名的品牌。

小米手机的百瓦充电技术和无线快充，拥有多项手机快速充电方面的技术专利。搭载了快充技术的小米手机，被央视评价为"超级快充手机"。小米的 MIUI 是较早推出隐私保护的手机系统。从 MIUI 12 推出照明弹、拦截网、隐匿面具等隐私保护功能以来，小米手机陆续更新了智能剪贴隐私保护、文件沙盒机制、网页浏览隐私保护、位置信息隐私保护等功能，迄今其在手机隐私保护层面仍处于行业领先地位。小米还推出了一项名为 FBO 焕新存储的自研技术，这一技术专为内存而研发，它能够支持自动检测、整理手机存储数据的碎片。根据实验室的数据，一台读取速度为 1900MB/s 的手机在模拟使用 4 年后读取速度会降至 400MB/s，手机的运行性能也随之大大降低。在应用上 FBO 焕新存储技术之后，手机读取速度可以恢复到 1900MB/s 的水平，有效地避免了手机长期使用因内存垃圾堆积而导致的性能下降问题。小米曾通过产投的方式入局芯片领域，又通过自研的方式成为国内第二家拥有自研手机芯片能力的手机厂商。小米先后发布并量产了 4 颗澎湃芯片，涉及手机 SoC、手机影像、快充芯片、电池管理等多个方向，完成了从手机处理器到手机辅助芯片的多次探索。

3. 领导力提升

有位名人曾说："当你的才华和气质还撑不起你的梦想和野心时，请你静下心来学习；当你的能力还驾驭不了你的目标时，请你沉下心来历练；梦想不是去纠缠，而是沉淀和积累。"历练是一种对自我的挑战和超越，是一种对自己强大潜力的发掘和释放。通过历练，我们可以增强自身的能力和意志力，更好地应对各种困难和挑战。在追梦的道路上，我们或许会遇到无数个坎坷和挫折，但是，只有沉淀和积累，才能让我们真正获得梦想的满足感和成就感。在这个浮躁的时代，很多人追求瞬间的成功和满足感，却忽略了沉淀和积累的重要性。然而，真正的梦想需要付出努力和汗水，需要经历时间的考验和岁月的磨砺。委曲求全谋发展，审时度势启愿景。故"天将降大任于是人也，必先苦其心志，劳其筋骨，饿其体肤，空乏其身，行拂乱其所为，所以动心忍性，曾益其所不能"。

拼命工作是磨炼心性的最佳方法。进入 21 世纪后，很多人逐渐认为，劳动只不过是赚取薪水和谋生的手段，这种思维方式越来越普遍。以尽量短的工作时间赚取尽量多的薪水，业余时间用于娱乐、消遣和个人爱好，很多人认为这样的人生才是丰富多彩的。有的人轻视劳动，认为最好少工作，出于这一思路，便不断缩短工作时间。不工作会导致心灵荒芜，换句话说，是因为人的心性没有受到磨炼而不够完善。当然，从理性的角度讲，也包括没有充分受教的因素在内。不过，真正从艰苦的工作中挣扎过来的人是无须受教的，他们自然会在工作中学会一切。

日本实业家稻盛和夫认为，只有拼命工作，才能磨炼人的心性。精进，指的是通过付出不亚于任何人的努力拼命工作，从而磨炼自己的心性。在布施、持戒和精进这三种修行中，最重要的是精进。中小企业的经营者平日里非常努力，他们早出晚归地工作，甚至让人担心如此拼命身体能否吃得消。他们付出的这种努力对于磨炼心性和塑造人格发挥着极其重要的作用。脚踏实地、兢兢业业工作的中小企业经营者中是不会有坏人的。而那些在经营中半途而废、马马虎虎，稍微取得一点点成功就极尽奢华之能事的人，几乎都是些无能之辈。因此，如果你真正勤勤恳恳地工作，自然会成为一个人格完善的人。工作是生存的食粮，也就是说，工作并不仅仅是为了赚取薪水。工作对于塑造一个人的人格至关重要。

📢 7.3　第二领导力：战略意图

1. 历史智慧

巨鹿之战是中国历史上著名的以少胜多的战役之一。公元前 208 年，项羽破釜沉舟，以大无畏精神在各诸侯军畏缩不进时率先猛攻秦军，带动诸侯义军一起全歼王离军，并于八个月后迫使二十万章邯秦军投降。

智慧总结：有志者、事竟成，破釜沉舟，百二秦关终属楚；苦心人、天不负，卧薪尝胆，三千越甲可吞吴。

2. 学习标杆

华为芯片的自主研发之路，是一条充满挑战与困难的道路。面对全球化供应链的压力，华为坚持独立研发，通过创新科技与设计，实现自主可控。在 20 多年的自主研发道路上，华为不断试验、修改、优化，直到生产出满足需求的芯片，这种研发精神不仅体现了华为对技术的执着追求，也反映了其坚韧不拔的民族精神。

2011 年，华为推出了智能手机 Ascend P1，开启华为手机的智能手机时代。

2013 年，华为正式公布 Ascend P2，它是当时环球网页接入速度非常快的智能手机，机身轻薄，充电迅速，仅需数分钟即可下载一部高清影片。

2015 年，Mate 7 系列发布，华为手机正式迈入高端市场。这款手机拥有大屏幕、长续航和高性能等特点，迅速成为商务人士的首选。同时，Mate 7 还采用了金属一体化机身和双摄像头等技术，引领了手机行业的新潮流，使华为手机在全球范围内拥有了良好的品牌形象。华为 Mate 系列和华为 P 系列也成为华为最知名的两个系列。

2018 年，Mate 20 系列发布，引领高端产品，对标苹果手机，华为手机性能达到了巅峰，还引领了"浴霸"摄像头模组的潮流。Mate 20 系列拥有强大的 AI 芯片、超广角镜头和超长续航能力，成为当时最受欢迎的旗舰机型之一。

2020 年，华为发布了 Mate 40 系列，其中 Mate 40 Pro 可以说是华为的封神之作。这款手机在硬件性能和系统体验方面，都是华为手机中最成功的，尤其是麒麟 9000 芯片面世后震惊了全球手机行业，因为它采用了自研的巴龙 5000 基带，也是当时全球第一颗 5nm 制程的 5G SoC，比当时的苹果 A14 仿生芯片晶体管多 30%。

2023 年，Mate 60 上市，其上搭载麒麟 9000s 八核处理器，预装 Harmony OS 4.0 操作系统，支持双向北斗卫星信息，后置 5000 万像素主镜头、1200 万像素超广角镜头、1200 万像素长焦镜头，前置 1300 万像素镜头，内置 4750 毫安时电池，支持 66W 快充。

华为自主研发的手机芯片不仅提升了公司的核心竞争力，更在国家战略层面具有重要意义。自主研发的芯片使华为在关键技术上不再受制于人，能够独立自主地发展。这对国家在全球科技竞争中的地位以及未来的发展潜力都产生了深远的影响。

3. 领导力提升

坚韧不拔的奋斗精神对创业者来说至关重要。因为创业过程是非常艰辛的，创业必须具备坚韧的品格，能够在逆境中成长，具备置之死地而后生的能力。坚韧的品格是一种触底反弹的能力，在一次又一次面对失败后，仍能坚韧不拔地站起来直至成功。形成坚韧的品格，首先需要有积极乐观的心态，遇到困境是必修课程，通过理性的方式来驾驭情绪，保持乐观的心态，把复杂的问题拆解成一些小问题逐一解决，或借力或审时度势，让问题迎刃而解。其次，保持学习力，提升自己的能力和境界，学习他人的经验，让自己有方法、有能力解决各种问题，增强自信心。最后是果断的行动力，机会永远垂青那些率先行动的人，而不是在一旁观望的人。有时候果断确定一个选择后，勇敢地走出第一步，要比思前想后，永远停留在空想阶段效果更好。此外，迅速果断地采取行动有益于减轻压力，减少不必要的焦虑，逆境也会赋予人们反弹之力。

📢 7.4 第三领导力：创新变革

1. 学习标杆：电商大战，三足鼎立

2003 年到 2006 年，电商的国产化时代开启，淘宝击败当时的 C2C 电商王者易趣。2000 年 10 月，易趣网站注册用户已超过 300 万，零售物品超过 5 万件。2002 年 3 月，易趣获得了美国电商巨头 eBay 的 3000 万元投资，在 eBay 的助力下，易趣次年成为拥有 80% 市场占有率的 C2C 巨头。2003 年 5 月，淘宝网的成立终结了易趣网的辉煌。淘宝网在成立后两个月，便

正式宣布全面免费政策，免会员注册费、免商品登录费、免交易手续费，秒杀收费的易趣网，随后支付宝横空出世，市场的天平彻底倾斜。2006年，易趣网的市场份额下滑至29%，而淘宝网则占据国内七成市场份额。

2008年，电商的物流时代开启，京东迎来首次重大架构变革，京东商城正式上线。11月1日，京东新系统上线当天，日均单量达到了一万单。在新网站上线的同时，京东也走上了一条和淘宝截然不同的重资产投入之路，开始搭建仓储、物流体系，并且首创了价格保护、上门换新等服务。这一重资产模式很大程度上帮助京东建立了在3C、大家电等领域的优势，同时助推京东成为日后线上零售的巨头，收入规模位居行业之首。

2014年，电商的手机下单时代开启。智能手机的快速普及，使购物变得更方便，人们再也不用坐在台式机前下单了。中国电商行业发展的前十年，由计算机主导，一直到2014年前后，随着各种App的出现，很多人才开始用手机下单。移动化的浪潮，是中国电商真正站上潮头的关键。PC时代，中国电商的用户最多可能是1亿人。到了手机时代，中国电商的用户达到了10亿人。在全面拥抱移动互联网的浪潮中，京东携手腾讯，率先拿到了"船票"，2015年"双11"京东有68%的交易额发生在移动端，2017年"双11"进一步扩大到89%，这时京东已经牢牢将B2C市场25.4%的份额攥在手中，而其他绝大部分"玩家"的市场份额仅为个位数。

2. 领导力提升

创新首先是独创、创造新的事物，有与众不同、独辟蹊径、善于发现的能力；同时，能及时地进行更新，勇于改革，摒弃不合时宜的陈旧方法，做到有新视角、新思路、勇于开拓、敢于创新。

创新意识，是指在创业过程中以新颖的方法解决问题的过程，甚至以超常规、反常规的视角思考问题，提出与众不同的解决方案，从而产生独特的社会效果。只有努力探索开拓新产品、新业态、新领域，才能实现更好更快的发展，打破阻碍社会进步和历史发展规律的思维方式以及陈规陋习，并且要找准自身的定位和模式，以科学的理念指导，选择适合自己的创新路径。创业是一个持续创新的过程，创新需要持续推进。创业者需要时刻保持对市场和用户的关注，尤其是竞品的分析，做到知己知彼，及时调整策略和产品，持续进行创新。只有不断改进和创新，才能不断壮大企业，抓住市场机遇。创新可以大致分为如下四类。

一是渐进式产品创新，或者叫微创新，比如日本人最擅长精工细作，不断对一个产品做改善。

二是颠覆式产品创新，又叫破坏性创新，比如苹果的智能手机、特斯拉的电动车、佳能的数码相机，都是这一类创新的代表。

三是商业模式创新。比如小米手机，在发展初期采用互联网营销模式，通过减少中间渠道环节，极大地降低了营销成本，迅速占领了市场，俘获了客户的心智，从而取得商业上的成功。

四是基于客户体验的创新，通过要素组合，创造出一种全新的产品与服务。比如微软的 Office 系统，就是把不同的应用组件集成在一起，形成一个全新的产品，为客户创造特有的价值与服务。

寻找创新人才，组建创新团队，构建创新机制，是创新领导力最直接的体现，也是创新项目成功的根本保障。创新活动永远离不开人才，而创新人才往往具有独特的个性。创新领导者的领导力，首先表现在寻找人才，其次表现在宽容人才。比如，马化腾对张小龙十分宽容，而张小龙创造了微信这个天才的产品。创新需要天才，但是创新不是仅靠一个天才就能成功的。创新还需要团队，需要机制。多元化、多样化的人才配置，是创新团队的标配，就像一支足球队，有人是前锋，有人是后卫，还得有人做守门员。

📢 7.5 第四领导力：经营管理

1. 历史智慧

公元前 202 年，汉军适时发起战略追击。刘邦采纳张良的意见，将陈以东直到大海的大片领土封给齐王韩信，将睢阳以北至谷城封给彭越。就这样，刘邦以加封土地为报酬，终于搬动了韩、彭二人，使他们尽数挥军南下，同时命令刘贾率军联合英布自淮地北上，五路大军共同发动对项羽的最后合围。垓下之战随之开始。不到一个月的时间，汉军全歼十万楚军，创造了中国古代大规模追击战的成功战例。

垓下之战，是楚汉相争中决定性的战役，韩信、彭越、英布、周勃强强联合，一战成名。它既是楚汉相争的终结点，又是汉王朝繁荣强盛的起点，更是中国历史上具有里程碑意义的转折点，它结束了秦末混战的局面，统一了中国。

智慧总结：知人善任，领导力突出，必成大业。

2. 学习标杆：组织用人，能岗匹配

在用人中，除了要发挥每个人的优势，还要点亮同事心中的那盏灯。马云以前跟内部管理层开会的时候曾说：阿里巴巴能有今天，这十几年来，其实我只做了一件事情，就是把同事心中的那盏灯给点亮了，把他们的智慧给激发出来了。下军之将，尽己之力；中军之将，尽人之力；上军之将，尽人之智。领导力的核心，就是要激发员工的智慧和工作原动力。总结起来，阿里有四个用人原则。

第一个原则：人才重在培养，而不是完全依赖招人。阿里的初期创始人，是因为在市场上找不到工作，才被马云招来的，但这个人为阿里的快速发展和崛起打下了坚实的基础。马云的用人理念就是培养和提升人，注入公司的价值观和管理理念，培养一支属于自己的高效的队伍。但是，很多公司喜欢招聘空降管理型人才，考验一段时间，才发现他们大多好高骛远、心高气傲、脱离员工、落地艰难、难以成事。

第二个原则：能岗匹配。一位入职一年的员工，已经能认同企业价值观，虽然他不能完全胜任某项工作，但是有其他岗位很适合他，如果企业内部有调岗的机会，可以安排他去做适合的新工作，发挥特长，降低成本，提升人力效率，这比招聘一个在价值观上不匹配的新人更适合。

第三个原则：疑人要用，用人要疑。"疑人要用"是说，如果他的工作进度比计划落后了，向上级解释了原因，上级可以心存疑惑，但也要支持和鼓励他做成事；而"用人要疑"不是说上级要时刻干涉员工做事，而是按期跟踪和检查工作进度、了解工作难度，解决业务卡点，做到心中有数。同时，上级要时刻给予下属激励和最佳解决方案，从某种程度来说，善于培养下属，才是真正的信任。

第四个原则：乐观和积极行事。不论是对待员工还是客户，永远要保持乐观和积极的心态去做成事，好的心态可以让自己看上去更平和、更有魄力。在创业过程中，给员工试错的空间是非常重要的，谁都不会一点错误都不犯，公司也不会不受一点挫折，一定要保持平和的心态，不要去责骂员工，而是要寻找解决之道，即使跌倒一百次，第一百零一次也要爬起来继续前行。

毛泽东曾经说过，"政治路线确定之后，干部就是决定的因素"。商业组织中，干部同样是企业发展的核心中坚力量。华为通过"三优先"的原则，不断选拔有使命和担当精神的人进入管理层。在企业发展时，他们引领队伍快速前进；在危机到来时，他们稳定组织和团队；在业务变革时，他们挺身而出，身先士卒。干部管理的选拔原则如图 7-1 所示。

图 7-1　干部管理的选拔原则

第一个优先是"优先从成功实践中选拔干部"。华为认为，出成绩的地方要出干部。打下山头，就要有人当连长。成功的团队中，要识别出种子选手，快速提拔。在华为，哪怕一个干部能力再突出，如果无法带领团队取得成功，也不会被提拔。华为倡导先有团队的成功，才有个人的成功。

第二个优先是"优先从主攻战场和一线艰苦地区选拔干部"。华为在选拔干部时，极为关注人的干劲。干劲是在大仗、恶仗中打出来的。没有上过主攻战场，没有去过艰苦地区，很难体会到关键时刻队伍对于领导者信念的依赖。在华为，如果想要升迁，必须到海外去，尤其是到非洲等艰苦地区去磨炼。华为通过这种选拔导向，不断激励更多的人前往客户一线。

第三个优先是"优先从影响公司长远发展的关键事件中选拔干部"。当外部危机出现时，公司进行重大业务变革时，或者需要牺牲个人利益时，都是关键时刻。在这些时刻，干部的言行会起到巨大的影响作用，更能体现一个人的责任和担当。对于那些在关键时刻表现出色的人，华为会迅速提拔，从而不断增加员工对公司的信赖感。

华为正是通过"三优先"的方式，不断地提拔那些有责任和担当、敢于冲锋、信念坚定的人进入管理层，从而打造出一支"召之即来、来之能战、战之能胜"的干部队伍。

7.6　第五领导力：知人善用

1. 历史智慧

（1）识别人才。东汉末期，益州牧刘璋手下有两个谋士，一个叫法正，一个叫张松，两个人是好朋友，都是很有才干的人。他们认为刘璋庸碌无能，在他手下干事没有出息，因此很想谋个出路。当曹操打下荆州的时候，刘璋曾经派张松到曹操那里去联络。那时候，曹操刚打了胜仗，有点骄傲，再加上派去的张松个子矮小、外貌平常，曹操根本不把他搁在眼里。于是张松被气走了。张松回益州途经荆州，赵子龙和关云长接待，加上皇叔刘备和诸葛亮以礼相待，张松感恩至极，献图回报。由于获得了益州地图，公元214年，刘备进了成都，自称益州牧。这段故事充分印证了"人不可貌相，海水不可斗量"这句话的正确性。以貌取人让曹操错过了一次得到人才的机会。可见，礼贤下士，小可团结同事，大可招贤纳士，得到高人帮助才可以成大业，否则很难成事。

智慧总结：以柔克刚，礼贤下士，用人之长，成就大业。

（2）先成就别人，才能成就自己。刘备一生大致可分为六个阶段。

第一阶段，自出生至桃园结义前，为默默无闻阶段，组建了基础创业团队。

第二阶段，自参加剿灭黄巾军始，至占据徐州成为一大诸侯止，为小试牛刀阶段，奠定了"仁义天下"的美名。

第三阶段，自被吕布深夜袭取徐郡，至依附刘表止，为四海漂泊不得志阶段，经历了四海为家的苦难创业时期。

第四阶段，自三顾茅庐至赤壁之战，为发展上升阶段。此时，刘备才有了自己的相才诸葛亮，把他的后勤管得非常好。一个老板要把团队变成一个组织，一定需要三个人的托举：第一是将，第二是帅，第三是相。

第五阶段，自占据荆州南部四郡起，至关羽威震华夏止，为高潮阶段。

第六阶段，自大意失荆州起，至章武二年止，为败亡阶段。其中，进位汉中王不仅是刘备人生最得意的时刻，也是其事业的转折点。不久，吕蒙白衣渡江，擒杀关羽，刘备借机伐吴，却被陆逊火烧连营七百里而折辱，最后含恨病死在白帝城。

刘备识人精准，既能看清一个人的特性、能力，也能把握一个人与自己的感情深度，这是他作为一名杰出领导人的高超之处。刘备曾准确地指出关、张二人各自的优缺点。他指出，关羽体贴士卒，但在众将面前傲气太足；张飞尊敬有才能的将官，却常常在酒后鞭挞羞辱普通士卒，而这将是张飞的招祸之道。

刘备品德高尚，仁义自居，世人称之；胸怀大志，一生进取，世人仰之；重视人才，知人善用，世人从之；信任下属，用人不疑，世人赞之。正因如此，刘备成为蜀汉开国皇帝，其管理之道在于先成就别人，最后成就自己。

刘备的分层领导模式如下。一是和庸人共事靠交换利益（满足利益需求，注重物质层面，只能带来满意，无法带来忠诚）。二是和高人共事靠认同价值（能体现价值，注重精神层面，但没有物质也不行，比如关羽就是高人，这是管理英雄必备的艺术），管理需要推拉模式结合：推的领导模式，如绩效考核，被动的接收；拉的领导模式，如带头做示范和攻关，容易调动积极性和主动意识。三是刘备的联合创业模式，找到融资，借船出海，这样做有三个好处：一是联盟后可以高起点高平台；二是分散风险；三是机动联合。

智慧总结：仁义为上，分层领导，刚柔并济，知人善用。

（3）以绩论才，信任为先。应学习刘邦的智慧管理：一是知人善任，以德选才，二是不拘一格。虽说他本人的文化水平不敢恭维，但是他招揽了各色各样的人才：上到身为贵族的张良、县吏萧何，下到游士陈平、狗屠樊哙、商贩灌婴、车夫娄敬、强盗彭越等。三是不计前嫌，以绩论才。"树大好乘凉"的道理众人都懂，古代能人志士都有"良禽择木而栖"的情结。四是坦诚相待，以诚留才。刘邦对人才的态度是：要么不用，用就信任他们。上下坦诚相对，才能事半功倍。五是获得人才不易，因此要懂得科学管理人才和留住人才。

管理的本质是调动人做事。能岗匹配是关键，能调动能人出业绩是好领导，能调动比自己本领高的人成事是高明的领导。管能人的办法可分为以下两种。一是用资源领导能人。孙悟空应该当领导吗？论能力和热情，他都是最高。实际上，唐僧是有资源的人，古今中外必须是有资源的人当领导，有能力、态度和会沟通的人只能当员工。二是用待遇兼理想带人。远大理想和激励政策，能调动能人。对高人要重理想，对庸人可重待遇。比如，猪八戒可任办公室主任，因其善于上传下达，沟通协调，迎来送往；孙悟空本事能力强，在集团公司的资源是最多的，因为他具有超强的集团人脉和资源整合能力，才解决了八十一难的种种问题。

《史记》和《汉书》当中都记载说，刘邦打败项羽定天下以后，有一次刘邦跟手下的谋士闲聊（刘邦手下的四大谋士有张良、陈平、高起、王陵），当聊到一把手的水平问题时，刘邦说："夫运筹帷幄之中，决胜千里之外，吾不如子房；镇国家，抚百姓，给饷馈，不绝粮道，吾不如萧何；连百万之众，战必胜，攻必取，吾不如韩信。三者皆人杰，吾能用之，此吾所以取天下者也。"通俗地讲，刘邦称自己出主意不如张良，打仗不如韩信，搞内部管理不如萧何。那么，自己是怎么当上一把手的呢？接着，刘邦话锋一转说，我能用此三杰为大汉开天下，这就是我的本事。这个案例在中国古代管理思想当中流传很广、影响很大，而且它特别有代表性，代表什么呢？刘邦从一介平民最终成就了汉室伟业，与他会运用和管理人才有关。企业的经营重点在于对员工的经营，对人才的管理。正如彼得·德鲁克所说："管理者的任务不是去改变人，而在于运用每个人的才干。"

智慧总结：调动能人，识别高人，资源整合，目标必达。

2. 学习标杆：字节跳动估值万亿，全球独角兽中独占鳌头

字节跳动是一家以"信息分发"为核心业务的科技公司，它在全球范围内取得了令人瞩目的成绩。在它的成长过程中，有一个重要的因素就是资本的支持。根据公开资料，字节跳动至少经历了八次融资，每一次都是一个质的飞跃，让公司的估值和实力都有了显著的提升。

2012 年 8 月，字节跳动推出首款产品今日头条，并且获得 SIG 的天使投资。

2014 年年初，自媒体驱动字节跳动变革，引擎创作平台的模式让字节跳动成功拿下运营这一板块。抢在百度前面，字节跳动开始加强对垂直信息的覆盖。字节跳动也开始了对短视频赛道探索的行程。同年末，头条视频（西瓜视频）上线。

2016 年，字节跳动先是上线了对标快手的火山小视频。9 月，经历了无数次探讨，抖音上线。

2018 年 4 月，今日头条的 slogan 改为：让信息创造价值。

截至目前，字节跳动在国内市场多个领域都有产品，大家耳熟能详的有今日头条、抖音、悟空问答、西瓜视频、火山小视频、快马、花熊、激萌、

图虫、懂车帝、飞书等。

字节跳动最早的一次融资是在 2012 年 4 月,其在天使轮中获得了 300 万美元的投资。

2012 年 7 月,字节跳动又在 A 轮中获得了 100 万美元的投资。

2013 年 5 月,字节跳动在 B 轮中获得了 1000 万美元的投资。

2014 年 6 月,字节跳动在 C 轮中获得了 1 亿美元的投资。它的估值达到了 5 亿美元。

2016 年 12 月的 D 轮融资,是字节跳动的一个转折点。这次融资的金额高达 10 亿美元。这是一个惊人的数字,让它的估值飙升到了 110 亿美元。

2017 年 9 月的 E 轮融资,是字节跳动的一个里程碑。这次融资的金额达到了 20 亿美元。其估值也达到了 220 亿美元。

2018 年 11 月的融资,是字节跳动的一个高峰。这次融资的金额在 25 亿到 40 亿美元之间,让它的估值再次翻了一番,达到了 440 亿美元。

2020 年的融资,是字节跳动的一个神话。这次融资的金额不详,但是它的估值已经达到了惊人的 1000 亿美元。这是一个天文数字,让它在全球独角兽中独占鳌头。这时的字节跳动,已经是一个商业帝国了,开启了它的传奇之路。

这些数字,只是字节跳动发展历程中的一部分。除了资本的支持,字节跳动还有许多其他的优势。比如,它的“三级火箭”模式和“智能推荐算法”。这些技术让字节跳动能够在信息分发领域占据绝对的优势,为用户提供个性化的内容服务。随着海外市场的拓展,字节跳动的产品如抖音(TikTok)在国际上大受欢迎,吸引了大量的海外用户。这也证明了字节跳动的国际化战略是成功的,它的品牌和市场都有了更大的影响力。

3. 领导力提升

管理干部需要具备四种能力,分别是决断力、执行力、理解力和与人的连接力,具体如下。

（1）决断力是一个干部能够在混沌而模糊的环境下，看到未来成功的机会并敢做决策，同时敢于承担决策后的失败风险。我们可以把决断力解码为两种能力，一种叫战略洞察，另一种叫战略决断。具备良好决断力的干部，能够带领队伍做出正确的判断，并勇敢地去迎接胜利。所以，决断力是企业选拔干部不断强调的能力。

（2）执行力是责任结果导向，激励与发展团队以及组织进行能力建设。责任结果导向，就是令行禁止，使命必达。既然决定做这个事，就一定排除千难万险把它做出来，这是执行力。但是企业希望的执行力不仅仅是把当下的这件事做成，或者说把当下这场仗打胜，企业更希望的是在打仗的过程中让团队变得越来越硬，让组织能力越来越强，不断涌现出更年轻、更强的干部与人才。同时，执行力还要体现在，做成功一件事以后，及时总结经验，进行组织能力的建设。这几项加在一起才是企业完整的执行力；把单一事件做成，这只是执行力的初级状态。

（3）理解力指选干部要优先选理解力强的人，企业的业务、组织、流程、人脉都很复杂，在复杂的网络中做干部的人，要优先选理解力强，能够准确理解他人表达出来的意思，甚至能准确地判断别人没有说出来的意思。这样的干部才可能在复杂的组织和流程中，一次就把事件做对。否则，再积极的干部，如果对事情的理解是错的，那么肯定不可能有好的结果。

（4）连接力是指希望选出来的干部能够跟不同的同僚、伙伴、客户打成一片，跟别人一起工作，越工作得到的朋友就越多，与人连接得就越紧密。实际上，企业是要求干部在具备决断力和执行力的同时，也要练习和提升自己与人的连接力，在打胜仗的同时，不断地团结更多的伙伴和更多的客户，从而能够持续地、长远地、长期地打胜仗。

一流企业对经验的定义是从成百上千条经验中逐渐找到并分类的规律，一般分成业务性经验、管理性经验、开创性和扭转劣势的经验、变革的成功经验四大类别。前三类经验并不涉及干部具体做研发、做销售还是做供应链，其强调的是这个干部一定要有与众不同的独特的本领，在别人都做不好的艰难环境下他能够做好。一流企业中很多高级干部都是自身经历了这个开创性经验或者扭转劣势的经验，才获得公司的认可和快速提拔的。

一流企业选干部的一个原则是，通过持续的坚持，在哪打胜仗就在哪提拔干部，自然而然就在组织中树立了正循环的导向，使得干部越来越强。企业通过长期坚持一些朴素的真理，必然带来巨大的改变——通过影响大量年轻人的心，最终形成前赴后继的良好局面。

哲学家老子在《道德经》中说"大道至简"。在企业团队中，全体员工大致可以分为高层、中层和基层，对处于不同层级的员工，要采用对应的方法：高层干部要有决断力，中层干部要有理解力，基层员工要有执行力。下面以华为的干部管理为例来阐述。

高层干部是头部力量，要头脑勤快，不要用手脚的勤快掩盖思想上的懒惰，要懂得洞察市场、规划战略、运筹帷幄，不要习惯性地扎到事务性工作中去，关键是要指挥好团队作战，而不是自己卷着袖子和裤脚，下地埋头干活。当然，高层干部如果出于调研需要，适当走进基层是可以理解的，但是高层干部一定要把握好工作重心，要侧重于全局规划。高层干部务必要确保公司做正确的事情，要保证进攻的方向是对的，要确保进攻的节奏是稳妥的，要保证好作战的资源是最优化的。相较而言，有些企业虽然经常喊发展的口号，可是用人方式出了问题，就始终难以有所发展。比如，有的企业里，领导干部"事必躬亲"，总监在做经理的事，经理在做员工的事，员工在谈论"国家大事"，这种紊乱的用人方式必然会阻挠企业的发展。

中层干部属于腰部力量，在企业中起着承上启下的关键作用，如果中层不力，企业高层决策就难以贯彻到基层，从而造成企业机体出现堵塞。为此，任正非曾强调："华为公司要强大，必须要强腰壮腿，中层就是腰，基层就是腿，腰是中枢。"具体来说，中层干部要打破部门本位主义，不能"各人自扫门前雪，休管他人瓦上霜"，要坚决反对不考虑全局利益的局部优化，中层干部一定要有全局观；中层干部不要老坐在办公室里，要实行走动式管理，要"将指挥所建在听得见炮声的地方，要亲赴一线指挥作战"，只有这样，才能知道高层决策与一线实际情况是否吻合。比如，任正非也常到一线"体察民情"，确保政策符合实际。华为的核心价值观是始终坚持以客户为中心，快速响应客户，因此，中层干部一定要紧盯着客户和市场，践行企业的核心价值观。

基层干部属于腿部力量。华为的员工普遍都是高级知识分子，如何将这些自命不凡的"秀才"变成能征善战的"兵"，领导者一定要深思熟虑。对此，任正非强调，基层员工，无论学历和学位多高，必须遵守公司的流程制度和规则，务必在各种场合服从组织纪律，一定要有铁一般的执行力。基层员工重在把事情简单高效做正确，不可随意发挥。任正非反对基层员工空谈。1997 年，一位博士学位的员工，在入职华为后，经过认真收集资料和做实际的市场调研，给老总任正非写了一封名为《千里奔华为》的"万言书"。在信中，他提出了华为存在的一系列问题和发展的建议。任正非读后称其为"一个会思考并热爱华为的人"，当即决定提升他为部门副经理，还安排将原文和讨论一并发表在公司内刊上，并组织各部门骨干学习讨论。

📢 7.7　第六领导力：思维破局

1. 历史智慧

（1）攻克雒城，守葭萌关。在刘备围攻雒城的时候，其后方的葭萌关面临着刘璋大军的进攻。不过，庆幸的是，帮助刘备镇守葭萌关的将军霍峻，在只有几百人的基础上，奇迹般地坚守了一年多。正是霍峻的坚守，为刘备攻克雒城赢得了充足的时间。建安十九年（214 年）夏，刘备终于攻克围攻将近一年的雒城，刘循突围逃回成都。在雒城失守后，成都无疑失去了最后的屏障。在此背景下，刘备指挥诸葛亮、张飞、赵云等人包围了成都。最终，益州牧刘璋放弃了抵抗，刘备赢得了最终的胜利。但是，刘备付出了军师庞统阵亡的代价，显然也是非常惨重的。

葭萌关是重要的战略阵地，可以支撑前方的快速作战，攻克雒城就是因为有了葭萌关这个战略阵地来做后方保障。

智慧总结：战略阵地，必集中优势资源攻克。

（2）占取荆州，兵家之地。荆州北靠汉水、沔水，一直到南海的物资都能得到，东面和吴郡、会稽郡相连，西边和巴郡、蜀郡相通，这是大家都要争夺的地方。在诸葛亮的《隆中对》中曾指出："天下有变，则命一上将将荆州之军以向宛、洛，将军身率益州之众出于秦川，百姓孰敢不箪食壶浆以迎将军者乎？诚如是，则霸业可成，汉室可兴矣。"荆州自然就成了出兵的最佳地点，从荆州出发可一马平川，直接威胁曹操的腹地许昌、洛阳。在关羽围困樊城时，曹操甚至有迁都的想法，即证明了荆州对曹操的威胁不言而喻。关羽战败后，刘备不听任何劝阻，执意攻打江东，夺回荆州也是这个道理。只要荆州在手，不但可以威胁曹操，还可以顺势攻打江东，使孙权坐卧不安。后来，失去荆州的蜀汉，只可以从北面群山中出兵，不但道路曲折，物资困难，还受到魏国的重重阻击，所以诸葛亮六出祁山无功而返。不是诸葛亮谋略不行，而是失去荆州后的蜀汉国力与曹魏相差甚远，根本经不起曹魏的消耗。

智慧总结：战略要地，占据者事半功倍。

2. 学习标杆

拼多多是一家第三方的社交电商平台，开创了独特的网上购物方式，即用户通过分享，可以和亲朋好友组成拼团，凝聚更多人的力量，从而以更低的价格购买更优质的产品。拼多多在 2015 年 9 月上线，其平台商品已经覆盖多个品类，包括服装、食品、3C、家电、家居等，可以满足消费者日益增长的多元化的需求。2018 年 7 月拼多多上市，这意味着它有更大的发展潜力。因此，本书就拼多多的竞争战略做一番研究，下面是对拼多多的 SWOT 分析。

（1）优势（S）。拼多多的创始人黄峥掌握了国外先进的技术，他曾在美国谷歌工作，并且参与了谷歌中国办公室的创办。黄峥创办过电商代运营公司和游戏公司，丰富的经历让他熟知用户的心理，并且能够及时把握机会。此外，拼多多创立团队的创意帮助拼多多吸引了更多投资。最重要的是拼多多抓住了三线城市及农村市场的空白，通过拼团的方式，实现低端供应链和低端消费人群的低成本连接。

（2）劣势（W）。首先，拼多多让很多人不满意的是其平台上有时会出现假货和仿冒品。虽然相对于淘宝、京东，拼多多在价格上会更加优惠，但是产品本身的质量问题会是一个硬伤。因为随着人们生活水平的提高，必然会越来越重视产品的品质。所以，部分用户将来可能会被其他电商平台引流。其次，拼多多现在面临的三线城市和农村市场用户有限，拼多多想持续发展，就必须要和其他电商平台进行激烈的竞争，抢夺一、二线城市市场。

（3）机会（O）。国家大力支持农村电子商务的发展。最近几年，农村电子商务发展情况并不乐观，有了政策的扶持，农村电子商务的发展空间会进一步增大。另外，中国网民的人数不断增多，选择在网上购物的人数占网民总数的比重也呈不断上升趋势。淘宝升级后，很多低端供应者出局，但是低端供应链依然存在，同样，低消费人群也存在。如果拼多多能够把这些出局的低端供应者转化为自己的商家，那么它就能吸引来更多的用户。

（4）威胁（T）。淘宝、京东等电商平台也在不断优化，所以拼多多面临不少强劲的对手。此外，拼多多的拼团模式可能不会长久，因为在拼团的时候浪费了大量的人力和时间成本。同时，拼多多的拼团商品大多是水果、化妆品和一些其他日常生活用品，因为这些商品比较便宜，所以更容易生成订单。此外，拼团也有可能最后没有人配合，甚至导致亲朋好友关系恶化。

3. 领导力提升

《礼记·中庸》说："凡事预则立，不预则废。"概言之，任何事情如果预先能充分准备就会成功，否则就会失败。"预"的过程就是制定目标、设定策略的过程。设定策略不仅是勇于负责心态的外在展现，也是达成目标的一种重要技巧。企业有了目标，不等于目标就在自己手中，必须考虑采取何种方法、如何去实现，这就是设定策略。

策略紧跟愿景和目标而优先于行动。《孙子兵法·始计篇》中有一段话，充分说明了策略的重要性："夫未战而庙算胜者，得算多也；未战而庙算不胜者，得算少也。多算胜少算，而况于无算乎！"孙武认为"庙算"基本上可以决定胜负。在开战之前，"庙算"能够胜过敌人的，是因为计算周密，胜利条件多；开战之前，"庙算"不能够胜过敌人的，是因为计算不周，胜利条件少。计算周密，胜利条件多的，可能胜敌；计算不周，胜利条件少的，不能胜敌，何况根本不计算，没有胜利条件的情况！"庙算"是指古代出师前在庙堂商议谋划，分析战争情势，制定作战方略，排兵布阵，计算得失，也就是设定策略。

策略的最高境界应该是《汉书·高帝纪》中那句脍炙人口的话："运筹帷幄之中，决胜千里之外。"策略的重要性还可以从宋代词人辛弃疾的"事不前定不可以应猝，兵不预谋不可以制胜"和《论语·述而》中"好谋而成者也"中得到印证。

每个行业都有每个行业的底层规律，规律有大有小，其中一定有一条是根本规律，毛泽东称之为主要矛盾。所谓战略就是抓住主要规律，生发出一切战略、战术，因为这样是符合规律的，便可成功；反之，不符合规律，即使抓战术再怎么勤奋，最终依然不会成功。能促使事业走向成功的，首先是一个战略大师，而不能是一个战术大师。

楚汉争霸的时候，项羽是一个超级战术大师，谁打仗都没有他厉害，他几乎赢下了每次战斗。提到他的威名，敌人只能瑟瑟发抖，但遗憾的是，他只是一个战术大师，在战略上没有抢占最有利的位置并向正确的方向进发。相反，刘邦是一个超级战略家，打仗屡败屡战，输给项羽是家常便饭，几乎没怎么赢过，但在战略上"深筑墙、广积粮、缓称王"，及时革秦之弊、政策宽大，得到关中民众的支持，建立了高势能，所以垓下一战战术大师输给了战略大师，自刎乌江。

毛泽东在《中国革命战争的战略问题》一文中说："战争历史中有在连战皆捷之后吃了一个败仗以至全功尽弃的，有在吃了许多败仗之后打了一个胜仗因而开展了新局面的。这里说的'连战皆捷'和'许多败仗'，都是局部性的，对于全局不起决定作用的东西。这里说的'一个败仗'和'一个胜仗'，就都是决定的东西了。所有这些，都在说明关照全局的重要性。指挥全局的人，最要紧的，是把自己的注意力摆在照顾战争的全局上面。"

战略的杠杆作用是1000倍，战略决定了方向，决定了做什么、不做什么，决定了先做什么、后做什么，方向错了，随着时间的推移，这个错误就会不断地放大，今天可能只差了0.1%，但是持续迸发10年后，就会差1000倍，正所谓"差之毫厘，失之千里"。

综上所述，一流的战略建立全局优势，一流的战术只争得局部利益。

📢 7.8 第七领导力：以终为始

1. 历史智慧

（1）担任巡抚，忍辱负重。咸丰四年，清廷的一纸诏书，将曾国藩任命为署理湖北巡抚，这大大鼓舞了湘军士气。此前，曾国藩虽然也是二品，但那是虚衔，并没有实权，而这次却是货真价实的地方大员之位，在当地要风得风，要雨得雨。然而，曾国藩谢恩请辞的折子刚刚发出，朝廷第二份奏折就已经到了，咸丰帝又指示，上次署理湖北巡抚的赏赐取消，改为兵部侍郎衔。

其实，咸丰帝刚刚发完让曾国藩任署理湖北巡抚的圣旨后，朝廷之中就有人表示反对。大学士祁寯藻即将致仕，仍然悄悄向咸丰皇帝进言："曾国藩只不过是在籍侍郎，严格地说就是一介布衣，然而却能登高一呼，应者如云，这恐怕不是好事。"清朝入关之后，虽然大唱满汉一家，实际上却对汉人大加防范。在各地军事重镇中，绿营之外一定要设置满营，就是为了监视绿营。而且还设有将军、都统等，必须由满人或者亲缘较近的蒙古人担任。所以，曾国藩梦寐以求的地方大员实权，还得往后推一推。

智慧总结：成大事者要有三点，耐得住寂寞，忍得住心烦，受得了委屈。

（2）十年七迁，以终为始。道光十八年（1838年），曾国藩再次参加会试，终于成功登第，殿试位列三甲第四十二名，赐同进士出身，自此，他一步一步地踏上仕途之路，并成为军机大臣穆彰阿的得意门生。道光二十八年（1848年），稽察中书科事务。道光二十九年（1849年）正月，授礼部右侍郎。8月，署兵部左侍郎。次年6月，署工部左侍郎。在京十多年间，曾国藩就是这样坚韧不拔地沿着这条仕途之道，步步升迁到二品官位。十年七迁，连跃十级。

咸丰三年（1853年），借着清政府急于寻求力量镇压太平天国的时机，他因势在其家乡湖南一带，依靠师徒、亲戚、好友等复杂的人际关系，建立了一支地方团练，称为湘勇。在团练湘勇期间，他严肃军纪，编练新的军队，先后将5000人的湘勇分为塔、罗、王、李等十营，并将团练地点由长沙迁至湘潭，避免与长沙的绿营发生直接矛盾。

智慧总结：机遇比才华更重要，两者兼备必胜。

2. 学习标杆

用以 AI 为代表的技术实现革新，提升医疗机构效率，将优质医疗资源下沉已经成为共识。作为国内中高端连锁体检与健康管理集团，爱康是率先在 AI 领域"出手"的企业，目前已取得不俗成绩。例如，在大健康博览会上刷屏的体检黑科技，便是爱康多年积淀与探索的结果。

爱康如何以创新科技驱动健康管理？根本原因在于，针对体检这个具有严肃性又高壁垒的行业，爱康没有单纯地只把 AI 设备引进来或搭建一个 AI 系统，而是注重给出完整、系统化的解决方案，构建了一个从体检前到体检后的服务闭环。自2004年成立以来，爱康实践了国内健康管理的每一步发展，深知行业的痛点。而在具体的路径选择上，爱康一直在推动以科技创新驱动健康管理行业服务模式的变革。

2018年，爱康启动"iKang AI+"计划，引入人工智能应用，自此，有人"管"的体检战略正式迈入2.0版本，5年来陆续推出覆盖眼底、乳腺、心脏、脑血管、牙齿、骨骼等专项筛查的 10 余款人工智能产品，打造出了一个初具规模的"爱康 AI 矩阵"。以肺部为例，2022 年，爱康全面引进胸部 CT- 肺结节 AI 辅助诊断系统，可大大减少每份胸部 CT 影像阅片用时，对肺结节敏感性超过 98%，并可同时完成肺窗、骨窗、纵隔窗等胸部病灶的检出与分析。

在深耕数字技术方面，爱康一直引领体检行业。2021 年，爱康将整个体检系统搬到云端，爱康"医疗云"全面上线，汇聚约 6000 万体检大数据，由体检云、影像云、心电云、检验云组成。用户在爱康体检拍过的每一张 X 光片、CT 片、磁共振图、心电图的数据都将传至云端，部署在云端的 AI 软件将对信息进行初筛和分类，实现了实时查看体检结果、通过 AI 阅片增加精准度、智能化预测健康风险。如需进一步检查，医生也能通过这些数据有的放矢地判断病变。2023 年 6 月，爱康首个 AI 健康管家——ikkie 推出，服务覆盖检前、检中、检后全环节，爱康 AI 体检生态初步完成闭环。

在精准服务客户上，体检后续服务是影响整体体验感和效果的重要因素。这里面包括种种不便，例如非专业人士很难看懂报告、体检后发现身体异常，但没有可依靠的专业解决方案等，这些都是散落在各环节的痛点。从 2017 年起，爱康就以战略升级的方式拥抱了人工智能和精准医疗，推出有人"管"的体检战略，即通过健康体检加基因检测的方式，对体检的范式做出了重新定义，并想要引领精准体检时代。

在操作方式上，爱康搭建了 iKangCare+ 企业客户分级服务体系和 iKangPartners+ 合作伙伴计划，从而为企业客户提供专家级、可信赖的健康管理服务，并与体外诊断、医疗设备、二次会诊与医疗咨询、保险服务的领先品牌和行业学术机构、协会建立了合作伙伴关系。科技赋能体检行业，带给用户的是更精准、高效、个性化的服务体验。爱康清楚地意识到，只有不断向科技领域纵深发展，才能为体检市场带来创新动力。

在人工智能应用上，爱康率先发力 AI，通过启动"iKang AI+"计划，引入人工智能应用，从而赋能体检、检后管理以及治疗三大领域。自此，有人"管"的体检战略正式迈入 2.0 版本。爱康集团创始人、董事长兼 CEO

张黎刚曾直言，将更多创新科技应用在健康全管理过程中，能帮助用户更早发现、更早诊断、更早治疗。而 AI 的加入，正是这一路径的有效实践，不仅为体检行业带来了新的增量，也将主动式健康管理推到了全新高度。

ChatGPT 这种生成式 AI 的场景应用将更广泛，或终将彻底改变医疗服务模式，不但充当健康决策的关键，预测客户未来的健康状况甚至生命预期，还能让某一个领域的"专科专家"升级为"百科专家"等。这些融合，将大大改变体检行业。对于体检行业而言，作为国内头部体检企业的爱康，拥有近 160 家体检中心以及与全国 200 多个城市的 800 家医疗机构建立起的合作网络，这是爱康能够深入融合 AI 得天独厚的优势。

3. 领导力提升：以终为始，目标导向

稻盛和夫是一位著名的日本企业家，他曾经创立了京瓷和 KDDI 两家世界 500 强企业。他的人生可以说是充满了挑战和挫折，但他始终坚信，遇到的每一个挑战都是一次磨炼内心的机会。

他认为，我们所遇到的每一个人，发生的每一件事，都是在磨炼我们的心性，让我们变得更加坚强，更加成熟。比如，当我们遇到困难时，我们可以通过调整自己的心态来改变我们的处境。美国著名诗人沃尔特·惠特曼曾经说过："在灵魂的深处，我一直相信，我们的内心是掌控我们命运的力量。"

稻盛和夫曾说过："如果你明确自己的方向，整个世界都会为你让路。"

以终为始，建立目标导向，能让我们站在更高处看自己的人生。一方面，在目标的指引下，我们能够更加明确哪些事情更重要，哪些事情不重要，从而更好地做到"要事第一"。而另一方面，以终为始的思维方式，也给我们的所有行动赋予了意义，使我们更有动力去付出努力。

生活中，很多人的生活轨迹是随波逐流的，他们因循着他人的轨迹，复制着他人的人生剧本，却未曾想过，在自己的葬礼上能留下些什么。

而以终为始则要求我们要带着清晰的方向和价值观来扮演自己的人生

角色，通过确立最终目标来订立人生原则，并以此指引人生的方向。唯有如此，我们才能真正做到不忘初心，善始善终，活出精彩的人生。

只有经历苦难的人生，才会光芒四射。苦难可以磨砺心志，提升情商，成就人生。苦难决定高度！人的精神力量很多来源于苦难和胜利。苦难砥砺意志，胜利催人奋进！

稻盛和夫说："苦难不会没完没了，当然幸运也不会永远持续。得意时不忘形，失意时不消沉，每日勤奋工作，这比什么都重要。"几乎每个成功的人，都经历过濒死的大灾难、生过大病或遭遇过很大的挫折，他的人生绝对不是终生幸福或一直顺利度过的。看一个人人生所能达到的高度，看他对待苦难的态度就够了。因为苦难中孕育着胜利的花朵，它只为勇敢者与智慧者盛开。

人生难免有失败的时候。这时候绝不可以心情郁闷，也不要有感性的烦恼，要从理性的源头去强大自己的神经。当你提升自己的认知层次，站在生命的高处，真正看透了世间虚妄的时候，你就会明白一个道理：苦难是人生的必然过程。真正塑造人格的，不是人生巅峰时的春风得意，而是深陷低谷时的云卷云舒！

数字化转型之
典型案例

执行一个良好的流程和建立一个良好的流程同样重要。业务部门的一把手要担负起建设和优化流程的责任，而不是流程IT部。流程IT部应该是提供服务的支持系统，帮助业务主管能够正确建设、优化和使用流程和IT工具。以前没有流程的时候我们也打胜仗了，那是因为在创业初期很多人没有流程也是当责的，现在我们有完善的流程，但是大家走过场，还是做不好。所以流程、IT、贯彻、执行这一系列的问题，都是华为公司未来改革中很重要的问题。

——任正非

　　企业的数字化转型，面临战略规划和执行落地的衔接难题，其解决方案不是技术，而是思维和流程。只有站在先行者的肩膀上，学习吸收业界实践的势能，才能稳健有效地助力数字化转型成功。华为经历了 20 多年的数字化转型和管理变革，从 1998 年的集成产品开发（integrated product development，IPD）战略驱动数字化转型开始，经历了流程驱动、数据驱动和智能驱动的整个渐进式过程，以客户为中心，聚焦了全流程数据链，打通了端到端交易数据，构建了平台化共享服务，支持了"一线呼唤炮火"，打造了企业数字化转型和裂变式成长的行业标杆。

　　为了能全面掌握一套成功的 IPD 管理实践，我们从起源、理念、方法和流程来剖析 IPD 内核。

　　IPD 是什么？

　　IPD 的思想来源于美国 PRTM 公司。1986 年，PRTM 公司创始人迈克尔·E·麦克哥拉斯等团队成员联合提出了产品开发流程的产品及周期优化法（product and cycle-time excellence，PACE）这一概念，并应用于指导企业产品开发流程的改进。它提供了一个完整的通用框架、要素和标准的术语。

　　PACE 认为产品开发要关注七个核心要素，包括阶段评审决策、建立跨职能的核心小组、采用结构化的开发流程、运用各种开发工具和技术，此外还要建立产品战略、进行技术管理、对多个产品及资源的投入进行管道管理。

　　IPD 是在 PACE 等研发管理模式的基础上，经过 IBM 等领先企业的实践，总结出来的一套先进、成熟的产品及研发管理思想、模式和方法。

　　最先将 IPD 付诸实践的是 IBM 公司。

　　20 世纪 90 年代初，在激烈的市场竞争下，IBM 遭遇了严重的财务困难。经过分析，IBM 发现自己故步自封，仍然着重于硬件领域，导致在众多方面远远落后于业界最佳。为了重新获得市场竞争优势，IBM 提出了将产品开发周期减少 50%、将研发费用减少 50% 的目标。

　　为了达到这个目标，IBM 引进了 PRTM 公司的 PACE，获得了改进，并总结出一套行之有效的产品开发模式——IPD。

IPD 既是一种先进思想，也是一种卓越的产品开发模式。

华为为什么引入 IPD？

华为的研发面临三个困境：一是强依赖"个人英雄"，项目计划无效且实施混乱；二是产品故障率居高不下；三是多数项目交货延期，质量没有保障，售后服务压力很大。华为 IPD 体系建设项目于 1998 年 8 月启动调研，IBM 顾问入驻后给华为出的诊断报告是：有时间一遍一遍地低水平重复，却没时间坐下来讨论如何把事情一次做好。

IPD 经历了哪些标志性里程碑？

第一阶段，1998—2003 年，IPD 引入阶段，解决了"如何做正确的事情"的战略问题：如何一次性把事情做对。这是一次对流程认知的转变。从一个游击队，到向 IBM 学习如何做产品；从技术驱动产品设计，到把做产品设计的部门都卷进来；从串行工作到并行研发。这是很关键的起步点建设。

2000 年，华为无线业务部将大容量移动交换机 VMSC 6.0 产品作为 IPD 第一个试点项目，在 IBM 顾问指导下经历了 10 个月的研发周期，整个流程完成了首次试运行。经过 3 个产品历时一年的试点，IPD 流程在华为取得了比较好的效果，产品研发的总周期降低了 50% 左右。

第二阶段，2000—2005 年，需求管理引入阶段，解决了"如何做正确的事情"的流程问题。起初，对"以客户为中心"的理解，仅仅是客户要什么就做什么。最有名的"华为的冬天"，就是 2000 年的网络泡沫破灭，国际国内的电信建设产生了大的拐点。华为从高层到基层唯技术论意识根深蒂固，从而产生了误判。这个阶段，出现了如下问题。

（1）销售和研发各有正确之处，大家都从自己的角度出发，部门墙严重，内耗严重。

（2）技术问题、质量问题、供应问题等找不到责任人，问题迟迟得不到解决。

（3）一线急催，产品空运到现场后，却在库房闲置几个月。

（4）出现问题后，不能很好地服务客户，处理不了问题，就先惩罚出问题的人。

为了解决如上问题，真正需要一个团队来主持工作。此时，华为的重量级团队才开始有组织、有系统建设。华为最早引入 IPD 流程的时候，只建设了 PDT（跨部门产品开发团队），还没有真正像样的决策组织。2002年，华为才真正结合业务需要，完善组织流程。完善重量级团队后，华为在 2002 年后的高速增长中实现了行稳致远，进入了真正的加速发展期。负责全流程经营的重量级团队把职责扛起来后，才真正让 IPD 走向平稳发展。2004 年，华为成功突破英国电信的验收，客户到华为公司来审核管理体系是否完善——不是看产品。

第三阶段，2005—2008 年，技术管理体系阶段，解决了"如何从跟随到超越"的国际化问题。在进军国际化市场后，国际大电信客户对管理体系的完善进行了倒逼。这时候，华为面临"没有追求的追随者"的国际大客户挑战。在巴塞罗那电信展会前的沟通中，客户专家直接站起来，并告诉如何做产品设计。这个阶段，华为建设了技术体系和创新体系流程。

2013 年，IPD 的 6.5 版本流程发布。在 15 年历程中，IPD 在华为从引入到成长，逐步扎根并持续优化。

2015 年，IPD TPM/GPMM 评估突破 3.5 版本。

2018 年，华为 IPD 已经演进到了 8.0 版本。

📢 8.1　为客户创造价值的三大业务流程

1. 华为的三大业务流程

德鲁克曾说，企业的存在是为了满足社会的某种需求，用一种产品和服务来满足目标客户的某种需求。由此可见，企业的价值是为了实现客户价值，用高效、低成本、优质的产品和服务来满足客户价值。企业经营管理的关键是适应市场和客户变化，持续提供"高效、低成本、优质"的产品和服务。

　　无论企业的经营处于哪个阶段，无论经济和商业环境如何变化，几乎所有的优秀企业都在研究如何实现"高效、低成本、优质"。下面我们来看一下华为的最佳实践——如何为客户提供"高效、低成本、优质"的产品和服务。

　　华为实现了为客户创造价值的全过程，包括三个主业务流程，分别是IPD、LTC 和 ITR。

　　企业的核心竞争力是提供产品和服务，这是企业服务客户的根本。产品的需求从客户中来到客户中去，经历了概念、计划、开发、验证、发布和生命周期的主要流程，这个阶段是 IPD 流程。

　　企业为客户提供一站式服务，经历了客户线索、跟踪机会、合同签订、订单履行和回款的主要流程，这个阶段就是 LTC 流程。华为把整个销售运作的过程分为三个阶段：管理线索、管理机会点、管理合同执行（履约）。

　　为客户交付产品后，提供运营、问题跟踪、问题处理、问题解决等售后过程，这个阶段就是 ITR 流程。

　　ITR 即 issue to resolution，从问题到解决流程。ITR 流程也是与客户打交道的全过程，是端到端的管理。通过 ITR 流程可以满足售后服务关键需求，确保及时解决客户的问题和要求，并且建立关键流程活动的业务规则，使全线合理、高效运作。ITR 流程还与 IPD、LTC 流程建立接口，为客户需求和痛点、产品规划和改进提供输入和线索。

　　ITR 的实现方法包括通过服务标准化、SLA（服务水平承诺）标准流程、流程梳理优化、服务组织能力提升、服务产品化等工作，达到两个核心目标。第一，提高服务专业水平，使服务更具竞争优势，提升服务效率和品牌美誉度，促进销售。第二，降本提效，为服务过程创造更多利润点，从被动服务到主动服务，从送服务到卖服务，让服务从成本中心向利润中心转型。

　　谁为客户解决 24 小时内的售后问题？产品和研发能同时提供研发和售后服务吗？

　　为了解决产品竞争力不足，需要通过服务提升竞争力，这是 ITR 存在的价值。为了和西方爱立信、诺基亚、阿尔卡特朗讯、摩托罗拉等设备供应商竞争，华为做到了"24 小时随叫随到"的客户承诺。华为经过 IPD 研发管理变革后，产品质量已经得到大幅提升，但服务仍需要不断地进行变革，需要协同 ITR 的服务流程，确保产品竞争力。

ITR 是以客户服务需求为输入，以完成客户服务需求为结束的整个端到端的实现过程，即从客户服务需求中来，到客户服务需求中去。该流程的关键在于以下三个方面。

第一，ITR 的基本目标。确立以"服务问题"为中心，缩短解决问题的时间，提升满意度。

第二，ITR 分级处理机制。建立关键流程活动规则及输入输出。比如在技术服务请求受理阶段，首先要按流程规则接受服务请求，进行登记记录，以便后续分层分级进行处理。

第三，ITR 协同机制。ITR 协同 IPD 和 LTC 流程的落地，在服务过程中发掘新的商机，创造新价值，将客服从成本中心向利润中心转型，进入 LTC 流程；在服务过程中发现的产品问题，可及时转化为产品质量提升或开发新产品的机会。

2. 华为的"铁三角"

在三个阶段中，谁对客户的订单、交付和售后负责？多个职能部门如何协同，如何能打破部门墙，为客户提供一站式服务？

为了实现"以客户为中心"，在 LTC 流程中，华为建立了"铁三角"，打通了 LTC 流程的端到端职责，达到了以下目标：提升了华为的竞争力，提高了客户满意度，将营销协同落地。

华为的铁三角即 AR、FR、SR，具体如表 8-1 所示。

表 8-1　铁三角的名称解释

中 文 名 称	英 文 名 称	含　义
客户责任人	AR（account responsible）	主要负责客户关系、业务需求管理、商务谈判、合同与回款等事宜

续表

中 文 名 称	英 文 名 称	含 义
解决方案责任	SR（solution responsible）	即方案经理，主要负责产品需求管理、产品与方案设计、报价与投标、技术问题解决等事宜
履约责任人	FR（fullfil responsible）	即交付经理，主要负责项目实施交付

实践执行中，按照项目规模和公司组织架构设置，"铁三角"可以由不同职务的不同职位来担任，但是每一个职位的背后是一个团队，随时可以调动、支援前线。

实践落地中，研发部门有其自己的 OKR，如何调动研发部门的力量呢？

华为通过灰度管理，找到一个合适的度，也就是一个平衡点。新产品上线一周内，如果是用户体验问题，则由一线工程师解决，一线工程师解决不了的问题则升级到二线；如果是系统性的问题，二线工程师也无法解决，就要再升级到研发部门，依次升级问题级别和处理问题的部门级别。按照问题分级和关键指标来定义流程，这样一来，可保证 ITR 流程和系统能够运行下去，但不太影响研发人员的 OKR。

📢 8.2　IPD 的起源：敏捷开发思想

1. 敏捷开发

敏捷开发（agile development）以用户的需求进化为核心，采用迭代、循序渐进的方法进行软件开发。在敏捷开发中，软件项目在构建初期被切分成多个子项目，各个子项目的成果都经过测试，具备可视、可集成和可运行使用的特征。简言之，就是把一个大项目分为多个相互联系，但也可独立运行的小项目，并分别完成，在此过程中软件一直处于可使用状态。

敏捷开发是一种以人为核心、迭代、循序渐进的开发方法。首先，它不是一门技术，它是一种开发方法，而是一种软件开发的流程，它会指导我们用规定的环节去一步一步完成项目的开发。

简单说，敏捷开发并不追求前期完美的设计、完美编码，而是力求在很短的周期内开发出产品的核心功能，尽早发布出可用的版本，然后在后续的生产周期内，按照新需求不断迭代升级，完善产品。敏捷开发确实使项目进入实质开发迭代阶段，用户很快可以看到一个基线架构版的产品；敏捷开发注重市场快速反应能力，也即具体应对能力，客户前期满意度较高。但敏捷开发注重人员的沟通，忽略文档的重要性，若项目人员流动太大，会给维护带来困难，特别是项目开发中新手比较多时，老员工会比较累。

敏捷开发是以人为核心的，呈瀑布开发模型，它是以文档为驱动的。在瀑布的整个开发过程中，要写大量的文档，把需求文档写出来后，开发人员都是根据文档进行开发的，一切以文档为依据；而敏捷开发只写有必要的文档，或尽量少写文档，其注重的是人与人之间面对面的交流，所以它强调以人为核心。

敏捷开发是迭代式过程。迭代是指把一个复杂且开发周期很长的开发任务，分解为很多小周期可完成的任务，这样，一个周期就是一次迭代的过程；同时每一次迭代都可以生产或开发出一个可以交付的软件产品。

敏捷开发是世界上使用最广泛、最受认可的软件开发框架之一，大多数组织已经以某种形式采用了它，但是在采用计划成熟度方面还有很长的路要走。

敏捷软件开发是基于敏捷宣言（《敏捷软件开发宣言》）定义的价值观和《敏捷软件的十二条原则》的一系列方法和实践的总称。敏捷开发流程模型如图 8-1 所示。

自组织、跨职能团队运用适合他们自身环境的实践演进并得出解决方案。换句话说，敏捷开发是一种应对快速变化需求的软件开发能力，只要在符合价值观和原则的基础上让开发团队拥有应对快速变化需求的能力，就叫作敏捷开发。

2001 年，17 位敏捷方法论的拥护者和倡议者聚集在美国犹他州的雪鸟滑雪场，起草了一份陈述敏捷组织原则的文件，这份文件基本上代表了不同敏捷方法论的共同点。

图 8-1 敏捷开发流程模型

读到这个宣言，你会发现它具有最高原则性，因为敏捷方法论在最高层面上是一致的，但到具体细节上每种方法都会不同。

参与者分享了互相竞争的几种方式：极限编程（XP）、透明化、自适应软件开发（ASD）、特征驱动开发（FDD）、动态系统开发方法（DSDM）。所有这些方式都是"轻量版"的框架，因为这些方法使用更少，用更简单的规则来适应快速变化的环境，不少与会者都觉得"轻量"这个术语非常适用。

我们一直在实践中探寻更好的软件开发方法，在身体力行的同时也帮助他人，由此我们建立了如下价值观。

第一，个体和互动高于流程和工具，强调团队各个成员的能力与团队间的沟通。

第二，工作的软件高于详尽的文档，强调以结果为导向。

第三，客户合作高于合同谈判，强调注重客户参与。

第四，响应变化高于遵循计划，敏捷开发要求有开放的工作环境，确保团队及时高效地进行沟通。

敏捷开发是一种指导思想或开发方式，但是它没有明确告诉我们到底采用什么样的流程进行开发，而 Scrum 和 XP 就是敏捷开发的具体方式，可以采用 Scrum 方式，也可以采用 XP 方式。Scrum 和 XP 的区别是，Scrum 偏重于过程，XP 则偏重于实践，但是实际中，两者是结合在一起应用的。

Scrum 是橄榄球运动的一个专业术语，表示"争球"的动作；把一个开发流程的名字取名为 Scrum，引申为开发团队，像打橄榄球一样迅速、富有战斗激情、人人你争我抢地完成它，你一定会感到非常兴奋。而 Scrum 就是这样的一个开发流程，运用该流程，就能看到团队高效的工作。Sprint 是短距离赛跑的意思，这里指的是一次迭代，而一次迭代的周期是 1 个月时间（即 4 个星期），也就是我们要把一次迭代的开发内容以最快的速度完成。我们将这个过程称为 Sprint。

2. Scrum 敏捷开发

Scrum 敏捷开发中的主要角色如图 8-2 所示。

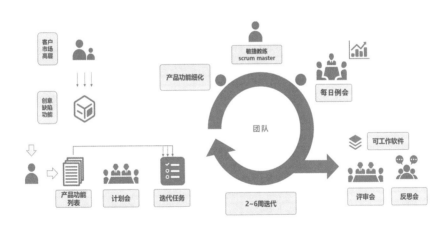

图 8-2 敏捷开发角色模型

（1）产品负责人（product owner，PO）。产品负责人负责将产品和开发团队工作的价值最大化，主要抓手就是 Scrum 工件中的产品 Backlog。通过明晰产品 Backlog 条目确定条目优先级，产品负责人实现对产品 Backlog 的使用效果及产品本身负责。产品负责人需要管理产品待办事项列表，并确保产品待办事项列表和它的进度可见。产品负责人通过选择开发团队下一步应该做什么以及要推迟什么，来权衡范围和进度，以得到尽可能好的产品。

（2）敏捷教练（Scrum Master）。敏捷教练帮助产品负责人理解如何创建和维护产品待办事项列表。为了确保团队在 Sprint 结束时能够完成工作，他和开发团队一起发现并实施技术实践。他和整个 Scrum 团队一起来演进完成的定义。这是 Scrum Master 最核心的职责，也是 Scrum Master 区别于项目经理的最显著的特征。Scrum Master 需要维护每个 Sprint 流程，确保每个 Sprint 能够顺利地实施以及完成。

敏捷开发是项目管理和软件开发的一种迭代方法，可帮助团队更快地向客户交付价值，减少麻烦。敏捷团队不是把所有事情都押在"大爆炸"的发布上，而是以小的但可消耗的增量交付工作，需求、计划和结果会得到持续评估，因此团队拥有快速响应变化的机制。

（3）敏捷开发的优点。敏捷开发的优点如表 8-2 所示。

表 8-2　敏捷开发的优点

优　　点	具 体 说 明
更快交付价值	敏捷开发是基于价值驱动交付的。项目团队要频繁且尽快地给客户交付可以使用的产品，并尽早让产品投入市场，以尽早验证其商业模式和商业价值。这是敏捷开发提倡的核心价值之一
更低的风险	敏捷开发提倡优先交付高价值、高风险的需求，然后交付高价值、低风险的需求，再交付低价值、高风险的需求，最后交付低价值、低风险的需求
拥抱变化	因为市场在变化，用户的期望和要求在变化，客户的需求也会随着这些因素的变化而变化，只有及时响应这些变化，并尽快予以实施，才能帮助客户在瞬息万变的市场中保证竞争力和吸引力，而敏捷开发能够帮助团队在小步快跑的过程中快速地响应变化
更好的质量	敏捷开发提倡高频率地交付有价值的产品。每天的例会、迭代计划会、迭代评审会、迭代回顾会都在对可交付成果质量上进行层层把关。因为在这几个会议中会频繁讨论遇到的问题/解决方案、验收标准等，同时，也会邀请项目干系人参加迭代评审会并对可交付成果进行验收和反馈，这样团队可以及时予以调整，以确保质量

续表

优　点	具体说明
持续改进	敏捷开发提倡不断调整和优化，并在每个迭代的迭代回顾会中进行分析、讨论、总结当前迭代开发过程中需要改进或者提升的地方，进而在下一个迭代中进行改进、调整和优化。这是整个团队成员不断学习、不断提升自己经验、技能的一个很好的机会。另外，因为敏捷开发强调客户参与的重要性，对于客户的反馈意见和建议开发团队也会及时给予响应以及反馈，让双方可以更好地合作，建立更加信任的合作关系
更高的客户满意度	敏捷开发提倡尽早和频繁地为客户交付有价值的产品，以确保更高的质量、更高的成功率，为客户尽早带来商业投资回报率的机会
更大的灵活性	敏捷开发基于价值驱动，它的项目范围是可以灵活调整的，这就给项目干系人很多的灵活性来根据市场不断调整需求范围、变更以及优先级等。另外，敏捷开发提倡频频与团队和客户沟通交流，并不断根据反馈和意见调整管理方法、需求流程、开发流程以及运维流程等，还有验收标准，都可以根据实际情况进行调整

（4）敏捷开发的缺点。尽管敏捷开发带来了很多改善，但是再次重申它并不是适合所有人和所有情况的，因此，了解敏捷开发的不足显得特别重要，如表 8-3 所示。

表 8-3　敏捷开发的缺点

缺　点	具体说明
很难进行准确的资源规划	由于敏捷开发团队不是一开始就知道产品"最终的样子"，而是在过程中探索用户的需求逐渐知道产品真正的终局状态，这样一来就给前期的规划（成本、时间、资源）带来了很大的挑战（项目越大越复杂）
很难准确地定义"轻量的"或必要的文档	敏捷开发倡导的是使用工作的软件，即文档。整个项目用于产品开发的文档不是一开始就准备好的（甚至都没有 RP 原型设计），而是在过程中及时（just-in-time）准备出来的。因此，我们看到的是非常简单的且常常被放在最后处理的文档（在项目中涉及移交或问题分析时这一点显得尤为突出）
很难把握整体产品的一致性	增量交付可能有助于更快地将产品推向市场，但这也是敏捷开发方法论的一大缺点，因为当团队在不同的周期内对各个组件进行开发时，整体的输出往往会变得非常零散，而内部不是一个紧密集合的整体

续表

缺　　点	具 体 说 明
很难预测有限的终点	敏捷开发在一开始要求最低限度的规划，这使得交付新的、意想不到的功能时很容易偏离方向。此外，这意味着项目没有限定的终点，因为从来没有一个明确的"最终的产品"样子
很难有效地进行度量	由于敏捷开发是以增量的方式交付的，所以跟踪进度需要跨周期地看，而"边走边看"的特性意味着开发者不能在项目开始时设置很多 KPI，这种长期的"游戏"使衡量进度变得相对困难

8.3　敏捷对 IPD 的贡献

任正非讲过，我们要有快速响应的能力，也要有坚实的基础。未来要实现大带宽、大流量，传统 IPD 依然是坚实的基础，适合传统硬件和嵌入式软件。IPD 进一步发展就是敏捷，而且 IPD 更要联合客户敏捷，对接客户业务流，做到商业敏捷。

敏捷开发是一种应对快速变化的软件开发方法，它鼓励需求由自组织、跨功能的团队，通过迭代，循序渐进地达成。在华为，敏捷由理念、优秀实践及具体应用三部分构成。在具体实施过程中，根据实践影响的范围、解决的业务问题以及团队的成熟度，华为制定了"项目级—版本级—产品级—商业级"敏捷的演进路径，并将敏捷理念和实践完全融入 IPD 结构化流程中，构建了与时俱进，可适应不同产业、多业务场景的研发交付模式。

敏捷引入 IPD 传统模式，虽然可以根据具体产品和项目的特点进行灵活应用，但总体上还是对既有活动的合并、裁减或增加。从宏观看，还是采用大瀑布开发模式。这种模式针对传统嵌入式大型系统设备、硬件产品游刃有余，但随着业务的发展，在日益丰富的业务场景下，已显得力不从心。随着通信产业的发展，云计算、大数据等新技术的诞生，传统运营商也面临各大厂家的竞争。华为的业务也随着战略调整，从运营商业务，逐步扩展到企业和消费者业务，独立软件、云服务等业务期望获得更快、更个性化的服务与响应。在这种情况下，传统 IPD 按年度一刀切的"火车节奏"

交付版本已无法满足客户需求，需要根据交付场景按需而变。与此同时，业界敏捷开发运动如火如荼，各大公司纷纷采纳，敏捷俨然已经成为软件开发的主流方向。因此，华为借鉴业界的敏捷思想，结合自身特色，开启了 IPD 的敏捷变革之旅。

华为的敏捷一直都是业务驱动的，解决业务问题是敏捷实施的唯一动力。2003 年，华为通过能力成熟度模型集成（capability maturity model integration，CMMI）5 级认证，2006 年 IPD-CMMI 流程覆盖率达 100%。

然而，大量基于瀑布开发模式的项目存在惊人的需求和设计变更以及痛苦的系统联调，造成大量的返工和浪费。鉴于此，2008 年前后，华为从业界引入了敏捷开发的一些基本实践，核心是迭代开发与持续集成，提前发现问题，及时调整改进。我们把这种通过团队层面快速闭环反馈、提升质量的敏捷实践称为"项目级敏捷"。

"项目级敏捷"实施两年后，研发能力和效率得到了有效提升。随着业务发展，为了快速响应不同客户越来越多的诉求，研发团队同时启动和交付了大量客户化版本。版本多、分支多的问题逐渐成为影响客户、销售、交付以及研发效率提升的主要问题。在这个背景下，华为提出了 OneTrack 的概念，从版本规划环节入手，梳理"火车节奏"，建立全量特性池，基于价值进行优先级排序，一个开发主干版本全球应用，极大提升了交付质量和效率。我们把这种以"一个主干"为核心特征的开发模式称为"版本级敏捷"。

2015 年，运营商在互联网厂家的竞争压力和终端用户多样性需求驱动下，要求设备供应商具备按季，甚至按月度交付的能力。按照传统概念、计划、开发、验证、发布阶段依次实施的做法肯定难以满足客户诉求，因此我们考虑优化决策模式，将商业决策和需求决策分离。商业决策按年度规划并实施，而需求决策按季度或者月度迭代进行。将一次大包决策分为多次小包决策，然后每个小包分别开发、验证和发布，大大缩短了版本发布到市场时间。这种持续规划、持续开发、持续发布的流水线交付模式被称为"产品级敏捷"。

与此同时，云化、虚拟化浪潮席卷全球，运营商启动数字化转型战略，迫切需要和供应商一起通过快速的创新和试错来探索市场，应对挑战；同时华为交付模式也日益多样化，基于开源和生态的交付比重逐步增加。基于此，华为面向未来，提出"商业敏捷"概念，基于不同的商业场景和业务诉求，采用不同的研发模式。在运营商和企业市场，华为期望联合客户，卷入生态合作伙伴一起联合创新、开发和交付，提升产业链的竞争力；对于公有云等自运营产品和服务，探索开发模式，构建从规划到运维运营的 E2E 全功能团队，实现运营驱动开发，最终实现业务的敏捷交付。

业界敏捷在早期主要针对小团队实施敏捷开发。比如，最广泛应用的 Scrum a 框架以及著名的"2 个比萨团队"，都是小于 10 人的规模，这和华为 IPD 下动辄几百、上千人的集团军作战方式是有很大区别的。为了将业界敏捷引入华为，除了深刻理解敏捷理念，还要在具体操作方面结合华为的组织和流程特点做大量的创新与适配。

从华为近 10 年的敏捷变革经验来看，要在整个 IPD 层面做好敏捷，最核心的工作是要提升以下两个维度的敏捷能力。

（1）价值流敏捷性，称为敏捷的水平拓展能力。核心是在"客户—需求洞察—商业设计—架构与系统设计—开发—测试—服务—客户"这个价值链中，把敏捷影响的范围从传统小团队内的"开发—测试"向前后两边延伸，最终打通"从客户中来，到客户中去"的完整价值链。这个过程，要不断卷入新的角色，不断调整和优化现有流程和组织职责，用更短的链条、更高效的协同和反馈加速价值的流动。仅仅单个小组运作好，甚至独立的多个小组运作好，依然不能有效解决问题。大企业中每个角色和职责都是环环相扣的，只要有环节和角色没有处理好，价值就无法顺畅流动起来。

（2）组织敏捷性，称为敏捷的垂直压缩、扁平化管理能力。核心是在"员工—主管—经理—部长—总裁"这种多层级的汇报和决策链条背景下，构建一个高效、快速的决策机制，从战略到执行，透明高效；从基层向上反馈信息，通畅、快捷。这都需要企业做到分层决策，组织扁平化，适度自治，将权力和"炮火" 授予一线作战团队。这种变化涉及组织的调整、不同层级决策范围和决策方式的变化。

华为 IPD 针对上述两个维度的敏捷性都有改进，实践表明，组织的敏捷性难度更大，其改进获得的收益也更大。

通过敏捷变革，华为 IPD 在以下几个方面与以前相比有了较大改变。

（1）商业决策与需求决策涉及战略、商业的部分由 IPMT 决策，具体的需求交由产品管理和开发团队共同决策。需求包由在 Charter/PDCP 时一次大包决策，变成随着产品的开发过程，迭代滚动，依据商业价值排序，分拆为小包迭代决策，基于小包快速开发和交付。

（2）全功能团队建设基于价值流，构建完整交付团队。从以前的模块团队，为单个模块的交付负责，转变为对服务或者特性从需求到上线或者发布全程负责。这要求团队成员在技能上一专多能，在决策上适度自治，拥有部分决策权和管道空间，能针对服务 / 特性的体验优化需求在团队内自主决策并快速闭环。

（3）能力建设。内建质量敏捷是基于能力的变革，要做到快速交付，就必须做到实时高质量，要求把质量内建到开发过程的每个活动中，强化架构解耦自动化测试，通过工具自动化，将开发活动各环节质量随时可视化管理，最终支撑按节奏开发、按需发布的敏捷交付模式。

8.4 企业实施 IPD 的条件

1. 典型问题

一般而言，企业选择依靠产品扩张来寻求发展，或者称之为实施产品多元化战略，就需要考虑实施类似 IPD 这样的系统性解决方案。从实际来看，处于产品扩张阶段的企业通常会遇到以下典型问题。

（1）新产品问题。企业第一个或第一代产品取得了很大成功，但是新的产品或产品线总是发展不起来，使企业发展受阻。

（2）依赖人。新产品的成功推出主要依赖少数几个高手。即使新产品推向了市场，往往也不能取得市场成功。

（3）协同难。随着部门和人员的增加，部门之间的协作越来越困难，产品开发的速度和效率下降。

（4）决策慢。对市场机会的判断和产品决策集中在老总一个人身上，但随着产品的增多，老总精力有限，明显感到力不从心。

（5）备份少。产品关键技术和知识经验掌握在少数几个人手上，如果他们一走，公司损失巨大。

（6）质量差。产品质量问题频频发生，不仅耗费了大量的维修和服务成本，而且严重影响客户对公司的信任。

（7）缺规划。新产品立项是被动和凭感觉做出的，缺乏主动的分析和前瞻的谋划，新产品是否成功完全看运气。

（8）复用难。产品做了不少，但是缺乏核心技术，不同产品之间的技术和模块重用度低。

2. 实施条件

实施 IPD 需要如下五个前提条件，具体如下。

（1）一把手重视，认识要到位。

（2）有一定的研发管理基础。比如，企业建立了基本的研发规范和流程。

（3）有一支具有相当专业水准的队伍。如果研发队伍的专业水平还很不够，那么当务之急是先提升专业能力，再提升管理能力。

（4）有一个具有发展前景的业务环境。如果企业的业务环境已经没有前途，那么就需要先解决战略的问题。

（5）有一个经验丰富和认真负责的咨询伙伴。IPD 是一项专业和复杂的工程，企业光依靠自身的精力和资源是很难全面实施的，需要借助外力。

3. 需求变更频繁

一个产品从概念形成到推向市场的过程中确实有很多变化，有时候甚至前后相差迥异，也有些概念中途被放弃，这些在 IPD 中都需要高效、稳定的流程来处理。IPD 在本质上是一个端到端的流程，保证流程的结果取决于流程的输入和过程的管理，开发出预期的产品。可以想见，如果没有一个稳定的流程，最终产品的质量就不可保证。企业也许会开发出好的产品，但不会知道什么时候会开发出不好的产品，不好的可能性有多大。

一般以配置管理技术来处理开发过程中的变更情况，配置管理要做以下一些活动。

（1）识别配置项。比如产品规格书（PRS）、总体技术规格（GTS）、设计图纸等发生改变，可能会影响最终产品质量（文档、中间产品或工具）。

（2）对配置项建立基线。只有基线化的配置项才能进入下一个流程。

（3）变更管理。所有对基线的修改都必须通过变更控制流程。这时候要针对不同级别的变更设置不同的变更控制委员会（CCB）来批准变更，以高效地实施变更。

（4）版本控制。

（5）配置状态报告和配置审计。

如果在产品开发过程中能够做好以上工作，产品开发的一致性、完整性就得到了保证。PDM 工具能够支持所有的配置管理活动，但配置管理要做到高效、简单、易于推广对很多企业来说是很大的难题，PDM 只解决局部的问题，IPD 则提供了全面的解决方案。

8.5 华为 IPD 内核

集成产品开发（integrated product development，IPD）是一套产品开发的模式、理念与方法，是基于市场和客户需求驱动的集成产品开发管理体系。其核心是由来自市场、开发、制造、服务、财务、采购等方面人员组成的跨部门团队共同管理整个产品开发过程，即从客户需求、概念形成、产品开发、上市，一直到生命周期结束的完整过程。

华为在整个企业内部改革中最重要的两个项目，一个是 ISC（集成供应链），另外一个就是 IPD。用任正非的话讲，这两项改革关系到华为的生死存亡。其中 IPD 项目是先行项目，也是重点项目。

IPD 是集成了众多管理模型和理论、众多企业最佳管理实践的一整套体系，可以帮助企业快速响应市场变化，缩短产品上市时间，减少资源浪费，提高生产力，最终取得商业成功。

IPD 是一个产品研发体系，是一套产品落地的最佳实践。IPD 的思想最早来源于美国 PRTM 公司出版的《产品及生命周期优化法》（product and cycle-time excellence，PACE）一书中，该书详细描述了 IPD 模式所包含的各个方面。

最开始付诸实践的是 IBM 公司。1992 年 IBM 在激烈的市场竞争中，遭遇了严重的财政困难，公司销售收入停止增长，利润急剧下降。经过分析，IBM 发现他们在研发费用、研发损失费用和产品上市时间等几个方面远远落后于业界最佳。为了重新获得市场竞争优势，IBM 提出了将产品上市时间压缩一半，在不影响产品开发结果的情况下，将研发费用减少一半的目标。为了达到这个目标，IBM 公司率先应用了集成产品开发（IPD）的方法，在综合了许多业界最佳实践要素的框架指导下，从流程重整和产品重整两个方面来达到缩短产品上市时间、提高产品利润、有效地进行产品开发、为顾客和股东提供更大价值的目标。

IBM 公司实施 IPD 后，其效果不管在财务指标还是质量指标上都得到了验证，最显著的改进在于如下几个方面。

（1）产品研发周期显著缩短。

（2）产品成本降低。

（3）研发费用占总收入的比率降低，人均产出率大幅提高。

（4）产品质量普遍提高。

（5）花费在中途废止项目上的费用明显减少。

在 IBM 成功经验的影响下，国内外许多高科技公司采用了集成产品开发（IPD）模式，如美国的波音公司和中国深圳华为公司等，都取得了较大的成功。实践证明，IPD 既是一种先进思想，也是一种卓越的产品开发模式。

PACE 法与 IPD 法在亚洲的成功应用，较著名的是华为技术。华为在 2003 年接受 IBM 辅导时导入 IPD，并以此方法对内部产品开发流程进行大规模改造。PACE 法经过诸多公司的验证，其实用性已毋庸置疑，差别仅在导入者的决心与协助导入顾问公司的技巧。PACE 法的核心思想在于七个核心要素，具体如下。

（1）阶段评审决策。阶段评审决策的关键在于决策，PACE 法认为新产品开发需要有一个流程，而决策是驱动流程是否往前进的关键。针对决策，PACE 法透过产品评审委员会（Product Approval Committee，PAC）来决定产品开发是否往下一阶段发展。

（2）跨职能的核心小组。每一研发项目均建立对应的项目小组（the project team），同时针对特定的关键技术开发建立核心小组（the core team），核心小组由 5 ~ 8 人组成，并取得 PAC 授权。

（3）结构化的开发流程。每个公司针对产品开发流程建立进一步的细部流程，且每一流程包括对应操作步骤。PACE 法流程包括如下五个阶段。

阶段一：概念评估（concept evaluation）。

阶段二：计划与规范（planning & specification）。

阶段三：开发（development）。

阶段四：测试与验证（test & verification）。

阶段五：推出产品（go-live to the market place）。

（4）开发工具和技术。泛指产品开发过程中所使用的各种工具与技术。开发工具与技术是产品开发过程中的共同技巧。

（5）建立产品战略。产品战略包括产品开发的目标与方法，PACE 法的产品战略涵盖产品战略愿景、产品平台战略、产品线战略与新产品开发战略等。产品战略是新产品开发的核心思想与理念。

（6）进行技术管理。对应产品战略，企业针对核心技术与周边技术的发展建立技术管理体系，技术战略除要支持上述产品战略外，还要针对企业未来成长所需要的技术平台进行布局。

（7）进行整合性管理。整合性管理包括研发项目的管理与原本职能的部门管理，整合性管理的目的在于协调资源的分配与使用，并确保整体新产品开发战略与流程可以和企业整体运营串连起来。

综合上述讨论可以发现，新产品开发体系包括战略与战术层面的课题。评审决策、核心小组、开发流程与工具技巧属于项目管理层面与战术层面的课题，而产品战略与管理、技术战略与管理及整合战略与管理属于整体战略层面的课题，结合战略与战术课题，就是一个完整的新产品开发体系。

若将 PACE 法与 Phase-Gate 模型（phase-gate model）相比较就可以发现，PACE 除产品开发流程外，更重视其他体系面的建置工作，包括决策与规划体系、组织建立与工作团队，也包括产品开发体系和其他战略体系，例如技术体系与经营体系的结合等。虽然 PACE 法已广泛应用于大企业中，但研发管理的流程与核心思想是与企业的规模大小无关的，中小企业也可以学习 IBM、华为与中兴通讯等公司的经验，从小企业迈向国际企业成长之路。

从 2001 年开始，华为公司规定，公司内 30% 的产品线必须严格按照 IPD 2.0 流程运作，其他产品线继续按部就班按照这个流程走。2002 年，华为公司规定，到年底，所有产品线必须完全按照 PDT 2.0 的流程运作。此时，支撑 PDT 流程的相关人事制度、财务制度，以及绩效考核制度等都已建立起来。华为公司从高层领导到基层产品研发管理者都对 PDT 的思想和流程有了比较清晰、深入的认识，因此已经具备全面推行 PDT 的客观条件。

显然，IPD 是对业界很多最佳实践和典型案例的总结。虽然 IPD 有很多规范和流程，但它不是一套拿来即用的标准模板。不同的行业、不同的公司，可以选取适合自己的 IPD 环节，走自己的 IPD 道路。

8.6 IPD 流程剖析

1.IPD 核心思想

IPD 是先进的产品开发理念，其核心思想如下。

（1）产品开发是一项投资决策。IPD 强调对产品开发进行有效的投资组合分析，并在开发过程设置检查点，通过阶段性评审来决定项目是继续、暂停、终止，还是改变方向。

（2）产品创新一定是基于市场的开发。IPD 强调产品创新一定是基于市场需求和竞争分析的创新。为此，IPD 把正确定义产品概念、市场需求作为流程的第一步，一开始就把事情做正确。

（3）高效解决跨部门、跨系统协同问题。采用跨部门的产品开发团队（product development team，PDT），通过有效的沟通、协调以及决策，达到尽快将产品推向市场的目的。

（4）采取异步开发模式。通过严密的计划、准确的接口设计，把原来的许多后续活动提前进行，这样可以缩短产品上市时间。

（5）构建中台解决共享需求。采用公用构建模块（common building block，CBB），提高产品开发的效率和质量。

（6）采取结构化流程。产品开发项目具有相对不确定性，这要求开发流程在非结构化与过于结构化之间达到平衡。如图 8-3 所示，为市场策略驱动 IPD 流程。

图 8-3　市场策略驱动 IPD 流程

执行集成产品开发（IPD），要实现四个重组。

（1）财务重组。将项目当作一项投资，在内部进行虚拟核算。

（2）市场重组。以需求为核心，进行规划和设计、市场与销售分离。

（3）产品重组。产品货架分层，建立共通性建构基础（CBB），在CBB 基础上进行异步开发。

（4）流程重组。分别建立战略流程、市场流程、产品开发流程、技术和平台开发流程，以及与流程相匹配的跨部门团队和项目管理体系。

2. IPD 流程体系

产品战略流程保证"做正确的事"，指明方向；市场管理流程保证"做正确的事"，保证产品规划满足战略方向、客户需求、有竞争力；集成产品开发流程保证"正确地做事"，高效率开发出高质量、低成本的产品。IPD 三大流程如图 8-4 所示。

图 8-4　IPD 三大流程

3. 产品战略流程

产品战略与公司战略息息相关。一般来说，公司战略规划分为三个层次：战略研究层（顶层）、产品线战略规划层（业务层）、资源配置和管理改进层（支撑层）。三个层次相互嵌套，互为输入，共同构成完整的战略。

（1）战略研究层（顶层）。包括公司愿景和目标、商业模式设计、公司级平台规划（含新领域）。

（2）产品线战略规划层（业务层）。包括产品线业务计划（客户群规划、区域发展规划、人力资源计划、资源保证计划）、产品线平台规划、新产品开发路标规划、核心技术规划。

（3）资源配置和管理改进层（支撑层）。包括产品利润区扩展原则、资源配置原则、核心人员引进规划、预算和核算原则、产业链合作及资本运作规划、激励机制和人员匹配体系建设。

三层协同设计，为公司产品线的未来指明方向。一般来说，产品战略规划是一个 W 形的流程，首先将公司经营目标按商业模式分解到产品线，并通过产品确定平台需求和技术突破的需求，最后落实到资源配置，分为如下八个步骤。

（1）确定公司愿景、使命及三年规划和初步的年度计划。例如，采用个性化体检的产品战略、实现年度盈利 1 个亿。

（2）明确公司的商业模式和公司级的产品平台。例如，给 20% 客户提供个性化体检套餐。

（3）定义公司的产品线，完成产品线的业务计划。例如，App 用户端和大数据平台、AI 定制套餐引擎。

（4）完成新产品开发的路标规划。例如，数仓平台、大数据平台、AI 定制套餐引擎、App 端。

（5）完成核心技术规划和产品平台规划。例如，实时数仓平台、用户大数据和订单大数据平台、AI 推荐引擎、App 端的个性化套餐推荐路径设计。

（6）完成人力资源配置计划和管理改进规划。例如，对每个产品进行团队配置并发布周期。

（7）以上步骤通过多次迭代并最终发布。例如，增加医疗产品部对套餐和体检项目的标签、医学规则、用户异常指标库的建设。

（8）培训相应的人员并将组织规划落实到个人绩效中。将团队任务分解到个人，在此有两个注意事项：一是企业的战略不仅要关注财务指标，更要关注核心竞争能力的提升指标；二是资源配置包括聚焦投入、突破和布局，通常称为"721"原则，即将 70% 的资源用于聚焦，20% 的资源用于突破，10% 的资源用于布局。

4. 市场管理流程

企业发展到一定程度，需要将销售与市场分离。市场偏重于"营"，目的是使产品"好卖"；销售偏重于"销"，目的是"卖好"产品。市场体系和销售体系共同组成营销体系。所以，市场体系是立足客户需求，寻找一个财务和市场成功的细分客户群，从竞争与资源角度规划新产品，下发任务书进行开发，同时做好新产品的营销策划。市场体系成为衔接研发和销售的中场，通过市场需求牵引研发，形成需求拉动；同时，通过市场策划和样板点建设推动销卖新产品，形成市场推动，营造出一个适合销售的环境。

总体来说，市场管理流程是一个覆盖广泛的核心流程，向上对接产品战略流程，向下对接集成产品开发流程，如图 8-5 所示。

图 8-5　IPD 的市场管理流程

市场管理，通俗来讲也就是市场调研。开发一个产品，就要"以客户为中心"，所以需要通过市场调研了解客户需求、寻找潜在的机会和目标、了解市场的竞争环境等，从而制订产品系列的业务计划，评估投入产出比和商业价值，确认产品开发的计划。

一方面，市场管理流程支撑三个级别的规划，分别是中长期战略规划、年度业务计划、产品包业务计划。

（1）中长期战略规划。重点关注中长期发展方向、产业进入与投资布局，包含未来五年的战略方向和目标、未来三年的投资计划、未来三年的人力资源计划。

（2）年度业务计划。年度业务计划是 SP 一年里程碑和目标的落实，制定详细的策略及关键执行措施，涵盖端到端的业务运作，指导各部门在统一的战略下步调一致地行动，包含年度业务目标及策略、年度的预算和人力资源计划、主要行动计划及可执行项目清单。

（3）产品包业务计划。产品立项说明书，包括市场评估、需求分析、产品规格定义、执行计划与策略、项目里程碑、资源投入计划、项目收益、风险评估等。

不论是中长期战略规划、年度业务计划还是产品包业务计划，都可以采用 MM 方法论的六个步骤：①理解市场；②细分市场；③组合分析；④制订业务计划；⑤优化业务计划；⑥管理和评估业务计划。

另一方面，市场管理流程包含需求管理流程和路标规划子流程，用于为集成产品开发提供输入。

（4）需求管理流程。通过将市场需求收集、分析、分发、实现和验证作为一种例行手段，统一需求管理，主动收集需求，准确把握市场机会点，并且降低紧急需求比重，提升版本交付质量。市场调研所获得的信息，通过分析形成了产品需求，对这些需求进行全流程的追踪、管理就是需求管理。需求管理包含对产品内外部需求的收集、澄清和筛选，从不同维度对需求进行分类、排序、拆分，评审需求的合理性、完整性及可实现性，评审通过的需求可以分发到对应的产品、路标中。需求管理流程如图 8-6 所示。

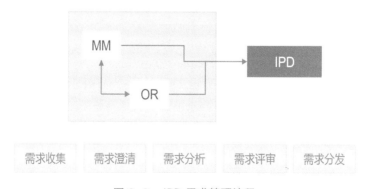

图 8-6　IPD 需求管理流程

IPD中的市场管理和需求管理流程确保产品以市场、客户为中心，帮助企业做正确的事。

（5）路标规划流程：通过市场吸引力、竞争地位、财务回报等分析，决定目标客户群，从而确定新产品的需求，定义新产品功能规格，输出产品路标规划和任务书。

总之，IPD是一个可以帮助企业实现从市场机会到商业成功的流程闭环。企业的流程管理体系，通常包括纵和横两个方向的业务流。横向为价值创造流，包括IPD、LTC、ITR三大主流程，聚焦为客户创造价值，达成客户满意；纵向为战略与运营流，支撑公司战略方向制定及战略的落实，它把公司各个部门的运营管理集成起来，实际上就是组织的绩效管理流程。

5. 集成产品开发的评审

IPD集成产品研发管理流程（integrated product development），俗称小IPD流程。在这个流程中，跨部门组织的管理存在着两个关键的评审点。一个是由IPMT（集成组合管理团队）负责的决策评审点，目的在于帮助高层决策整个项目是否继续；另一个是由ITMT（集成技术管理团队）负责的技术评审点，目的在于为IPMT提供技术层面的帮助，从而协助IPMT做出正确的决策。要想正确地做事，就要明确以下六个阶段应该做哪些工作，同时做好决策评审和技术评审。IPMT是产出线的最高决策机构，对全产出线的财务与市场成功及战略发展方向和人员任命负责。IPMT是一个委员会，其执行由产出线管理部进行，涵盖七大功能领域：财务、质量、研发、售后、采购、制造、营销。主要职责有如下三个方面。

第一，负责规划、商业模式和组织设计。

第二，对高层资源及客户关系进行管理。

第三，对重大项目进行全流程、全要素管理。

IPD流程包含四个主要决策评审点，以确保决策的合理性和准确性。决策评审点如图8-7所示。

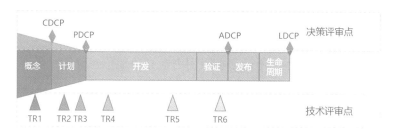

图 8-7　IPD 的研发流程

第一，概念决策评审（CDCP）。在概念阶段结束时进行，PDT 向 IPMT 报告初始的业务计划，并由 IPMT 决定项目应继续或终止。

第二，计划决策评审（PDCP）。在计划阶段结束时进行，PDT 向 IPMT 展示最终的业务计划和决策合同，并由 IPMT 决定项目应继续或终止。

第三，可获得性决策评审（ADCP）。在主要产品发布之前进行，PDT 向 IPMT 提出可获得性建议，并由 IPMT 决定项目应继续或终止。

第四，生命周期结束决策评审（LDCP）。在产品生命周期结束时进行，生命周期管理团队向 IPMT 提交停止销售、停止生产和停止服务的时间表建议，并由 IPMT 决定项目应继续或终止。

通过这些决策评审点，IPD 流程能够保证项目在不同阶段得到充分的评估和决策，以确保项目的顺利进行和最终成功。

如图 8-7 所示，IPD 流程包含了六个技术评审（technical review）点，目的是尽早发现工作成果中的缺陷。

TR1，概念阶段技术评审点：产品需求和概念技术评审（业务需求评审）。

TR2，计划阶段技术评审点：需求分解和需求规格评审（功能需求评审，产品级规格）。

TR3，计划阶段技术评审点：总体方案评审（系统设计、架构设计、概要设计）。

TR4，开发阶段技术评审点：模块 / 系统评审（详细设计、测试结果）。

TR5，开发阶段技术评审点：初始产品的质量，确保产品符合预定的功能和性能要求。

TR6，验证阶段技术评审点：发布评审（系统验证测试、制造系统验证等）。

6. 集成产品开发的六个阶段

（1）概念阶段。本阶段是解决"产品是什么"的问题，通过组建产品开发团队、决定产品资源分配比例等，明确"做什么样的产品""产品的投入产出比""资源分配"等问题。概念阶段是 IPD 结构化流程的第一阶段，它是从接收产品开发任务到概念决策评审的过程。概念阶段的主要意义在于明确需求，同时评估产品机会是否与公司产品战略一致，是否符合公司业务策略的要求，并做出决策的过程。图 8-8 所示为 IPD 的概念阶段。

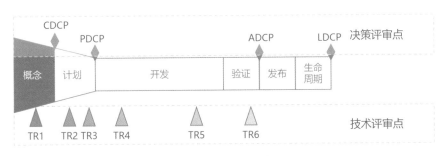

图 8-8　IPD 的概念阶段

TR1 负责产品需求和概念评审，在概念阶段，会通过 TR1 技术评审点，对需求及业务方案进行评审。

概念决策评审（concept decision check point，CDCP），在概念阶段后期会有概念决策评审，PDT（产品开发团队）会向 IPMT（集成组合管理团队）报告产品的初始情况，由 IPMT 决策项目是否继续投入资源。

（2）计划阶段。在这个阶段，解决"产品怎么做"的问题，要制订出产品的研发计划和实现方案。计划阶段是对概念阶段的假设进行验证，通过与企业或者产品线达成"合同式"协议，PDT 得到授权。图 8-9 所示为 IPD 的计划阶段。

图 8-9　IPD 的计划阶段

计划阶段的主要活动有如下几个方面。

① 完成了从客户需求到功能需求到技术需求的映射；逻辑上完成了从系统到子系统到整机单机到各模块的需求的分解分配。

② 形成整个系统的规格定义，根据规格定义完成硬件到单板，软件到模块及工艺结构的概要设计；完成各个模块需要的资源配置。

③ 完成公司的一级计划、到各模块的二级计划、到更详细的个人三级计划并签订绩效承诺。

④ 若有长货期的物料及核心元器件的采购，则需要制订早期采购计划并控制风险。

⑤ 详细分析商业计划，决定公司是否投入大量的资源进行开发，当公司计划阶段通过以后，后续的工作不允许失败，否则是决策的巨大失误。

这个阶段，还要重点关注两个技术评审点和一个决策评审点。

TR2 负责需求分解和规格评审：重点关注从产品设计需求到产品设计规格的完整性。

TR3 负责总体方案评审：确保设计规格已经完全、正确地在概要设计中体现。TR3 通过则标志着项目计划被确认，可以交由 PDCP 进行决策。

计划决策评审（plan decision check point，PDCP），技术评审通过后，IPMT（集成组合管理团队）开始评审产品是否能够推向市场并产生收益。

（3）开发阶段。开发阶段就是实现产品的过程，实现具体研发任务，包括数据库和接口开发，前后端联调，以及 UAT 和生产环境的测试联调。开发阶段的主要任务是根据产品系统结构方案进行产品详细设计，并实现系统集成，同期还要完成与新产品制造有关的制造工艺开发。图 8-10 所示为 IPD 的开发阶段。

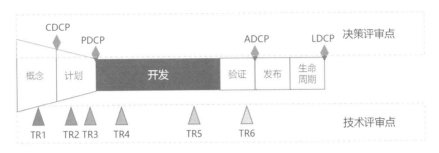

图 8-10 IPD 的开发阶段

开发阶段的主要活动有如下几个方面。

① 对各模块进行详细设计。

② 进行模块功能验证。

③ 进行系统功能验证。

④ 进行系统集成测试。

⑤ 进行系统功能验证测试。

⑥ 发布最终的工程规格及相关文档。

开发阶段是不需要决策评审点的，因为大的决策在前面阶段已经完成，开发阶段只要通过 TR4 和 TR5 技术评审点，以保证技术上不出现问题即可。TR4 负责模块和系统评审，TR5 负责样机评审，主要针对模块或系统的功能开发进行评审和测试，降低技术风险。

（4）验证阶段。本阶段是指研发工作完成了内部测试，以及项目相关方或客户的验收。验证阶段同样也非常重要，它不但可以确保产品在市场上的成功，而且能确保产品功能满足市场需求，同时为制造做准备，也承上启下地证实了开发阶段的假设。图 8-11 所示为 IPD 的验证阶段。

验证阶段进行必要的设计更改来使产品符合需求，验证产品，发布最终的产品规格及相关文档。在这个阶段，还会进行技术评审和决策评审。

图 8-11 IPD 的验证阶段

TR6 负责小批量评审，关注小批量生产，确认功能点能否通过评审。可获得性决策评审（availability decision check point，ADCP），这是产品正式公开发布、推向市场前的最终决策评审，验证在计划阶段制定的内容是否已经实现，产品是否已经准备好发布。ADCP 通过，意味着产品可大批量上市。

（5）发布阶段。在完成验证后，产品的发布也是一个重要节点，意味着产品正式进入市场。公司会通过发布新闻稿、推送动态或发送邮件的方式，和客户进行同步。发布阶段主要是对制造准备计划进行验证和评估市场发布计划，并进行必要的修改以及证实验证阶段的假设。图 8-12 所示为 IPD 的发布阶段。

图 8-12 IPD 的发布阶段

发布阶段的主要活动有如下几个方面。

①完成产品的早期客户的总结。

②完成产品的定位、定价策略和商标及命名，完成产品的宣传策略。

③完成产品的推广策略。

④发布产品并制造足够数量的产品，以满足客户在性能、功能、可靠性及成本目标方面的需求。

（6）生命周期阶段。如果我们在这个过程中及时发现问题、调整产品方向，就能有效延长产品生命周期，在产品稳定生产到产品生命终结期间内对产品进行管理。图 8-13 所示为 IPD 的生命周期阶段。

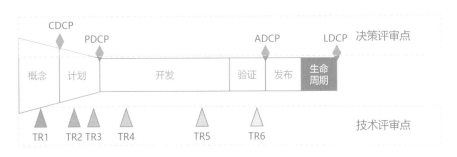

图 8-13　IPD 的生命周期阶段

生命周期阶段的主要活动包括如下几个方面。

① 团队交接并召开启动会，对产品开发进行总结，留下部分研发成员进入 LMT 小组，进行产品更改，以便不影响后续开发的产品。

② 持续销售、服务及 B/C 类改进，即对产品进行销售和服务及 B/C 类更改，进入产品更改流程。

③ 产品经营分析及监控，对产品的业绩进行评估并对价格进行核准和监控。

④ 生命终止决策评审 LDCP，对项目是否终止进行评审。

⑤ 对产品的全生命周期进行总结。

生命周期终止决策评审（LDCP），在这一阶段，会有一个生命周期结束决策评审点：由 IPMT（集成组合管理团队）关注该产品若退市是否与公司或产品线战略一致，是否会对现有以及潜在客户的满意度造成影响等，从而决策是否同意产品退市。不同的团队可以根据实际情况，增加相应的评审点，调整相应的评审范围，比如华为会在 PDCP（计划决策评审）和 ADCP（可获得性决策评审）之间，增加 EDCP（早期发货决策评审）评审点。

决策点越少，说明授权越充分，但也不能过少，不然会控制不住风险。

那么，决策评审和技术评审各自的任务是什么？

在整体的 IPD 流程中，IPMT 可通过不同阶段的决策评审，审视不同阶段的产品方向是否合适，是否需要调整或终止。

技术评审是对技术或产品的设计、实施、效果等方面的评估活动，确保技术产品的质量、性能、可靠性和安全性，避免将上一阶段的风险带到下一阶段。技术评审无法决定项目应继续还是终止。

以集成产品开发（IPD）为标志的管理变革和数字化转型，是华为成为国际化企业的核心举措和标志性里程碑。

IPD 的成功，一方面使华为产品的研发周期缩短了一半，故障率减少了95% 以上；另一方面，由于全面推行这套标准化、数字化、全球异步协同的产品研发流程和管理体系，以及基于产品数据管理等数字化平台，国际大客户对华为产品的质量和创新有了充分的信心，推动华为迅速打开国际市场新局面。2008 年，华为实现了超过 75% 的销售收入来自海外的重大突破。

因此，IPD 变革，是华为有史以来规模最大的一场"历史性转折"，为华为海外市场的有效规模增长建立了千秋伟业。

任正非在总结 IPD 管理变革和数字化转型的成果时曾说道，华为经过二十来年的持续努力，取得了显著的成效，基本上建立起一个集中统一的管理平台和较完整的流程体系，支撑华为进入了全球行业领先的行列。